U0656649

21世纪高等院校财经类专业
实训教材

国际贸易实务

实训教程

（第五版）

韩晶玉　李辉　主编

东北财经大学出版社
Dongbei University of Finance & Economics Press
大连

图书在版编目（CIP）数据

国际贸易实务实训教程 / 韩晶玉，李辉主编 . —5版 . —大连：东北财经大学出版社，2022.8

（21世纪高等院校财经类专业实训教材）

ISBN 978-7-5654-4555-2

Ⅰ . 国… Ⅱ .①韩… ②李… Ⅲ .国际贸易−贸易实务−高等学校−教材 Ⅳ .F740.4

中国版本图书馆 CIP 数据核字（2022）第 152050 号

东北财经大学出版社出版

（大连市黑石礁尖山街 217 号 邮政编码 116025）

网 址：http：//www.dufep.cn

读者信箱：dufep@dufe.edu.cn

大连市东晟印刷有限公司印刷 东北财经大学出版社发行

幅面尺寸：170mm×240mm 字数：410千字 印张：19.75

2022 年 8 月第 5 版 2022 年 8 月第 1 次印刷

责任编辑：李 彬 韩敌非 责任校对：李丽娟

封面设计：张智波 版式设计：原 皓

定价：42.00 元

总　序

　　20世纪90年代末以来，我国高等教育取得了跨越式发展，开始由"精英教育"向"大众化教育"转变。在高等教育大众化的背景下，培养学生的实践能力和创新能力逐步成为高等院校提高本科教学质量的重要目标。财经类专业作为当前经济社会最具发展性和时代活力的专业之一，本身就具有极强的实践性和应用性特点。随着经济社会形势的发展，大学生就业形势日益严峻，用人单位对财经类专业毕业生的实际操作能力的要求越来越高。学生不但要有比较扎实的理论功底，更要有较强的实践能力和创新能力。

　　在财经类应用型人才的培养过程中，实践教学具有不可或缺的作用。高等教育的教学过程主要由理论教学和实践教学两部分组成。理论教学以教师讲授为主，主要任务是传授知识；实践教学包括军训、社会实践、实习、实验、实训、毕业论文（设计）等内容，主要任务在于培养学生的能力与素质。为实现人才培养过程中传授知识、培养能力和提高素质的协调统一，学校在注重理论教学的同时，也必须高度重视实践教学。在理论教学中传授的知识需要在实践教学中验证、消化与巩固，同时，实践教学还发挥着培养学生的动手能力、形成专业素养、启发学生创新思维、增强创新意识、提升创新能力的重要作用。可以说，没有高质量的实践教学，培养高素质的财经类应用型人才这一目标就难以实现。

　　随着大众化教育的推行，高校的学生规模急剧扩大，实习资源日益紧缺，实训作为实践教学的重要组成部分，在培养学生实践能力方面起着越来越重要的作用。与实习相比，实训的地点和形式更为灵活，可以在校内进行，也可以在校外进行，克服了实习过程中实习单位、实习岗位等因素的限制，可以较好地解决目前学生实习难的问题。实训在教师的指导下，按照人才培养规律与目标，通过全真角色模拟、岗位轮换，让学生亲身体验，从而切实达到提高其动手能力和职业技能的目的。实训不仅具有巩固学生所学的理论知识，使学生获得实践知识和管理知识，培养学生的实际工作能力，完成实践教学目标的功能，还具有引导学生了解社会，增强学生的职业道德意识、团队精神和社会责任感的育人功能。

　　目前，很多财经类院校已经意识到实训教学的重要性，开始建立实训中心或基地，开设相关实训课程。要真正搞好实训教学，必须遵循实训教学规律，创立一个目的明确、层次分明、系统完整的实训教学体系。作为教学过程中一个不可缺少的重要环节，实训教学有其自身的科学性、系统性和衔接性，与理论教学平行而又相互协调、相辅相成。为更好地推动实训教学的发展，高校除了建立良好的实训条件、创造较为逼真的实训情境和环境外，还必须有切实可行、操作性较强的实训教程，并以此为基础逐步形成以学生为主体、教师为主导，多层次、系列化、模块化、开放式的实训教学体系。因此，在理论教学的基础上结合社会需求，编写出要求一致、规范统一的实训配套教材成为推动实训教学发展的关键。

为更加有效地开展实训教学，我们组织编写了这套"21世纪高等院校财经类专业实训教材"，具体包括《旅游管理实训教程》《市场营销实训教程》《人力资源管理实训教程》《成本会计实训教程》《财务管理实训教程》《审计实训教程》《电算化会计实训教程》《国际贸易实务实训教程》《国际贸易单证实训教程》《经济法实训教程》，涉及旅游管理、人力资源管理、市场营销、会计学、财务管理、国际经济与贸易等专业。本套教材注重实训教学与理论教学的衔接，突出实训教材的实用性、适用性、仿真性、可操作性等特点，适用于高等院校经济管理类专业本科生的实训教学，也可作为相关从业人员的学习、培训用书。

在本系列教材的编写过程中，我们力求精益求精，但由于经验不足、时间有限，教材中难免存在不妥之处，恳请读者给予指正。

"21世纪高等院校财经类专业实训教材"编审委员会

第五版前言

随着互联网和电子商务的发展，贸易模式也发生了巨大的改变，一些相关的理论知识也在不断更新，同时，进出口贸易的交易过程中有些单据和环节也发生了变化。因此，在保持本书原有写作结构和写作风格的基础上，我们对教材内容进行了全面修订。

在大量高校向应用型高校转型的实际情况下，国际经济与贸易类专业加大了实践教学的力度，本实训教材从应用型本科的培养目标出发，遵循提炼理论精华、注重业务操作的原则，在依然注重对国际贸易实务操作技能的训练，提倡"用手思考"的理念的基础上，特别强调了国际贸易业务的操作性，强化动手能力的培养，以适应应用型人才的培养要求。

修订后的教材内容简单、易懂且具有可操作性，更加突出其实用性。本书以培养学习者进出口实践能力为主线来重新设计实训的内容，并对无纸化通关的环节与步骤进行了阐述和实训。同时，由于互联网和电子商务的发展，传统贸易模式发生了翻天覆地的改变，本书增添了跨境电子商务实训模块。

在实训资料方面，我们也进行了适当更新，实训资料大多来自真实的进出口业务，这样可以让本书的学习者更好地掌握每一个进出口环节的操作，使他们可以尽快地适应和从事国际贸易工作。

本书由韩晶玉、李辉担任主编，刘维、王冠担任副主编。具体分工为：韩晶玉负责修订模块五、模块六、模块七、模块八、模块九和模块十；李辉负责修订模块一、模块二、模块三、模块四；刘维、王冠负责修订模块十一。最后由韩晶玉定稿。

本书在修订过程中参考了一些贸易公司的单证和有关论著的资料、观点，得到了东北财经大学出版社的大力支持与帮助，在此一并表示最衷心的感谢！

由于编者水平有限，书中难免有疏漏和不足之处，恳请读者批评指正，以待今后补充和完善。

韩晶玉

2022 年 5 月

目　录

模块一　交易前准备 ··· 1

模块二　商品报价与还价核算 ·· 22

模块三　交易磋商与合同签订 ·· 47

模块四　信用证的开立、审核与修改 ································ 74

模块五　出口备货 ··· 98

模块六　租船订舱 ··· 113

模块七　货物运输保险 ··· 146

模块八　进出口商品的报检与报关 ···································· 165

模块九　制单结汇 ··· 205

模块十　出口收汇和退税 ·· 230

模块十一　跨境电子商务 ·· 245

附录　各模块实训用样表 ·· 278

参考文献 ··· 306

模块一　交易前准备

一、实训目的

　　本模块实训的主要目的是让学生了解进出口交易之前双方应该做好的各项准备工作；能够拟定国际市场调研报告，制订进出口交易方案；熟悉寻找贸易伙伴的途径，特别是熟悉利用网络检索工具采集和发布商务信息的方法；掌握建立贸易关系信函和客户资信调查信函的写作。

二、理论知识点

　　（一）出口贸易前的准备工作

　　1.出口市场的调研

　　（1）对进口国别、地区的调查研究。其主要包括有关国家或地区的经济状况、对外政策、进出口商品的结构、贸易与外汇管制、有关对外经济往来的情况及其特点、市场准入、人们的生活习惯等。例如，药品的国际贸易门槛较高，出口美国市场必须通过美国FDA（美国食品药品监督管理局）认证。

　　（2）对商品市场的调查研究。其主要包括有关商品的供需情况及相关商品的品种、质量、包装、成本、价格，主要的供需国别及其发展状况。

　　（3）对交易对象的调查研究。其主要包括已经或有可能经营本企业出口产品的客户和潜在客户的资信情况、经营范围和经营能力等，要根据企业自身的特点有区别地选择和利用客户。

　　（4）掌握竞争者的状况。其主要包括竞争者的产品特征、经营战略、方法、促销手段、销售渠道及对自己货物的评价。

（5）对销售渠道的调研，合理选择中间商。

2. 制订出口经营方案

一家企业在分析、选定自己的目标市场后，就要针对目标市场的需求及影响产品销售的各种因素，最有效地利用自身的人力、物力资源，扬长避短，制订企业最佳的综合销售方案，即出口经营方案。

3. 落实货源、制订出口商品的生产计划

在制订出口经营方案的同时，企业应按不同商品的具体情况和特点，及时与生产、供货部门落实出口商品的生产计划，并选择物美价廉、信用可靠的供货商。

4. 做好出口商品的广告宣传

在国际市场上，除了一些知名的传统产品和世界驰名的品牌外，大多数商品对于外国的消费者来说都是陌生的。因此，大力开展出口促销活动就成为企业开拓国际市场的重要手段。企业可以采取直接寄发促销信、推出各种媒体广告、参加展销会、选择合适的经销商或代理商等方式进行促销。

5. 做好出口商品的商标注册

企业应做好出口商品的商标注册，特别是对于定牌生产的产品，更要注重知识产权的保护。

6. 选定客户和建立业务关系

在对交易对象调查的基础上，企业应选定资信好、经营能力较强的客户，通过采取主动发函、发电等方式与其进行初步联系，争取建立业务关系。

（二）进口交易前的准备工作

1. 进口商品市场的调研

（1）进口商品调研。企业应根据己方的经济实力和现有的技术水平，了解国外产品的技术先进程度、工艺流程和使用效能，以便货比三家，进口己方最需要的、商品质量相对较好的、技术水平相对较高的商品。

（2）国际市场价格调研。国际市场价格经常因经济周期、通货膨胀、垄断与竞争、投机活动等多种因素的影响而变幻不定，并且各个国家和地区的同类商品由于自然条件、技术条件、成本、贸易政策等原因导致价格也不一致。这就要求我们对上述以及其他影响进口商品价格的因素进行详细分析，选择从价格最有利的国家和市场采购商品。

（3）国际市场供求关系的调研。受商品产地、生产周期、产品销售周期、消费习惯和水平等因素的影响，国际市场上我方欲购商品的供给与需求状况也在不断变化。为保证我方进口货源充足，有必要对世界各地的进口市场的供求状况做详细研究，以便做出最有利的选择。

（4）在选择进口商品市场时，进口商品国家的相关贸易政策和法规也不容忽视。比如该国鼓励或限制商品进口的政策、海关税收、数量配额等。此外，国家的政治局势动荡与否也值得关注。

2.制订进口商品的经营方案（略）

3.进口商品有关证明的申领和报批用汇计划

进口商品如属于需领配额或进口许可证的商品，必须先领配额或进口许可证，在领到有关证明和筹备好进口所需外汇后才可办理进口手续。另外，如果国内用货企业还没有自营进口的权力，则必须先与有进口经营权的企业签订代理进口的合同，由后者代其进口所需商品。

4.建立业务关系（略）

（三）寻找交易伙伴的途径

1.如果你是出口商，请参考下列渠道：

（1）和世界上大公司的采购代理接触，推销自己。

（2）向行业内比较知名的贸易公司推介自己。

（3）在行业报纸、杂志上刊登广告。

（4）在搜索引擎上做广告。

（5）登录黄页或黄页网站。

（6）在行业网站查询求购信息或在行业网站上做广告。

（7）与目标供应商国家的贸易促进机构、商会或行业协会联系（互联网不发达可采用）。

（8）通过国内外银行认识国外客户。

（9）通过各种国际友好往来和组织寻找国外客户。

（10）参加国际性行业展会。

2.如果你是进口商，请参考下列渠道：

（1）通过产品品牌直接发现制造商。

（2）与合作的外贸公司或采购代理商取得联系。

（3）查询自己公司的供应商数据库。

（4）查询行业杂志出版物。

（5）登录行业网站或在行业网站发布求购信息。

（6）登录黄页或黄页网站。

（7）参加展览会。

（四）对客户资信调查的内容和范围

1.国外企业的组织机构情况

国外企业的组织机构情况包括企业的性质、创建历史、内部组织机构、主要负责人及担任的职务、分支机构等。调查时应弄清厂商企业的中英文名称、详细地址，防止出现差错。

2.政治情况

政治情况主要指企业负责人的政治背景、与政界的关系以及对我国的政治态度等。

3.资金情况

资金情况包括企业的资金和信用两个方面。资金是指企业的注册资本、财产以及资产负债情况等；信用是指企业的经营作风、履约信誉等。这是客户资信调查的主要内容，特别是对中间商更应重视。

4.经营情况

经营情况主要指企业生产或经营的商品、经营的性质，是代理商、生产商，还是批发零售商等。

5.经营能力

经营能力主要指企业每年的营业额、销售渠道、经营方式以及在当地和国际市场上的贸易关系等。

对客户资信进行调查后，应建立档案卡备查，并分类建立客户档案。

（五）客户资信调查的途径

1.通过银行调查

这是一种常见的方法。按照国际惯例，调查客户的情况属于银行的业务范围。在我国，一般委托中国银行办理。向银行查询客户资信，一般不收费或少量收费。

2.通过国外的工商团体进行调查

国外的工商团体包括商会、行业协会、贸易协会等，这些机构一般都接受对所在地企业的情况进行调查的委托，但通过这种渠道得来的资料不能轻信，要经过认真分析才能采用。

3.通过我国驻外机构和在实际业务活动中对客户进行考察

这些资料一般比较具体可靠，对业务的开展有较大的参考价值。

4.外国出版的企业名录、厂商年鉴以及其他有关资料

这些资料对了解客户的经营范围和活动情况也有一定的参考价值。

（六）进出口贸易前准备工作的主要流程（如图1-1所示）

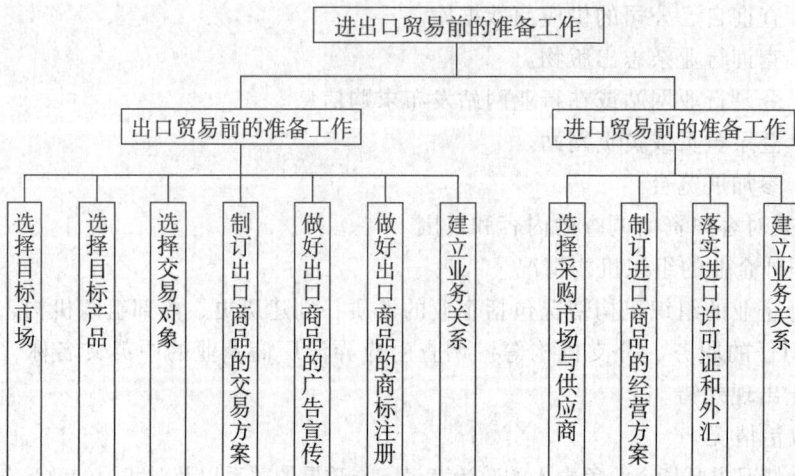

图1-1　进出口贸易前准备工作的主要流程

三、实训所需条件

（一）实训学时

2课时/30人。

（二）实训地点

多媒体教室。

（三）实训所需材料

教师提前给出实训的背景资料，准备空白的单证格式，学生根据要求和贸易背景在多媒体教室进行操作练习。

四、实训内容与要求

要求学生熟悉进出口贸易交易前的准备工作，了解国际市场调研报告和出口经营方案的草拟，掌握与客户建立业务关系及客户资信调查信函的写作。

五、实训步骤

（一）实训前的准备

对学生进行分组，每组6人，模拟大连新星进出口公司业务员，撰写与客户建立业务关系及客户资信调查的信函。

（二）实训指导

由教师组织学生观看屏幕上的国际市场调研报告、出口经营方案的样本并讲解编制的具体要求，讲授建立业务关系信函和客户资信调查信函的写作方法。

1.国际市场调研报告样本

天士力集团开拓东盟中药市场的市场调研

报告人：于淼

一、摘要

通过对东盟十国的中药市场的调查了解，以及对其规模的分析和前途的预测，并结合天士力集团的中药生产经营情况，在对其进入东盟市场进行SWOT分析的基础上得出天士力集团开拓东盟中药市场的可行性。进一步讨论应该怎样采取市场营销策略选择并进入东盟各个目标市场，提出适宜的出口方案和具体谈判应采取的方法和策略。

二、背景介绍

天士力集团是一家以大健康产业和制药行业为出发点的高科技企业，目前的主要业务包括制药产业、研究、栽培、生产、营销，其中复方丹参滴丸是中国唯一一种累计销售额超过10亿元的专利药品，主要用于心脑血管疾病，如冠心病、心绞痛和脑动脉硬化等。2016年年底，天士力集团的主导产品"复方丹参滴丸"成功通过了美国FDA三期临床试验，极大地推动了复方中药在国际市场上的准入速度。

随着我国明确提出"一带一路"倡议，东盟国家因其地理位置良好，交通发达便捷，被视为"海上丝绸之路"极为重要的中转站，可以较好地对接"一带一路"倡议，这对双方经贸往来具有积极促进作用。同时"一带一路"倡议也给双方在医药领域提供了更好的交流发展的前景，成为双方合作沟通的历史新起点。天士力集团作为中国中药行业中的龙头企业应该审时度势，积极承担起将中药推广到东盟市场的重任。其通过深入调研，发现东盟市场很适合天士力集团的发展，希望在东盟市场上为公司产品打开销路，进一步开拓海外市场。

三、调研采取的步骤和方法

1.调研的具体实施步骤：①对东盟十国的中药市场进行实地调研，获取最新的可靠信息；②在互联网上仔细搜寻有关资料；③通过我国的驻东盟十国的商务机构收集东盟市场中药经销商的资信和销售网络的有关资料。

2.调研的方法：实际调查与个人访问结合的调研方法。

四、对天士力集团开拓东盟市场的SWOT分析

（一）天士力集团在东盟的优势

1.坚持自主创新

天士力集团自成立以来，就致力于坚持创新、研发，不断扩大行业规模和提高集团技术水平。2018年9月初，美国知名制药企业Arbor公司宣布，就天士力集团自行研发的复方丹参滴丸，与美国在研发产品与市场销售方面全面展开合作。这次合作史无前例，是美国市场第一次允许国外植物药品在美国进行销售。根据相关资讯，在美国市场允许销售的植物药品世界范围内只有两种，而且都是美国本土研制的产品。这对于天士力集团是关键的一步，同时为集团发展提供了新的历史机遇，并以此为起点，为天士力集团进一步拓展东盟市场奠定了坚实的基础，提高了天士

力集团在东盟的影响力。

2.有利的政策环境

随着《中国-东盟战略伙伴关系2030年愿景》的发布，中国与东盟各个国家的经贸关系踏入了历史发展的新时期。2020年，双边贸易在疫情冲击下逆风飞扬，东盟历史性地成为中国第一大贸易伙伴，形成了中国与东盟互为第一大贸易伙伴的良好格局。2021年中国与东盟签署的区域全面经济伙伴关系协定（RCEP）生效。中国与东盟各国的经济与贸易合作取得了更进一步革新和拓展，中药领域也成为中国与东盟卫生经贸合作的重要内容，这为天士力集团进军东盟市场提供了非常融洽的政策环境和平稳的发展环境。

3.广西与东盟文化相似、地域相通

广西紧邻东盟国家，毗邻国内开阔内陆，朝向东盟十个国家的消费市场，是天士力集团进军东盟最便捷有效的路径。同时广西享有丰富的旅游资源，常年来往于当地旅游的东盟国家的人们数不胜数。广西的生活方式和文化内容与东盟相似，人们自古就彼此往来。因此天士力集团应该充分发挥广西分公司的地理优势，将复方丹参滴丸等产品不断地出口到东盟，建立企业文化，进一步开拓东盟市场。

（二）天士力集团在东盟的劣势

1.技术性贸易壁垒

在药物的登记注册层面，东盟2012年出台了"东盟通用技术文件"，文件明确要求东盟各国的药品注册须采取统一格式，从而推动各个成员国之间药品标准的相互认可和相互配合。在这样的情形下，如果我国中药想在东盟售卖，必须按照当地的要求提出申请，而当地药品注册的格式主要是以欧美以及世界卫生组织（WHO）为标准，对中药的质量要求与化学药品类似。这就给天士力集团出了一个很大的难题，导致天士力集团产品在进入东盟市场时面临认可障碍和注册壁垒。

2.公司主导产品不多

天士力集团目前面临的主要问题就是主打产品不多，仅有像复方丹参滴丸这样极少数的王牌产品，一旦这种"王牌产品"失去了它目前所处的重要地位，将会对集团的发展构成巨大威胁，产品链将会出现断裂，进一步阻碍天士力集团在东盟市场的开拓。

（三）天士力集团在东盟的机会

1.人口老龄化

世界各地人口日渐老龄化，新加坡、越南、泰国等东盟国家也相继进入老龄社会。随着人口老龄化的到来，心脑血管等循环系统疾病必然也会呈现高速增长的态势，天士力集团生产的养血清脑颗粒、丹酚酸B等均能够有效地改善心脑血管健康状况。人口老龄化在某种程度上说明了这些国家即将面临医疗支出的巨大冲击。而天士力集团药品价格相对便宜，同时药效快，对于长期服药的患者来说有物美价廉的优点，极大地提高了市场的认可和接受程度。因此，天士力集团存在着良好的前景。

2.中国-东盟关税水平大幅度降低

疫情发生以来，双方互为第一大贸易伙伴，东盟首次成为中国最大贸易伙伴。中国对东盟的平均关税从之前的9.8%降至0.1%，东盟的6个老成员国（文莱、印度尼西亚、马来西亚、菲律宾、新加坡、泰国）对中国的平均关税从12.8%降低到0.6%，4个新成员国（越南、老挝、柬埔寨和缅甸）也逐步降低关税并于2015年实现90%以上商品零关税的目标。另外在货物贸易、服务贸易及相互投资等3个领域，中国与东盟国家珠联璧合、相辅相成。对于天士力集团来说，这有助于实现贸易便利化和投资自由化，为其踏入东盟市场提供了极佳的发展机遇。

（四）天士力集团在东盟的威胁

1.天然药物公司迅猛发展

近年来天然药物公司如雨后春笋般涌现，当今世界除了天士力集团正在进行天然药物的研究工作并努力开拓东盟市场以外，辉瑞、默克、罗氏、葛兰素史克、诺华、拜耳等全球前20大制药企业也在马来西亚等东盟国家争相投资设厂。除了西方国家，在亚洲，日本拥有60多家汉方制剂企业，韩国也已成为世界上第二大汉方药出口国，两国的医药产品对缅甸、泰国、马来西亚等东盟国家都有出口。世界天然药物公司的迅猛发展，对于还处在发展中的、未在东盟站稳脚跟，还没有拥有忠实客户的天士力集团来说，无疑是一个很大的阻碍。

2.洋中药的压力

天士力集团致力于在心脑血管用药领域为患者提供更有效的产品。然而韩国第二大制药企业韩美制药企业，在心脑血管领域处于国际行业的领先地位，其通过海外授权提高了自己的竞争力，一进入东盟就取得了不俗的反响，这极大地影响了天士力集团在东盟的发展。日本津村株式会社是全世界最大的汉方药制药公司和中药出口企业，其在海外及时注册商标并善于利用知识产权，深受东盟国家青睐，这在一定程度上也给天士力集团开拓东盟市场带来很大的压力。

五、分析与结论

分析以上的调研和分析，我们得出以下结论：

1.东盟的中药市场具有很大的规模，而且发展势头良好，可以作为天士力集团开拓国际市场的目标市场。

2.中国与东盟各国山水相连，生活习惯和消费文化都有很大的相似性，中国的中药容易被东盟民众接受，市场前景看好。

3.天士力集团的中药产品价格低廉、药效迅速，符合东盟国家消费者的需求。

六、说明

由于时间、国内外环境、调查人员、资金等因素的限制，调研结果会有一定程度的误差，特加以说明。

七、调研报告附录（略）

2.国际市场调研报告的编制

市场调研报告一般由标题、目录、概述、正文、结论与建议、附件等几部分组成。其具体内容如下：

（一）标题

（二）目录

如果调研报告的内容较多，为方便读者阅读，应当使用目录或索引形式列出报告所分的主要章节和附录，并注明标题、有关章节号码及页码。一般来说，目录的篇幅不宜过长，最好不超过一页。例如：

目录

1.调查设计与组织实施

2.调查对象构成情况简介

3.调查的主要统计结果简介

4.综合分析

5.数据资料汇总表

6.附录

（三）概述

概述主要阐述课题的基本情况，按照市场调查课题的顺序将问题展开，并阐述对调查的原始资料进行选择、评价、提出结论和建议的原则等。其主要包括三个方面内容：

第一，简要说明调查目的，即简要说明调查的由来和委托调查的原因。

第二，简要介绍调查对象和调查内容，包括调查时间、地点、对象、范围、调查要点及所要解答的问题。

第三，简要介绍调查研究的方法。介绍调查研究的方法，能使人们确信调查结果可靠。因此要对所用方法进行简短叙述，并说明选用该方法的原因。例如，是用抽样调查法还是用典型调查法，是用实地调查法还是用文案调查法。另外，在分析中使用的方法，如指数平滑分析法、回归分析法、聚类分析法等，都应做简要说明。如果内容较多，应有详细的工作技术报告加以补充说明，附在市场调研报告最后部分的附件中。

（四）正文

正文是市场调研报告的主体部分。这部分必须准确阐明全部有关论据，包括从问题的提出到引出结论的全过程，以及分析、研究问题的方法。此外，还应当有可供市场活动的决策者进行独立思考的全部调查结果和必要的市场信息，以及对这些信息的分析评论。

（五）结论与建议

提出结论与建议是撰写市场调研报告的主要目的。这部分包括对引言和正文部分所提出的主要内容的总结，提出如何利用已证明为有效的措施和解决某一具体问题可供选择的方案与建议。结论与建议与正文部分的论述要紧密对应，不可以提出无证据的结论，也不要有没有结论性意见的论证。

（六）附件

附件是指调研报告正文包含不了或没有提及，但与正文有关必须附加说明的部分。它是对正文报告的补充或更详尽的说明，包括数据汇总表及原始背景材料和必要的工作技术报告，如为调查选定的样本的有关细节资料及调查期间所使用的文件副本等。

3.出口经营方案的样本

出口经营方案有表格式和文字式两种形式。

（1）表格式出口经营方案（见表1-1）。

表1-1   表格式出口经营方案

商品情况	品名： 包装： 收购价： 实际成本：		规格： 尺码： 毛重： 净重：		生产商： 产品特点： 竞争对手及特点： 产品改进：	
进销存情况	项目		金额（人民币）		数量	
	库存 成交待运 预计收购 预计出口					
历年出运情况	年份		出口数量		利润情况	主销地区
	2015 2016 2017 2018 2019 2020 2021					
2022年	外销计划	国别地区	数量	单价	FOB净价	换汇成本
出口安排		性质（佣金率）	市场特点	年（月）销量	销售额	存在的问题
	主要客户					
	主要措施					
备注	备货资金来源：自有资金 　　　　　　　银行贷款 　　　　　　　银行打包放款					

（2）文字式出口经营方案。

某进出口公司小五金制品2022年向东南亚国家出口经营方案

我外贸进出口专业公司已有40多年的小五金制品生产历史，以"金杯牌"注册商标向东南亚地区出口。我公司在该地区拥有固定客户，产品具有一定的知名度。2021年公司向该地区出口小五金制品500吨，销售额达45万美元，纯利润2.2万美元。我公司计划2022年向该地区出口小五金制品550吨，力争销售额达到50万美元，纯利润目标为2.5万美元。

一、产品情况

小五金制品属于零散性出口商品，其经营特点是：品种多（大约有上百个），规格复杂；产品尺寸大小相差较大，小到螺丝帽，大到金属链条；外商每次订货时各品种订货批量小、零散。因此，对小五金制品进行贸易量统计时，一般以吨为单位，而不是采用计件方式。

小五金制品应用范围广泛，市场需求量大。其主要用于人们的日常生活，包括各种锁具、门把手及各种拉手、合页、金属链条、插销等。目前，国际市场上对各种小五金制品的需求大致分两个档次：一部分是高档产品，其附加值高，销售价格高，市场潜在需求量大。由于我国目前的生产加工水平有限，我公司尚未经营这类产品，海外市场还未能打开。另一部分是档次较低的大路货，其附加值低，海外销售价格低，是我公司长期经营的出口产品。由于这类制品采用老工艺加工生产，因此，生产企业无需太多的投入，仍可保持现有的市场销售量。我公司出口已成规模，出口渠道稳定。

二、公司经营情况

1.公司的经营优势

我公司是专业经营对外贸易的公司，具有40多年的历史，产品远销世界各地。东南亚市场是我公司的传统出口市场，在该地区拥有自己的固定客户，并建立了良好的信誉，公司长期以来"守合同，讲信誉"，资信较好。通过不断努力和积极开拓，我公司创出了自己的品牌商标——"金杯牌"。由于"金杯牌"商标在东南亚地区进行了注册，我公司在该地区获得了独家经营权，该品牌多年来为公司带来了较好的经济效益。目前，国内虽然有许多出口公司经营小五金制品，公司的老客户宁愿花略高些的价格来购买我们的"金杯牌"产品，也不愿购买其他品牌信誉差的产品。

2.公司的外部环境

小五金制品不属于高精尖技术产品，生产企业无需进行大规模投资，国内有许多生产厂家，特别是在南方城市，有许多合资企业进行小五金制品生产，加工设备先进，产品档次较高。因此，国内生产企业之间竞争激烈。由于各公司内部出口成本核算构成不同，货源渠道不同，同类产品出口作价相差较大，出口公司之间价格竞争十分激烈，出口报价混乱。

随着人们生活水平的提高，原有的小五金制品的档次大大落后于目前的消费水平，已不能满足消费者的需求。以门锁、拉手为例，现在我公司出口的门锁、拉手还是过去的老品种、老颜色、老样式，产品单调，包装简单。目前，高档建筑发展很快，高档锁具市场的前景乐观，含有高新技术的高端锁具，如IC卡电子门锁、电子密码锁、加密型磁卡门锁、楼宇对讲防盗系统、阀门锁等，由于技术含量高，突出人性化、个性化特点，市场潜力巨大。这些高档次小五金制品美观、精细、科技含量高，在国际市场上售价高，而低档次大路货面临被国际市场淘汰的危险。

3.公司面临的主要问题

第一，由于"金杯牌"小五金制品在国内外市场上享有较高声誉，近年来，国内外不法厂商见利忘义，大肆制造和倾销假冒"金杯牌"小五金制品，导致产品价格下滑、市场混乱、出口受阻，使我公司蒙受了巨大的经济损失。

第二，目前我公司面临着前所未有的生存压力。由于小五金制品属于典型的劳动密集型产品，其出口效益容易受国内外经济环境的影响。近年来，由于原材料涨价、国家调低出口退税率、劳动力成本增加和人民币升值等不利因素，特别是全球金融危机的爆发，我公司订单锐减，利润明显下滑。

4.东南亚市场的特点

东南亚市场的主要特点是：需求量大，有部分转口贸易，市场复杂。向该地区出口的小五金制品占我公司同类产品出口量的一半以上，其中部分产品通过当地中间商转口到中南美洲地区。对该地区的出口产品包装以结实、不散为主，以便中间商转口。由于大多数中间商是华人，他们对国内情况比较了解，往往货比三家之后才肯签订合同。近几年来，东南亚厂商纷纷到中国投资设厂，直接从事小五金制品的生产及贸易。我公司在贸易中虽遇到了一些困难，但仍然有些老客户，始终保持与我公司的贸易往来，使得我公司在竞争激烈的情况下，出口量略有增加。

三、公司计划及行动方案

2021年，我公司小五金制品出口量为500吨，销售额为45万美元，东南亚地区市场占有率为5%。2022年公司计划向该地区出口小五金制品550吨，销售额要达到50万美元，当地的市场占有率为5.5%。要完成这一目标必须做到：

一是要保持原来大路货的市场份额，发挥公司的出口优势。大路货虽然价格低，但有一定的市场占有率，可以维持本公司的出口规模，获得一定的经济效益。

二是加大高新技术的投入，积极推进高档次小五金制品向东南亚地区的出口。高档次小五金制品的需求在近期内会有所增加，它可以为公司带来两个方面的好处：首先，高档次商品附加价值和出口价格高，公司相应获得的利润额就高；其次，能为公司今后出口产品的更新换代、提高小五金制品的档次打下基础，使我公司在今后几年中逐步提高高档次小五金制品的出口比例，使其成为公司的主要出口产品。

要实现这一计划，公司的行动方案分为两部分：

一是保持原有的销售渠道，维持现有的出口规模，利用老客户渠道出口大路货，做好稳定老客户、老渠道的工作。

二是开辟东南亚地区高档次小五金制品的市场，并将其作为我公司2022年出口工作的重点。其具体措施是：首先，广泛联系国内有能力的生产企业，收集适合出口的商品样品，同时搞好出口市场调研，按照进口商的要求组织生产，使产品适销对路；其次，计划投入一部分资金进行高档次小五金制品样品的宣传，抓紧印制样册，尽早将样册邮寄给我公司的老客户。目前，我国南方地区有些合资企业加工水平高，可以与它们建立供求关系，稳定出口货源，可以利用原有渠道，通过进口国当地的小五金批发商代理出口。

利用2022年两次广交会向外商展示高档次小五金制品，以获得市场反馈，为我公司今后出口产品的更新换代做准备，使公司在不断变化的国际市场竞争中处于有利地位。

资料来源：作者根据相关资料整理。

4.出口经营方案的制订

出口经营方案是在广泛、深入的市场调研基础上，对市场信息进行筛选、分析、归纳，并结合本企业的经营战略目标和特点，综合内外可控制与不可控制因素而制订的。

出口经营方案是企业出口的行动指南，是对外商洽交易、推销商品和安排出口业务的依据，可以帮助企业人员明确和落实自己的责任。在外贸实务中，各进出口公司一般只对大宗商品和重点推销商品制订出口经营方案，对其他商品通常只按商品大类制订经营方案，对新、小商品则制订价格方案。

出口经营方案的内容一般包括：

（1）计划概要。计划概要就是扼要阐明预计要实现的目标，使管理部门能迅速了解计划的主要内容。

（2）市场营销现状分析。

①市场情况：分析市场规模与增长情况（以数量单位或以金额计算）并按照市场细分与地区细分列明，掌握市场需求情况和价格变动趋势。

②商品情况：列出过去几年来产品线中主要产品的销售量、价格、收益和利润的资料，以及国内生产能力，可供出口商品的数量、品质、规格和包装等，确定产品在目标市场上的竞争地位。

③竞争情况：分析主要竞争对手，并对它们的规模、目标、市场份额、产品品质、市场营销战略进行阐述。

④分销情况：提供有关分销渠道中相关商品的销售数量和每个分销渠道地位的变化的资料，以及对经销商的鼓励措施和贸易条件等。

⑤宏观环境情况：主要阐述影响这一产品线未来的宏观环境趋势，即人口统计、经济、技术、政法及文化的趋向。

（3）SWOT分析。SWOT是企业进入海外市场所面临的优势、劣势、机会与威胁。通过对这些问题进行客观分析，企业可以发挥优势，避免劣势，对本企业进行精确定位。机会与威胁是指能够影响企业未来发展的外部因素；优势与劣势是影响企业发展的内部因素。只有通过对内部和外部因素的分析，确定企业面对的主要问题，企业才能有的放矢地制定目标、策略和战术。

（4）目标。出口经营方案中的目标一般有财务目标和市场目标两类。

（5）国际市场细分。国际市场细分以错综复杂的国际市场为对象，有三种分法：以一个国家为一个市场；以相似的国家为一个市场；打破国家的界线，视具有某种共性的区域为细分市场。

开展国际贸易，必须有强烈的细分市场意识，但细分市场并不是目的，细分市场的目的是选择一个理想的市场，也就是确定一个有巨大销售潜力的目标市场。

（6）市场营销策略。在制定市场营销策略时，企业将面对多种可能的选择，每个目标可以各种不同的方式实现。市场营销策略包括产品策略、价格策略、营销渠道策略、促销策略等。

（7）预计盈亏核算。盈亏核算包括出口换汇成本、出口盈亏率、出口创汇率的核算等。

（8）行动方案。制订计划实施时间表，合理选派人员，将预计的开支安排到位。

（9）控制措施。出口经营方案的最后一部分是控制措施，是用来监督整个计划进程的。有些方案的控制措施部分还包括意外应急计划，简要列出可能发生的如罢工、价格战、政府临时禁止进口等情形，以及管理部门应采取的应急措施等。

5.建立业务关系的信函样本

Import & Export Corp.

82 Tian An Men Street

Beijing，China

Your Ref.：148 GW/XM

Our Ref.：153 TBL/GP

July 24，2022

Oversea Trading Co.

24 Park Street

London E.C.4，England

Dear Sirs，

Re.：Tablecloth

We owe your name and address to the Commercial Counsellor's Office of Chinese Embassy in Pakistan. We take this opportunity to write to you with a view to setting up friendly business relations with you.

We are a private company specializing in the export of tablecloth. We are in a position to accept customized orders, and patterns, specifications and packaging decoration of samples should be specified.

In order to give you a general idea of various kinds of the tablecloth we are handling, we are airmailing you under separate cover our latest catalogue for your reference. Please let us know immediately if you are interested in our products. We will send you our price list and samples as soon as we receive your specific inquiry.

We are looking forward to your early reply.

Yours faithfully,

Signature（handed-signed）

Sales Manager

译文（正文部分）：

敬启者：

事由：台布

我们从我驻巴基斯坦使馆商务参赞处得悉贵公司的名称和地址，现借此机会与你方通信，意在建立友好业务关系。

我们是一家私人企业，专门经营台布出口业务。我们能接受顾客的来样订货，来样中可具体标明产品的花样图案、规格及包装装潢的要求。

为使你方对我们经营的各类台布有大致的了解，我们另航寄最新的目录供你方参考。如果你方对产品有兴趣，请尽快通知我方。一收到你方具体询盘，即寄送价目表和样本。

盼早复。

诚挚问候

签名（盖章）

销售经理

6.建立业务关系的信函撰写

建立业务关系的信函一般应包括如下内容：

（1）说明信息来源，即如何取得对方的资料。例如：

We learn from the Commercial Counselor's Office of our Embassy in your country that you are interested in Chinese handcrafts.

We have obtained your name and address from the Internet.

Mr.Jacques, Head of Arcolite Electric AG, has recommended you to us as a leading importer in Korea of lightweight batteries for vehicles.

（2）言明去函目的，即以扩大交易地区及对象、建立长期业务关系、拓宽产品销路为目的。例如：

In order to expand our products into South America, we are writing to you to explore the possibility of cooperation.

We are writing to you in the hope of establishing long-term trade relations with you.

We wish to express our desire to enter into business relationship with you on the basis of equality and mutual benefit.

（3）介绍本公司情况，包括对公司性质、业务范围、宗旨等基本情况的介绍以及对公司某些相对优势的介绍，如经验丰富、供货渠道稳定、有广泛的销售网络等。例如：

We are a leading company with many years' experience in the export of machinery.

We enjoy a good reputation in Chinese textiles all over the world.

A credible sales network has been set up and we have our regular clients from over 100 countries and regions worldwide.

Located in Shanghai, we take the advantage to set up our solidified production basis in coastal and inland areas.

（4）产品介绍。在这部分可能会出现两种不同的产品介绍：在明确对方需求时，可选取某类特定产品，进行具体的推荐性介绍；否则，只就公司经营产品的整体情况，如质量标准、价格水平、目前销路等，做较为笼统的介绍。通常公司会附上目录、报价单、图片或另寄样品供对方参考。例如：

We have a good variety of colors and sizes to meet with different needs.

To give you a general idea of our products, we are enclosing our catalogue for your reference.

（5）激励性结尾。在结尾部分，通常会写上一两句希望对方给予回应或劝对方立即采取行动的语句。例如：

Your comments on our products or any information on your market demand will be really appreciated.

We are looking forward to your specific inquiries.

7.信用调查信函的样本

Dear Sirs,

You are kindly requested to provide us with the information on credit and business operation of Singapore Happy Source Company. The company is located in 92 Napier Road, Singapore. Please be convinced that all the materials you supply to us will be kept absolutely secret, for which you will not take any responsibilities.

Best Regards.

Yours truly,

译文：

惠请将有关新加坡亚乐源公司的资信情况、商业经营情况告诉我们。该公司的地址是：新加坡纳波路92号。请确信，我们对你们提供的所有资料都严加保密，你们不负有任何责任。谢谢。

8.信用调查信函的内容

信用调查这一类信函一般包括以下几个方面：

（1）说明写信原因、提出此要求的目的，使对方的调查有的放矢。

（2）提出具体资信调查要求，如资金情况、经营能力、商业信誉、履约情况等。

（3）保证绝对保密，不损害对方的信誉。

（4）表示感谢。

（三）实训材料

大连新星进出口公司位于大连市黄河路82号，是一家国有外贸企业，主要经营化学工业所需原料及相关产品的进出口业务。近年来，随着公司内部管理体制改革及外贸业务快速发展，公司取得了巨大的成绩。橡胶制品部是公司的主要业务部门之一，经营各类国产鞋的出口业务，包括布面胶鞋、童鞋、胶底皮鞋、便鞋及EVA底运动鞋等，产品行销中国香港以及韩国、日本、东南亚市场。公司拥有经验丰富的制鞋专业人员、品质管理人员及国际贸易人员，并与周边十余家制鞋厂建立了密切的业务联系，可确保稳定的货源及质量。公司在国际市场上竭诚寻求合作机会，愿意按照互利互惠、共同发展的原则通过兴办合资鞋厂，或来样加工、补偿贸易等多种形式，同世界各地的鞋类经销商进行业务往来。

公司的业务员赵伟于2022年7月24日在网上看到一则悉尼Thomas Wilson Co.，Ltd.（该公司位于澳大利亚悉尼SW6008爱德华大街180号）的求购广告，急需一批EVA底运动鞋。下面请以赵伟的身份向对方发送一份E-mail，再寄一套最新的产品目录。Thomas Wilson Co.，Ltd.收到赵伟的信函后，对大连新星进出口公司的产品很感兴趣，欲购买其胶底皮鞋，并提出交易条件。Thomas Wilson Co.，Ltd.是大连新星进出口公司的新客户，为了避免贸易风险，有必要查询对方的资信情况，于是大连新星进出口公司向对方公司询问财务状况。

（四）实训操作

根据给出的书信格式和结构，结合上面的实训材料完成实训任务。

1.建立业务关系信函的写作

Dalian Xinxing Import & Export Corp.

82 Huanghe Road

Dalian，China

July 24，2022

Thomas Wilson Co.，Ltd.

180 Edward Street，Sydney

SW6008，Australia

Dear Sirs，

Re.： Establishing trade relations

We learned from the Internet that you are in the market for jogging shoes with EVA

Sole, which just falls within our business scope. We are writing to enter into business relations with you on the basis of mutual benefit and common development. (说明信息来源、表明去函目的)

Our corporation, as a state-owned foreign trade organization, deals in the import and export of raw materials and relevant products for chemical industry. We have a rubber product department, which specializes in the export of various kinds of shoes made in China including jogging shoes with EVA Sole of fashionable designs, comfortable feeling, and high popularity in America, Europe and Asia. We have established close business relationship with more than a dozen of shoe manufacturers so that the stable supplies, the quality guarantee as well as the flexible way of doing business can be reached. (介绍本公司情况、产品)

We are enclosing our latest catalogue on jogging shoes with EVA Sole, which may meet your demand. If there is not, please let us know your specific requirements. We can also accept orders according to customers' designated styles. It will be a great pleasure to receive your inquiries against which we will send you our beat quotations. (表明强烈合作意图)

We are looking forward to your prompt reply. (激励性结尾)

> Yours faithfully,
> Signature (handed-signed)
> Zhao Wei (printed)
> Sales Manager
> Dalian Xinxing Import & Export Corp.
> Encl.: A catalogue

2. 向对方开户行咨询对方公司财务情况

Dear Sirs,

Re.: Thomas Wilson Co., Ltd.

The subject company has lately approached us, asking if they could represent us in the sale of our jogging shoes with EVA Sole, and has referred us to your bank for detailed information about its financial standing, business capacity and reputation. We shall appreciate it if you could give us your frank opinion on these points regarding the company. (说明写信原因并提出具体资信调查内容)

Any information you may give us will be treated strictly in confidence. (保证绝对保密)

We assure you of our reciprocating your courtesy at any time. (表示感谢)

> Yours respectfully,

(五) 实训练习

大连锦阳服饰有限公司成立于1997年,专业生产衬衫、定做各种工装及承接外贸订单。经过多年的努力，现日产量可达8 000余件，其国内的固定客户遍及全国20多个省市。目前公司取得了自营进出口权，欲进军全球市场。为了进一步开拓海外市场，特别是欧洲和中东的市场，大连锦阳服饰有限公司进行了国际市场调研。前不久，大连锦阳服饰有限公司参加了广交会，在会上了解到美国AB纺织品贸易公司欲购买男士衬衫，锦阳公司马上给对方公司写了一封希望与其建立业务关系的信函。很快，美国AB纺织品贸易公司同大连锦阳服饰有限公司联系，询问能否成为其在北美的代理商，销售大连锦阳服饰有限公司的产品，并介绍大连锦阳服饰有限公司向美国AB纺织品贸易公司的开户行了解该公司的信用、业务能力和声誉的详细情况。请以大连锦阳服饰有限公司业务员王东的身份根据上述材料完成下列任务：

1.草拟一份向欧洲和中东地区出口成衣的国际市场调研报告。

2.给美国AB纺织品贸易公司写一封希望与其建立业务关系的信函。

3.给美国AB纺织品贸易公司的开户行写一封资信调查的信函。

（六）实训讨论

在国际市场调研报告的草拟、建立贸易关系信函和客户资信调查信函的写作完成后，组织学生就写作过程中遇到的问题进行集体讨论，由同学提出问题，然后按实训前准备时划分的小组进行分组讨论，讨论后每个小组提出自己的意见，最后由教师进行讲解并总结。

（七）提交实训报告

每个学生于下次课提交一份实训报告，报告中要求写出报告的目的，交易前做好哪些准备工作，如何寻找交易伙伴，如何编制国际市场调研报告和出口经营方案，如何给潜在的客户写建交函，如何给客户的开户行写资信调查函（后面附上根据实训练习的资料所草拟的国际市场调研报告、建交函和资信调查函），以及此次课的心得体会。

六、实训考核方法

本模块的主要内容是各项业务的模拟操作或者现场实习，因此主要通过学生现场表现出来的职业性对其进行考核，以优秀、良好、中等、及格、不及格来评定其成绩。参考标准如下：

1.优秀：学生表现出的应变能力很强，操作熟练，能出色地完成实训任务，课堂讨论积极。

2.良好：学生表现出一定的应变能力，操作虽有一些失误但不影响大局，能够完成实训任务，课堂讨论较积极。

3.中等：学生表现出基本的应变能力，操作基本符合要求，完成实训任务时稍有瑕疵但不影响整体效果，课堂讨论表现一般。

4.及格：学生表现出的应变能力较差，勉强完成操作，在完成实训任务中有一些失误，对整体效果有一定的影响，课堂讨论表现一般。

5.不及格：学生不胜任实训任务或者对实训任务不参与、不配合。

七、实训拓展与提高

（一）我国"四大展会"：广交会、进博会、服贸会和消博会

作为对外开放的平台，近年来，我国外贸交易类展会越办越多、越办越好，参展企业络绎不绝。其中，中国进出口商品交易会，即广交会，是中国目前历史最长的综合性国际贸易盛会；中国国际服务贸易交易会，即北京服贸会，是迄今为止全球唯一一个涵盖世贸组织界定的服务贸易12大领域的综合型服务贸易交易平台；中国国际进口博览会，即上海进博会，是世界上第一个以进口为主题的大型国家级展会；中国国际消费品博览会，即海南消博会，是国际消费精品的全球展示和交易平台。这四大经贸盛会共同构成了我国国家级商务会展体系，形成中国国际化大市场的"四轮驱动"。从广交会、服贸会到进博会、消博会，从"世界工厂"到"世界市场"，中国经济的发展之路，就是不断融入世界经济大循环，并以自身发展促进共同发展的历程。

（二）善于利用网络资源寻找国外客户

展会是最直接的资源，因为可以直接和外商面对面的交流，但是花费相对比较大。国内出名的综合性展会有广交会、华交会以及义博会等。展会能吸引很多采购商参加，但是时间周期短，客户也有众多目标产品可选择，对于参展的企业或公司来说，最重要的就是在展会给客户深刻的第一印象，因为客户采购商可能只驻足企业的展位几秒钟，甚至更短的时间，所以参展的企业要付出大量的资金和精力来装饰展位与设计布局，研究产品摆设，提高自身的接待能力等等。除了展会资源，还可以利用网络资源。网络平台很大，包括B2B平台、搜索引擎以及一些社交媒体平台等。B2B是专业商业网站，大家熟悉的有Alibaba、中国制造、环球资源等；搜索引擎用的比较多的是Google、Yahoo等；社交媒体平台包括Facebook、Twitter、Instagram、LinkedIn、Pinterest、YouTube等。

（三）推广数字智能技术应用，为外贸发展赋能

数字经济背景下，外贸企业要积极运用数字技术和数字工具，推动外贸全流程各环节优化提升。发挥"长尾效应"，整合碎片化订单，拓宽获取订单渠道；大力发展数字展会、社交电商、产品众筹、大数据营销等，建立线上线下融合、境内境

外联动的营销体系；集成外贸供应链各环节数据，加强资源对接和信息共享，提升外贸企业数字化、智能化水平。例如，疫情防控期间举办的2021年第129届广交会，外贸企业通过数字化管理、数字化选品和线上营销转型，线上展会平台进一步优化了洽谈功能，丰富图文、视频、3D、VR、直播等展示形式，供采双方突破时空限制，可全天候联络对接，获取客户，达成合作。基于VR技术，通过数字展会平台，3D虚拟展厅就能多维度地展示参展的摊位和商品，让远在外地外国的客户如临其境地参观最新成果，看到最前沿的商品，近距离感受到参展的氛围。

模块二　商品报价与还价核算

一、实训目的

本模块实训的主要目的是使学生明确国际贸易中商品进出口价格的构成要素与内涵界定，掌握进出口报价与还价的核算方法以及具体的计算步骤，熟练运用常用价格术语进行进出口报价。

二、理论知识点

（一）出口价格构成

出口价格的构成有三大要素，包括商品成本、出口费用和预期利润，如图2-1所示。

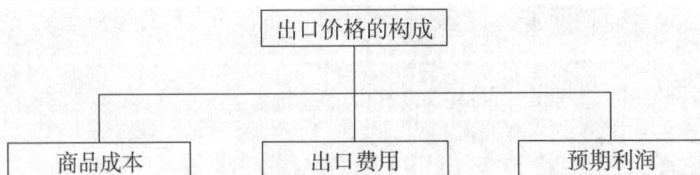

图2-1　出口价格的构成

1.商品成本核算

商品成本可以是生产成本、加工成本，也可以是采购（购货）成本。对于专业贸易公司而言，商品成本是采购成本，即从制造商（生产商）、加工商处采购出口商品而支付的款项；对于直接出口的生产厂商而言，商品成本是指生产成本，即产品出厂价格；加工商对成品或半成品进行加工所需的成本就是加工成本。

在进出口业务中，从事加工贸易的进出口企业应重点掌握商品的加工成本，而对于大多数不进行商品生产，仅从事商品流通的专业贸易公司来说，则主要掌握采购（购货）成本。一般而言，供货厂商所报的价格为含税成本（采购成本），也就是进口商的购进价或购货成本，但含税成本一般含增值税在内，所以采购（购货）成本又常被称为"含税采购成本"或"税前成本"。在出口价格核算中，考虑到出口退税因素，进行成本核算时要扣除退税额。其换算公式为：

实际成本=含税成本−退税收入

退税收入=含税成本×出口退税率÷（1+增值税税率）

实际成本=含税成本−含税成本×出口退税率÷（1+增值税税率）

或　　　　=含税成本×（1+增值税税率−出口退税率）÷（1+增值税税率）

2.出口费用核算

1）出口费用构成

出口费用常见的名目有国内费用（包装费、仓储及处理费、国内运费、装船费、港区港杂费、认证费、商品检验费、出口捐税、通信费、银行费用、预计损失）、海外运费、保险费、佣金等。

这些费用与采用的贸易术语、交易性质、商品种类等相关，各项费用并非在每笔出口交易中都必然发生。

出口业务中发生的主要费用构成及经济含义见表2-1。

2）国内费用核算

$$国内费用=包装费+仓储费+国内运输费+港区港杂费+认证费+商检费+报关费+银行费用+业务费用+其他费用$$

3）出口运费核算

在海运方式中，根据承运货物的船舶的不同，营运方式可以分为班轮运输和租船运输两种。在进出口交易中，除大宗初级产品采用租船运输方式外，多数货物都采用班轮运输的方式。在班轮运输中，根据是否装入集装箱，托运货物又可区分为件杂货物与集装箱货物两类，现将这两类货物海运费用的计算方法分述如下：

（1）件杂货海运费用。

件杂货海运费用=基本费用+附加运费

　　　　　　　　=基本运费×（1+各种附加运费率）

附加运费一般以基本运费的一定百分比计收。

（2）集装箱货海运费用。

集装箱货海运费用=件杂货基本费率+附加运费（拼箱）

或　　　　　　　　=包箱费率（整箱）

单位商品出口运费（集装箱装运）=包箱费率÷每集装箱所装数量

　　　　　　　　　　　　　　　=包箱费率÷（集装箱装箱数量×包装方式）

表2-1 主要出口费用构成及经济含义

中文名称	英文名称	经济含义	计算公式
包装费	packing charges	通常包含在采购成本中，但如果客户对货物的包装有特殊要求，由此产生的费用就要作为包装费另加	
仓储费	warehousing charges	需要提前采购或另外存仓的货物往往会发生仓储费用	
国内运输费	inland transport charges	出口货物在装运前所发生的境内运输费，通常包括卡车运输费、内河运输费、路桥费、过境费等	
港区港杂费	port charges	出口货物装运前在港区码头所需支付的各种费用	
认证费	certification charges	出口商办理出口许可、配额、产地证明、其他证明所支付的费用	
商检费	inspection charges	出口商品检验机构根据国家的有关规定或出口商的请求对货物进行检验的费用	
税费	duties and taxes	国家对出口商品征收、代征或退还的有关税费，通常有出口关税、增值税等	关税税额=关税完税价格×关税税率
垫款利息	interest	出口商自国内采购至收到国外买方付款期间因垫付资金所产生的利息支出	垫款利息=采购成本×贷款年利率×具体垫款天数÷一年的天数
业务定额费或经营管理费	operation charges	出口商在经营中发生的有关费用，如通信费、交通费、交际费、广告费等	定额费=采购成本×定额费率
银行手续费	banking service charges	银行向客户提供汇兑、结算等相关服务时所收取的费用	计费方式有两种：按每笔交易收；按报价金额的一定百分比收。其计算公式为：银行费用=报价×银行费用率。L/C费率1%，D/A费率0.15%，D/P费率0.17%，T/T费率0.1%
出口运费	freight charges	货物装运出境直至目的地所需支付的海运、陆运或空运费用	包括出口班轮（散货）运费和出口（集装箱装运）运费两种形式（具体见出口运费核算的内容）
保险费	insurance premium	出口商向保险公司购买保险时所支付的费用	保险费=保险金额×保险费率 保险金额=CIF（CIP）×（1+保险加成率）
佣金	commission	出口商支付给中间商的酬金	佣金=含佣价×佣金率

由于出口报价所报的是单位产品的出口价格，因此计算时要用包箱费率除以出口产品数量。此外，由于包箱费率是以美元计价的，因此要将其换算成人民币。

关于集装箱装箱数量的计算：通常 20 英尺集装箱的有效容积为 25 立方米，有效载重量为 17.5 吨；40 英尺集装箱的有效容积为 55 立方米，有效载重量为 24.5 吨。注意，最后计算出来的集装箱装箱数量应该取整数。以体积法计算为例：货物用纸箱装，纸箱的尺码为 50 厘米×40 厘米×30 厘米，那么 20 英尺集装箱的装箱最大数量为 416.667 箱（25÷（0.5×0.4×0.3）），取整数位 416 箱。如果使用选择法，则：

　　集装箱装箱数量=集装箱载重÷货物重量

或　集装箱装箱数量=集装箱容积÷货物体积（选数值较高者）

（3）运费的核算步骤。

①根据货物名称，在运价表中的货物分级表上查到货物的等级和运费计算标准。计算标准包括重量法、体积法、从价法、选择法、综合法、按件法、议价法等。

②根据货物的装运港、目的港找到相应的航线，按货物的等级查找基本运价。

③查出该航线和港口所要收取的附加费项目和数额（或百分比）及货币种类。

④根据基本运价和附加费算出实际运价（单位运价）。

⑤根据货物的托运数量算出应付的运费总额。集装箱货物分为拼箱货（LCL）和整箱货（FCL）。拼箱货运费通常按件杂货的基本费率加附加费计算，整箱货运费按包箱费率（Box Rate）计算。其中常见的包箱费率有中国–新加坡航线的 FAK（Freight All Kinds）、中国–日本航线的 FCS（Freight for Class）、中国–地中海航线的 FCB（Freight for Class & Basis）三种。

3.出口利润核算

价格中所包含利润的多少，往往由商品、行业、市场竞争状况以及企业的价格策略等因素来决定。利润可以用某一固定的数额表示，也可以用利润率即百分比表示。在用利润率核算利润额时，应当注意确定利润率计算的依据。

用采购成本作为计算依据的，称为成本利润率，其计算公式为：

利润=成本×利润率

用销售额作为计算依据的，称为销售利润率，其计算公式为：

利润=价格×利润率

计算利润的基数不同，获取的利润额是不同的。

4.出口报价核算

出口报价核算通常主要进行 FOB、CFR 和 CIF 三种价格条件的核算。进行出口报价核算首先要明确价格的构成要素，即所报价格由哪些部分组成，各组成部分的计算方法是什么，在清楚了解出口成本、各项费用以及利润的计算依据后，将各部分加以合理汇总就行了。

常用的 FOB、CFR 和 CIF 三种贸易术语的价格构成如下：

FOB 报价（含佣金）=实际购货成本+国内费用+客户佣金+银行手续费+预期利润

CFR 报价（含佣金）=实际购货成本+国内费用+客户佣金+银行手续费+出口运费+预期利润

$$\text{CIF报价} \atop \text{(含佣金)} = {实际 \atop 购货成本} + {国内 \atop 费用} + {客户 \atop 佣金} + {银行 \atop 手续费} + {出口 \atop 运费} + {出口 \atop 保险费} + {预期 \atop 利润}$$

也可以采用下列计算公式：

$$出口报价 = \frac{货物实际成本 + 出口费用额之和}{1 - 出口各项费用率之和 - 预期利润率}$$

在实际业务中，经常报 FOB、CFR 和 CIF 价格，这三种价格的核算公式分别为：

$$FOB报价 = \frac{实际成本 + 各项国内费用之和}{1 - 预期利润率 - 佣金率}$$

$$CFR报价 = \frac{实际成本 + 各项国内费用之和 + 国外运费}{1 - 预期利润率 - 佣金率}$$

$$CIF报价 = \frac{实际成本 + 各项国内费用之和 + 国外运费}{1 - 预期利润率 - (1 + 投保加成率) \times 保险费率 - 佣金率}$$

5. 出口还价核算

出口还价核算是指在对方还价后，计算价格中相应要素可能发生的变化。贸易公司针对还价进行核算是必要的，可以借此判断价格降低对预期利润目标的影响程度以及是否能够承受。

在还价核算中，通常会计算对方还价后我方总利润额和利润率的变化，从而初步判断还价后的利润额和利润率是否可接受。如果客户的还价幅度较大，可以进一步核算，看是否可以压缩实际成本或利润率进行再还价，从而不放过任何可能达成交易的机会。

1）计算利润额和利润率

在计算利润额时，可以以单一商品的利润额，或一个品种、一个集装箱的利润额为基数，这被称为单价法；还可以以整个订单的利润额作为基数，这被称为总价法。在业务实践中，总价法比较直观且比较精确，所以在计算经还价后的利润额或进行成交核算时，一般宜用总价法。

总利润额的计算公式为：

总利润额=成交总金额-实际总成本-所有国内费用-出口运费-总保险费-总佣金

其中：成交总金额=还盘单价×总数量×人民币汇率

实际总成本=实际采购成本×总数量

出口运费=出口运费×人民币汇率

总保险费=成交总金额×（1+投保加成率）×保险费率

总佣金=成交总金额×佣金率

利润率则通过下面的式子计算：

利润率=总利润额/成交总金额

2）计算我方维持最低利润时所能承受的最高含税成本

出口商在讨价还价的过程中要了解自己所能承受的成本底线，也就是根据进口商的还价计算出如果要维持最低的利润率，可接受的最高含税成本是多少。如果低于这个采购成本，意味着不能实现最低利润率，即在此成本下客户所报的价格是己方不能接受的，交易无法进行。其计算方法如下：

含税成本=实际成本÷［1–出口退税率÷（1+增值税税率）］

根据出口报价公式，实际成本可以表示为：

实际成本=还盘价格×（1–各项成交价基础上的费用率）–各项出口费用之和

将实际成本带入含税成本的表达式，就可以计算出己方维持最低利润时所能承受的最高含税成本。

3）再报价

在业务实践中，经过出口还价核算后，贸易公司常常通过减少预期利润、缩减费用开支、降低采购成本进行再报价。当然，出口商也可以坚持原则拒绝还价，或者有条件地接受对方的还价。再报价的步骤与出口报价核算的实践相同。

（二）进口价格核算

进口价格核算与出口价格核算在原理上完全相同，主要区别表现在以下几个方面：进口价格核算中的采购成本是国外出口商的报价，该成本没有含税和去税的区别；进口价格核算还涉及关税的计算、海关代征税的计算和国内销售时实际缴纳增值税的计算。

1.进口货物成本

FOB进口货物成本=FOB进口合同价+运费+保险费+进口国内总费用+进口税费

CFR进口货物成本=CFR进口合同价+保险费+进口国内总费用+进口税费

CIF进口货物成本=CIF进口合同价+进口国内总费用+进口税费

2.进口国内费用

进口国内费用核算方法与出口国内费用核算方法相同。

3.货物进口关税的核算

1）进口关税计算

（1）进口货物完税价格。

进口货物采用CFR价格术语成交，计算公式为：

完税价格=CFR价÷（1–保险费率）

进口货物采用FOB价格术语成交，计算公式为：

完税价格=（FOB价+运费）÷（1–保险费率）

（2）进口货物应纳关税计算。

应纳关税额=应纳税进口货物数量×完税后价格×适用关税税率

2）应纳消费税的计算

（1）从价定率消费税的征收公式。

单位货物应纳消费税税额=计税价格×适用消费税税率

计税价格=关税完税价格+关税+消费税

计税价格=关税完税价格×（1+适用关税税率）÷（1–适用消费税税率）

（2）从量定额消费税的征收公式。

应纳消费税税额=应纳税进口商品数量×适用定额税率

3）应纳增值税的计算

应纳增值税税额=计税价格×适用税率×应税进口商品数量

计税价格=关税完税价格+关税+消费税

4.进口货物总成本的核算

进口货物总成本=FOB合同价+运费+保险费+进口货物国内总费用+关税+消费税+增值税

=CFR合同价+保险费+进口货物国内总费用+关税+消费税+增值税

=CIF合同价+进口货物国内总费用+关税+消费税+增值税

三、实训所需条件

（一）实训学时

4课时/30人。

（二）实训地点

多媒体教室。

（三）实训所需材料

教师提供背景材料；在开课之前，要求学生熟悉国际贸易价格术语，特别是FOB、CIF和CFR价格术语的概念及相互关系；学生需携带计算器。

四、实训内容与要求

本模块实训内容要求学生能熟练掌握出口商品的出口成本、出口费用、出口利润的核算，在此基础上计算出口商品的价格；同时掌握出口还价的核算方法，最终根据价格磋商的结果，填制出口成交核算表；围绕FOB、CFR、CIF三个常用的贸易术语，核算成本、费用，并根据各价格术语的特点和要求合理报出商品的价格。

五、实训步骤

（一）实训前的准备

1.对学生进行分组，每组6人，先后模拟大连东方食品进出口公司和大连AG出口公司业务员。

2.持出口成交预算表和出口成交核算表的空白单（见附录，可以剪下，根据下面的实训材料填写，随实训报告上交）。

（二）实训指导

由教师负责讲解出口报价的核算、出口还价的核算、出口成交核算表的填制和进口报价的核算。

1.出口报价核算过程

1）出口成本的核算

（1）报价数量的核算。在国际货物运输中，经常使用的是20英尺和40英尺的集装箱，20英尺集装箱的有效容积为25立方米，40英尺集装箱的有效容积为55立方米。出口商在进行报价核算时，建议按照集装箱可容纳的最大包装数量来计算报价数量，以节省海运费用。

在主页的"产品展示"中查看产品详细情况，根据产品的体积、包装单位、销售单位、规格描述来计算报价数量。

（2）采购成本的核算。通过邮件和供应商联络，询问采购价格，用以进行成本核算。

（3）出口退税收入核算。记下"产品展示"中的"海关编码"，在主页的"税则查询"中输入"海关编码"，点"搜索"按钮，查询增值税税率和出口退税率。

出口退税收入=购货成本÷（1+增值税税率）×出口退税率

实际成本=购货成本−出口退税额

　　　　=购货成本−购货成本÷（1+增值税税率）×出口退税率

2）出口费用的核算

（1）国内费用的核算。

国内费用包括内陆运费、包装费、运杂费、报检费、报关费、核销费、公司综合业务费等。

内陆运费=出口货物的总体积×单价

出口货物的总体积=报价数量÷每箱包装数量×每箱体积

（2）海运费用的核算。

在出口交易中，在采用CFR、CIF贸易术语成交的条件下，出口商需核算海运费用。在核算海运费用时，出口商首先要根据报价数量算出产品体积，再到"运费查询"页找到对应该批货物目的港的运价。如果报价数量正好够装整箱（20英尺或40英尺），则直接取其运价为海运费用；如果不够装整箱，则用"产品总体积×拼箱的价格"来算出海运费。由于运价都以美元显示，在核算完海运费用后，应根据当天的汇率将其换算成人民币。

（3）保险费的核算。

在出口交易中，在以CIF术语成交的情况下，出口报价中应包含保险费。出口商需要到主页"保险费"中查询保险费率，用以核算保险费。用公式表示即：

保险费=保险金额×保险费率

保险金额=CIF货价×（1+保险加成率）

由上面的公式可以进一步得出将CFR（CPT）价格换算为CIF（CIP）价格的公式：

CIF=CFR价÷［1-（1+保险加成率）×保险费率］

在进出口贸易中，根据有关的国际惯例，保险加成率通常为10%。出口商也可根据进口商的要求与保险公司约定不同的保险加成率。

（4）银行费用的核算。

银行费用=报价总金额×银行费率

结汇方式不同，银行收取的费用也不同。银行费率在主页的"费用查询"中可以查到。

（5）客户佣金的核算。

客户佣金=报价（含佣价）×佣金率

3）出口利润的核算

利润=报价×利润率

或　　　=报价金额-采购成本-各项费用+退税收入

4）常用的FOB、CFR和CIF三种贸易术语的报价核算

FOB报价（含佣金）=实际购货成本+国内费用+客户佣金+银行手续费+预期利润

CFR报价（含佣金）=实际购货成本+国内费用+客户佣金+银行手续费+出口运费+预期利润

$$\text{CIF报价}\atop\text{(含佣金)}=\text{实际}\atop\text{购货成本}+\text{国内}\atop\text{费用}+\text{客户}\atop\text{佣金}+\text{银行}\atop\text{手续费}+\text{出口}\atop\text{运费}+\text{出口}\atop\text{保险费}+\text{预期}\atop\text{利润}$$

也可以采用下列计算公式：

$$\text{出口报价}=\frac{\text{货物实际成本+出口费用额之和}}{1-\text{出口各项费用率之和}-\text{预期利润率}}$$

实际业务中，经常报FOB、CFR和CIF价格，这三种价格的核算分别为：

$$\text{FOB报价}=\frac{\text{实际成本}+\text{各项国内费用之和}}{1-\text{预期利润率}-\text{佣金率}}$$

$$\text{CFR报价}=\frac{\text{实际成本}+\text{各项国内费用之和}+\text{国外运费}}{1-\text{预期利润率}-\text{佣金率}}$$

$$\text{CIF报价}=\frac{\text{实际成本}+\text{各项国内费用之和}+\text{国外运费}}{1-\text{预期利润率}-（1+\text{投保加成率}）×\text{保险费率}-\text{佣金率}}$$

2.出口报价核算操作

报价资料如下：

商品名称：03001戴帽熊。

商品资料：每箱装60只，每箱体积0.164立方米。

供货价格：每只6元。

税率：供货单价中均包括13%的增值税，出口毛绒玩具的退税率为11%。

国内费用：内陆运费（每立方米）100元、报检费120元、报关费150元、核销费100元、公司综合费用3 000元。

银行费用：报价的1%（L/C银行手续费1%）。

　　海运费：从上海至加拿大蒙特利尔，一个20英尺集装箱的费用为1 350美元。

　　货运保险：在CIF成交金额的基础上加10%投保中国人民保险公司海运货物保险条款中的一切险（费率0.8%）和战争险（费率0.08%）。

　　报价利润：报价的10%。

　　报价汇率：6.30元人民币兑换1美元。

　　报价核算操作：在计算出口价格时，首先需要明确价格的构成，即所报价格由哪些部分组成；然后需要了解各组成部分的计算方法，也就是出口成本、各项费用以及利润的计算依据；最后将各部分加以合理汇总。

　　1）出口成本的核算

　　（1）报价数量的核算。

20英尺集装箱包装数量=25÷0.164=152（箱）（注：取整数）

报价数量=152×60=9 120（只）

　　（2）采购成本的核算。根据报价单，得知每只戴帽熊的购货成本为6元。

　　（3）出口退税收入的核算。

出口退税额=购货成本÷（1+增值税税率）×退税率

每只戴帽熊的实际成本=购货成本-出口退税额

　　　　　　　　　　　=购货成本-购货成本÷（1+增值税税率）×出口退税率

　　　　　　　　　　　=6-6÷（1+13%）×11%

　　　　　　　　　　　=5.42（元）

　　2）出口费用的核算

　　（1）内陆运费的核算。

内陆运费=出口货物的总体积×100

总体积=报价数量÷每箱包装数量×每箱体积

　　所以：

内陆运费=9 120÷60×0.164×100

　　　　=2 492.8（元）

　　（2）国内费用的核算。

每只戴帽熊所摊国内费用=（内陆运费+报检费+报关费+核销费+公司综合费用）÷报价数量

　　　　　　　　　　　=（9 120÷60×0.164×100+120+150+100+3 000）÷9 120

　　　　　　　　　　　=0.64（元）

　　（3）海运费用的核算。

　　出口交易中，在采用CFR、CIF贸易术语成交的条件下，出口商需核算海运费用。在核算海运费用时，出口商首先要根据报价数量算出产品体积，再到"运费查询"页，找到对应该批货物目的港的运价。如果报价数量正好够装整箱（20英尺或40英尺），则直接取其运价为海运费用；如果不够装整箱，则用"产品总体积×拼箱"的价格来算出海运费用。由于运价都以美元显示，在核算完海运费用后，应根据当天汇率换算成人民币。

每只戴帽熊的海运费=1 350×6.30÷9 120=0.93（元）

（4）保险费的核算。

保险费=CIF报价×110%×（0.8%+0.08%）

　3）出口利润的核算

利润=报价×利润率=报价×10%

　4）三种贸易术语报价核算过程

FOB报价=实际成本+国内费用+银行手续费+利润

　　　　=5.42+0.64+报价×1%+报价×10%

　　　　=（5.42+0.64）÷（1-1%-10%）

　　　　=6.81（元/只）

　　　　=1.08（美元/只）（1美元=6.30元）

CFR报价=实际成本+国内费用+海运费+银行手续费+利润

　　　　=5.42+0.64+0.93+报价×1%+报价×10%

　　　　=（5.42+0.64+0.93）÷（1-1%-10%）

　　　　=7.85（元/只）

　　　　=1.25（美元/只）（1美元=6.30元）

CIF报价=实际成本+国内费用+海运费+保险费+银行手续费+利润

　　　　=5.42+0.64+0.93+报价×110%×0.88%+报价×1%+报价×10%

　　　　=（5.42+0.64+0.93）÷（1-110%×0.88%-1%-10%）

　　　　=794（元/只）

　　　　=1.26（美元/只）（1美元=6.30元）

通过以上计算，每只戴帽熊的报价如下：

USD1.08 Per Carton FOB Shanghai（每只1.08美元上海港船上交货）

USD1.25 Per Carton CFR Montreal（每只1.25美元成本加运费至蒙特利尔）

USD1.26 Per Carton CIF Montreal（每只1.26美元成本加运保费至蒙特利尔）

此外，还可以根据公式计算：

FOB报价=（实际成本+国内费用）÷（1-预期利润率-银行手续费率）÷6.30

　　　　=（5.42+0.64）÷（1-1%-10%）÷6.30

　　　　=1.08（美元/只）

CFR报价=（实际成本+国内费用+海运费）÷（1-预期利润率-银行手续费率）÷6.30

　　　　=（5.42+0.64+0.93）÷（1-1%-10%）÷6.30

　　　　=1.25（美元/只）

CIF报价=（实际成本+国内运费+海运费）÷$\left(1-\dfrac{预期}{利润率}-\dfrac{保险}{费率}-\dfrac{银行}{手续费率}\right)$÷续费率

　　　　=（5.42+0.64+0.93）÷［1-10%-（0.8%+0.08%）×110%-1%］÷6.30

　　　　=1.26（美元/只）

　3.出口还价核算具体过程

出口还价核算有顺算法和逆算法。顺算法主要用于成本、费用和利润的叠加以产生正确的报价；而逆算法是在报价产生之后，用收入减去支出等于成本的原理来核对报价是否正确无误。

在进行出口还价核算时，出口商首先考虑的是在客户还价后，自己是否还有利润、利润是多少；计算利润额时，可能是单一商品的利润额，也可能是以一个品种、一个集装箱或整个订单的利润额为基础，即单价法和总价法。在业务实践中，总价法比较直观且比较精确，所以在计算还价后的利润或者在进行成交核算时，一般宜用总价法。

除了计算利润额以外，有时出口商还会进行利润率的核算。核算利润率的主要目的是将经过还价后的利润与报价利润进行比照。采用的计算公式如下：

销售利润=销售收入−各种费用−实际成本（利润多少是能否接受对方还价的依据）

实际成本=销售收入−销售利润−各种费用（成本多少是能否要求供货商调价的依据）

某项费用=销售收入−销售利润−其他费用−实际成本（费用多少是经营者增减某项费用的依据）

通过上述公式，可以根据对方的还价，计算出利润、实际成本或采购成本、总费用或某项费用的变化情况，从而决定是否接受对方的还价。

4.出口还价核算操作

资料：2022年4月，某出口公司出口陶瓷制餐具，进货成本为150元/套（含13%的增值税，退税率为9%）。20英尺货柜发生的费用有：运杂费900元，商检报关费200元，港区港杂费700元，公司业务费1 300元，其他费用950元，大连—温哥华20英尺集装箱包箱费2 250美元。利润为报价的10%，美元兑人民币汇率为1∶6.30。外箱体积为0.4m×0.35m×0.38m。我方对外报价为每套25.10美元CFR纽约，客户还价每套22美元CFR纽约。我方进行还价核算，现在需要考虑以下三个问题：①按客户还价，核算我方盈亏情况；②保持5%利润的还价情况；③保持8%利润的国内采购价调整情况。

还价核算如下：

1）按照客户还价，计算我方是否能获得利润

外箱体积=0.4×0.35×0.38 =0.0532（m³）

报价数量：

20英尺货柜（按25m³计算）包装件数=25÷0.0532=470（箱）（每箱装一套）

销售收入=22×6.30=138.6（元）

退税金额=进货成本÷（1+增值税税率）×退税率

实际成本=进货成本−进货成本÷（1+增值税税率）×退税率

　　　　=150−150÷（1+13%）×9%

　　　　=138.05（元）

国内费用总额=运杂费+商检报关费+港杂费+业务费用+其他费用

　　　　　　=900+200+700+1 300+950

　　　　　　=4 050（元）

平均每套餐具国内费用=4 050÷470=8.62（元）

平均每套餐具海运费用=2 250÷470×6.30=30.16（元）

销售利润=销售收入-实际成本-国内费用-海运费用

        =143-138.05-8.62-30.16

        =-33.83（元）

利润呈负数，为-33.83元/套，亏损率为23.7%（（34.79÷143）×100%），不能接受。

2）按照我方利润保持5%的还价情况

CFR价=实际成本+国内费用+海运费用+利润=138.05+8.62+31.12+CFR价×5%

将等式两边移项得：

CFR价-CFR价×5%=138.05+8.62+30.16

CFR价×（1-5%）=176.83

CFR价=176.83÷（1-5%）

CFR价=186.14元

折成美元得：

187.15÷6.30=29.55（美元）

我方保持5%的利润，每套可还价29.55美元。

3）按我方保持8%的利润率，进行国内采购价的调整计算

实际成本=销售收入-销售利润-海运费-国内费用

        =22×6.50-22×6.30×8%-30.16-8.62

        =143-11.09-38.78

        =93.13（元/套）

进货成本=实际成本×（1+增值税税率）÷（1+增值税税率-出口退税率）

        =93.13×（1+13%）÷（1+13%-9%）

        =105.24÷1.04

        =101.19（元/套）

原进货成本为150元/套，供应商要在原价基础上降价48.81元（150-101.19）才可以成交。

5.出口成交核算表

交易双方达成交易后，为及时总结交易情况，有必要对出口交易进行核算。一般来说，出口成交核算要求详细列出出口销售收入、退税收入、各项费用支出、采购成本、换汇成本、利润额和利润率。出口成交核算表样本见表2-2。

6.出口成交核算表的填写

①美元报价

②合同金额=成交单价×成交数量

③成交金额=合同金额×美元汇率

④扣除出口退税率=收购价×出口退税率÷（1+增值税税率）

⑤实际采购成本=收购价÷（1+增值税税率）

⑥国内费用=进货费用+商品流通费用

⑦出口总成本=实际采购成本+国内费用

表2-2　　　　　　　　　　　　　　　**出口成交核算表**

商品名称及规格：＿＿＿＿＿＿＿＿＿＿＿＿＿＿＿＿＿＿＿＿

供货单位：＿＿＿＿＿＿＿＿＿＿＿＿＿＿出口国家/地区：＿＿＿＿＿＿＿＿＿

买　　方：＿＿＿＿＿＿＿＿＿＿＿＿＿出口报价：①＿＿＿＿＿＿＿＿＿

成交数量：＿＿＿＿＿＿＿＿＿＿＿＿＿当日汇率：＿＿＿＿＿＿＿＿＿＿

装卸口岸/地点：从＿＿＿＿至＿＿＿＿经由＿＿＿＿＿＿＿＿＿＿

收入栏	合同金额（外币）：② 汇率： 成交金额：③
成本栏	收购价（含税进货价款）： 增值税税率：＿＿＿＿＿% 消费税税率：＿＿＿＿＿% 扣除出口退税收入：④＿＿＿＿ 退　税　率：＿＿＿＿＿% 实际采购成本（本币）：⑤＿＿＿＿
费用栏	进货费用： 　运保费：＿＿＿＿＿ 　仓储费：＿＿＿＿＿ 　其　他：＿＿＿＿＿ 商品流通费： 　国内运杂费：＿＿＿＿＿ 　包　装　费：＿＿＿＿＿ 　商品损耗费：＿＿＿＿＿ 　仓　储　费：＿＿＿＿＿
	认　证　费：＿＿＿＿＿ 　商检报关费：＿＿＿＿＿ 　港　杂　费：＿＿＿＿＿ 　捐　　　税：＿＿＿＿＿ 　请　客　费：＿＿＿＿＿ 　经营管理费：＿＿＿＿＿ 　购货利息：＿＿＿＿＿ 　银行费用：＿＿＿＿＿ 　其　　他：＿＿＿＿＿ 或：按商品流通费率：＿＿＿＿＿%；费用定额率：＿＿＿＿＿% 国内费用（本币）：⑥

费用栏	出口总成本（FOB 成本）（本币）：⑦_____
	出口运费 F（外币/本币）：_____ 　　包装：_____ 　　毛重：_____ 　　尺码：_____ 计算标准和费率：⑧_____
	C&F 成本（外币/本币）：（C+F）
	出口保费 I（外币/本币）：_____ 投保险别及相应保费率：_____ 总保费率：_____ 加_____成投保金额：_____
	CIF 成本（外币/本币）：（=C+F+I）
	佣金 C（外币/本币）：_____ 佣金率：_____% 计佣基数：⑨_____
	CIFC 成本（外币/本币）：（=C+I+F+C）
	其他按报价一定比例的费用计算： 如银行手续费率
利润栏	成交利润额：⑩_____ 成交利润率：_____
备注	（预期）盈利额或亏损额： 　　预期盈亏率：_____% 　　远期收汇天数：_____天
	对外报价（即期）： 　　银行放款利率：_____% 　　即期收汇天数：_____天 对外报价（远期）：
	换汇成本：

主管部门意见：　　　财务部门意见：　　　总经理批示：　　　复核：

⑧20'FCL还是40'FCL

⑨计佣基数为成交金额

⑩成交利润额=成交金额−CIFC

CIFC=成交利润额÷合同金额÷汇率

换汇成本=出口商品总成本（人民币）÷FOB出口外汇净收入（美元）

其中：出口商品总成本（退税后）=出口商品购进价（含增值税）+费用−出口退税收入

FOB出口外汇净收入=外销商品的美元收入−国外银行费用−海运费−保险费−佣金−折扣

7. 进口报价核算操作

进口资料：

商品名称：03001"三色戴帽熊"。

商品资料：每箱装60只，每箱体积0.164立方米。

市场零售价：每只1.98美元。

供货价格：出口商报FOB价每只1.05美元，CFR价每只1.26美元，CIF价每只1.27美元。

税率：毛绒玩具的进口关税税率为7%。

业务费用：报检费200美元；报关费200美元；公司综合费用500美元。

银行费用：开证费100美元；赎单费100美元。

海运费：从上海至加拿大蒙特利尔港口一个20英尺集装箱的费用为1 350美元。

货运保险：投保中国人民保险集团公司海运货物保险条款中的一切险（费率为0.8%）和战争险（费率为0.08%）。

预期利润：进口成本的20%。

报价汇率：6.30元人民币兑换1美元。

我国进口业务大多是按FOB价格条件成交，准确核算FOB、CFR、CIF价格，将更有利于询盘和还盘。因此，在计算价格时，首先需要明确价格的构成，然后清楚各组成部分的计算方法，即成本、费用以及利润的计算依据，最后将各部分加以合理的汇总即可。

1）进口数量核算

20英尺集装箱包装件数=25÷0.164=152（箱）（注：取整数）

进口数量=152×60=9 120（只）

2）进口成本核算

FOB价=1.05×9 120=9 576（美元）

CFR价=1.26×9 120=11 491.2（美元）

CIF价=1.27×9 120=11 582.4（美元）

3）进口关税核算

FOB进口关税=9 576×7%=670.32（美元）

CFR进口关税=11 491.2×7%=804.38（美元）

CIF进口关税=11 582.4×7%=810.77（美元）

4）费用核算

业务费用+银行费用=200+200+500+100+100=1 100（美元）

5）海运费核算

海运费为1 350美元。

6）保险费核算

FOB保险费=9 302.4×（1+1 350÷9 120×100%+0.88%）×0.88%=94.70（美元）

CFR保险费=11 217.6×（1+0.88%）×0.88%=99.58（美元）

7）预计进口总成本

FOB进口成本=FOB价+进口关税+费用+海运费+保险费

=9 576+670.32+1 100+1 350+94.70

=12 790.72（美元）

CFR进口成本=CFR价+进口关税+费用+保险费

=11 491.2+804.38+1 100+99.58

=13 495.16（美元）

CIF进口成本=CIF价+进口关税+费用

=11 582.4+810.77+1 100

=13 493.17（美元）

8）平均每只玩具的进口成本

FOB进口=12 790.72÷9 120=1.40（美元/只）

CFR进口=13 495.16÷9 120=1.48（美元/只）

CIF进口=13 493.17÷9 120=1.48（美元/只）

9）加上利润后，每只玩具的零售价

FOB进口=1.40×（1+20%）=1.68（美元/只）

CFR进口=1.48×（1+20%）=1.78（美元/只）

CIF进口=1.48×（1+20%）=1.78（美元/只）

目前市场上的零售价为每只1.98美元，根据上述核算结果可知，出口商所报价格在可接受价格范围之内。

（三）实训材料

材料1：大连东方食品进出口公司收到日本商人求购17吨冷冻水产品（计一个20英尺集装箱）的询盘，经了解该级别水产品每吨的进货价格为5 600元人民币（含增值税13%）；出口包装费每吨500元人民币（以下"元"未经说明，都指人民币"元"）；该批货物国内运杂费计1 200元；出口商检费300元；报关费100元；港区港杂费950元；其他各种费用共计1 500元。该食品进出口公司向银行贷款的年利率为8%；预计垫款时间2个月；银行手续费率为0.5%（按成交价格计算）；出口冷冻水产品的退税率为3%；可选择海洋运输，从装运港青岛至日本神户一个20英尺冷冻集装箱的包箱费是2 200美元，客户要求按成交价的110%投保，保险费率为0.85%；日本商人要求在报价中包括3%的佣金。

资料来源：徐盛华，郑明贵. 进出口贸易实务操作指南［M］. 北京：清华大学出版社，2007.

（1）若该食品进出口公司的预期利润是10%（以成交金额计），人民币对美元的汇率为6.30∶1，试报出每吨水产品出口的FOB、CFR和CIF价格。为保持数据的相对准确性，运算过程保留四位小数，最终报价保留两位小数。

（2）如果日本商人还价，每吨CIF神户的接受价是1 260美元，其中包括3%的佣金，请根据还价计算：如果接受还价，该食品进出口公司每出口一吨冷冻水产品可以获利多少元人民币？总利润额为多少？利润率为百分之几？

（3）如果该食品进出口公司10%的利润率不得减少，在其他国内费用保持不变的情况下，公司能够接受的供货价格应为每吨多少元？

材料2：大连AG出口公司与新加坡慧合贸易公司（Huihe Trading Company Singapore）经过反复磋商，达成的交易条件如下：

货物名称：运动衫　　　　品名：HH0123　　　　货号：0123A

采购单价：300元/套　　　包装方式：100套/纸箱　包装尺码：66cm×66cm×57cm

成交单价：USD 51.80/SET　成交数量：2 000套　　成交总额：USD103 600

其他：采购单价中含有13%的增值税；出口退税率是8%；出口一个20英尺集装箱发生的国内费用有：运杂费2 000元、商检报关费800元、港区港杂费700元，其他费用1 500元；海运费：20英尺集装箱的包箱费为1 100美元；出口包装费每箱30元；贷款利率为8%；银行手续费为成交金额的0.5%；按CIF成交金额加一成投保，费率为0.85%；佣金为成交价格的3%；汇率为6.30元人民币兑换1美元。

资料来源：徐盛华，郑明贵. 进出口贸易实务操作指南［M］. 北京：清华大学出版社，2007.

根据上述材料编制出口成交核算表。

（四）实训操作

材料1：出口报价过程

1.明确价格构成

FOB、CFR和CIF三种价格的基本构成分别为：

FOB价格=出口成本+国内费用+预期利润额

CFR价格=出口成本+国内费用+出口运费+预期利润额

CIF价格=出口成本+国内费用+出口运费+运输保险+预期利润额

2.出口成本的核算

由于采购价格中包含13%的增值税，所以在报价时首先扣除退税收入后的成本，即：

实际成本=采购成本×（1+增值税税率−出口退税率）÷（1+增值税税率）

　　　　=5 600×（1+13%−3%）÷（1+13%）

　　　　=5 451.33（元/吨）

3.费用及利润计算

国内费用=500+（1 200+300+100+950+1 500）÷17+5 600×8%×2÷12

　　　　=812.90（元/吨）（注：贷款利息通常根据进货成本来核算）

银行手续费=报价×0.5%

客户佣金=报价×3%

出口运费=2 200÷17=129.41 （美元）= 815.28（元）

出口保费=CIF价×110%×0.85%

利润=报价×10%

4.将各部分合理汇总

（1）FOB报价

FOBC3=实际购货成本+国内费用+佣金+银行手续费+预期利润

　　　=5 451.33+812.90+报价×3%+报价×0.5%+报价×10%

FOBC3=（5 451.33+812.90）÷（1−3%−0.5%−10%）

　　　=6 264.23÷0.865÷6.30

　　　=1 149.51（美元/吨）

（2）CFR报价

CFRC3=实际购货成本+国内费用+出口运费+佣金+银行手续费+预期利润

　　　=5451.33+812.90+815.28+报价×3%+报价×0.5%+报价×10%

CFRC3=（5451.33+812.90+815.28）÷（1−3%−0.5%−10%）

　　　=7 079.51÷0.865÷6.30

　　　=1 299.11（美元/吨）

（3）CIF报价

CIFC3=实际购货成本+国内费用+出口运费+佣金+银行手续费+出口保险费+预期利润

　　　=5 451.33+812.90+815.28+报价×3%+报价×0.5%+报价×110%×0.85%+报价×10%

CIFC3=（5 451.33+812.90+815.28）÷（1−3%−0.5%−110%×0.85%−10%）

　　　=7 079.51÷0.856÷6.30

　　　=1 312.77（美元/吨）

5.计算17吨冷冻水产品的出口报价

USD 1 114.14 PER METRIC TON FOBC3 QINGDAO

USD 1 263.74 PER METRIC TON CFRC3 KOBE

USD 1 277.03 PER METRIC TON CIFC3 KOBE

6.还价核算

按照客户提出的价格1 260美元CIFC3%KOBE，该食品进出口公司可望获取的利润额为：

利润额=销售收入−实际购货成本−国内费用−出口运费−银行手续费−保险费−佣金

　　　=1 260×6.30−5 451.33−812.90−815.28−1 260×6.30×（0.5%+110%×0.85%+3%）

　　　=858.49−76.99

　　　=781.5 （元/吨）

总利润额=781.5×17=13 285.5（元）

利润率=781.5÷8 190×100%=9.54%

如果该食品进出口公司10%的销售利润保持不变，每吨冷冻水产品的国内采购价格计算如下：

国内采购价格=销售收入-销售利润-保险费-佣金-银行费用-国内费用-出口运费+退税收入

这里要注意的是，国内费用中的银行利息为"采购价格×8%÷6"，而退税收入则为"采购价格÷（1+13%）×3%"。

国内采购价格＝［1 260×6.30×（1-10%-1.1×0.85%-3%-0.5%）-812.90-781.5］÷

　　　　　　　［1+8%÷6-3%÷1.13］

　　　　　＝5 197.75÷0.9868

　　　　　＝5 267.28（元/吨）

材料2：出口成交核算表的填制

1.汇总成交核算资料

一般来讲，出口成交核算要求详尽列出出口销售收入、退税收入、各项费用支出、采购成本、利润额和利润率。

2.成交核算

根据上述资料，各内容核算如下：

销售收入=51.8×2 000=103 600（美元），折合人民币为652 680元。

出口运费支出=1 100美元，折合人民币6 930元。

出口保险费支出=51.8×2 000×110%×0.85%=968.66（美元），折合人民币为6 102.56元。

佣金支出=51.8×2 000×3%=3 108（美元），折合人民币为19 580.4元。

采购成本支出=300×2 000=600 000（元）

出口退税收入=300×2 000×8%÷（1+13%）= 42 477.88（元）

国内费用总支出=30×20+2 000+800+700+1 500+600 000×8%+51.8×2 000×6.50×0.5%

　　　　　　=56 967（元）

总利润额=652 680-600 000+ 42 477.88-56 967-6 930-6 102.56-19 580.4

　　　　=5577.92（元）

总利润率=5 577.92÷690 615.26

　　　　=0.08%

3.填制出口成交核算表

将交易磋商的成果和上述核算的结果填写在出口成交核算表中，见表2-3。

（五）实训练习

（1）中国纺织品进出口公司大连家用纺织品分公司（大连市甘井子区金花路12号，邮政编码116034）获悉加拿大温哥华纺织品公司（温哥华麦迪逊（Madison）大街234号，邮政编码BC978）欲购17吨A级毛条（计一个20英尺集装箱）和2 000条床单。

A级毛条每吨的进货价格：5 600元（含增值税13%）；出口包装费每吨500元；该批货物国内运杂费共计1 200元；出口商检费300元；报关费100元；港区港杂费950元；其他各种费用共计1 500元。

海运费：从装运港新港（Xingang）至加拿大温哥华（Vancouver）一个20英尺集装箱的包箱费率是2 200美元，该大连公司向银行贷款的年利率为8%，预计垫款时间为 2 个月，银行手续费为 0.5%（按成交价格计）；毛条的出口退税率为 3%。

表 2–3　　　　　　　　　　　　　　出口成交核算表

进口方：HUIHE TRADING COMPANY SINGAPORE

业务主管	货物名称	成交条件	装运港	目的港	集装箱量	运费率（USD）	运费额（USD）
	运动衫	CIF	上海	SINGAPORE	1		1 100

品名	成交数量	毛重（kgs.）	净重（kgs.）	长（cm）	宽（cm）	高（cm）
HH0123	2 000	16	15.2	66	66	57
合计	2 000	16	15.2	总尺码	248 292 cm³	

货号	计量单位	包装件数	包装方式	单价（元）	总额（元）	单价（USD）	总额（USD）
0123A	套	20	100套/纸箱	300	760 000	51.8	103 600
合计		20箱	货款支出	760 000		货款收入	103 600

核算资料

汇率	保险费率	加成率	佣金率	20'包干费（元）	增值税税率	退税率
6.50	0.85%	10%	3%	1 500	13%	8%

合同核算		美元（USD）	人民币（元）
收入	销售收入	103 600	673 400
	退税收入	6 535.06	42 477.88
支出	出口运费	1 100	7 150
	出口保费	968.66	6 296.29
	客户佣金	3 108	20 202
	进货成本	92 307.69	599 999.99
	国内费用	8 764.15	56 966.98
利润	利润额	3 886.55	25 262.59
	利润率	3.66%	3.66%

温哥华公司要求在报价中包括3%的佣金，还要求按成交价格的110%投保，保险费率为0.85%。该大连公司预计利润为10%（以成交金额计算），人民币兑美元汇率为6.50∶1。

假设你是该大连公司出口部业务员，请与小组成员共同进行出口报价核算，该批毛条FOBC3%新港价、CFRC3%温哥华价、CIFC3%温哥华价应分别报多少？

但是，当该大连公司报每吨CIF温哥华价1 039.36美元时，加拿大纺织品公司认为这比市场的最近报价990美元要高出5%，因此还价为每吨CIF温哥华990美元（含佣3%）。结合成本、费用等信息，请根据还价计算：如果接受还价，大连公司每出口一吨毛条可以获利多少元人民币？利润率是多少？如果大连公司10%的预期利润目标不能降低，在其他国内费用保持不变的情况下，公司能够接受的国内供货价格为多少？

（2）大连和美电器厂业务员王明与美国全球电子有限公司在经过报价和还价的交易磋商之后，最终达成交易。请根据下面的资料，做出详细的出口成交预算表。

货号为TRM-12的微波炉价格构成资料见表2-4。

表2-4   **TRM-12微波炉价格构成资料**

货号：TRM-12（微波炉）		
成本	含税采购成本	100元/台
	出口退税率	13%
	增值税税率	13%
费用	国内费用	出口包装费：5元/箱
		仓储费：3元/箱
		国内杂运费：2 000元/20'FCL
		商检费：250元/20'FCL
		报关费：100元/20'FCL
		港口费：1 000元/20'FCL
		其他费用：1 500元/20'FCL
	国外费用	保险：按发票金额加成10%投保一切险和战争险，费率分别为0.6%和0.3%
		运费：2 500美元/20'FCL
		佣金：3%
预期利润		报价的10%
备注		汇率：1美元=6.50元人民币 20英尺集装箱能装500台微波炉

（六）实训讨论

教师在出口报价核算和出口还价核算完成后，组织学生就填写过程中遇到的问题进行集体讨论，由有问题的同学提出问题。然后按实训前准备时划分的小组进行分组讨论，讨论后每个小组提出自己的意见，最后由教师进行讲解并总结。

（七）提交实训报告

每个学生于下次课提交一份实训报告，报告中要求写出报告的目的、进出口商品报价的核算公式和内容、还价核算，提交出口成本预算表（后面附上根据实训训练的资料所填制的出口成交结算表）及此次课的心得体会。

六、实训考核方法

本模块的主要内容是各项业务的模拟操作，教师可根据学生现场表现来考核，成绩分为优秀、良好、中等、及格、不及格等几级，可以与课程的分值挂钩，具体由教师灵活安排。参考标准如下：

1.优秀：学生表现出的应变能力很强，操作熟练，能出色地完成实训任务。

2.良好：学生表现出一定的应变能力，操作虽有一些失误但不影响大局，能够完成实训任务。

3.中等：学生表现出基本的应变能力，操作基本符合要求，完成实训任务时稍有瑕疵但不影响整体效果。

4.及格：学生表现出的应变能力较差，勉强完成操作，完成实训任务失误较多，影响整体效果。

5.不及格：学生不胜任实训任务或者对实训任务不参与、不配合。

七、实训拓展与提高

（一）对外报价核算应注意的问题

1.防止报价低估

按照实际报价的一定百分比计算的内容应一次求出，否则容易低估报价。

2.定额费用

实际业务中，除了采用费用额相加的方法外，还采用规定定额费用的方法，该费用率的计算基础是含税的进货成本。

3.计费基础

银行费用是根据出口发票金额的一定百分比收取的，计费基础是成交价格。佣金和保险费通常也根据成交价格来计算。

4.利息

垫款利息按照进货成本计算，远期收款利息按照成交价格计算。

5.核算方法

报价核算有总价核算和单价核算两种方法：总价法比较精确，但要将核算结果折算成单价后才能对外报价；单价法可以直接求出报价，但计算过程需保留多位小数，以保证报价准确。

6.注意报价的计量单位以及集装箱数量的准确性

它直接影响单位运价和国内费用。

7.验算

出口报价核算出来之后，可以采用逆算方法验算，即报价产生以后，用收入减去支出等于成本的原理来核算对外报价是否正确。

8.价格核算单

业务员在对外磋商之前就应进行报价核算，以做到心中有数。因此，务必填好出口商品价格核算单。

（二）出口报价技巧

1.报价前充分准备

首先，认真分析客户的购买意愿，了解他们的真正需求，这样才能拟出一份有的放矢的好报价单。其次，做好市场跟踪、对进口商的资信进行调查。最后，必须依据最新的行情报出价格——"随行就市"，买卖才有成交的可能。

2.选择合适的价格术语

选择以FOB价成交，在运费和保险费波动不稳的市场条件下于自己有利，但也有许多被动的方面。例如，进口商延迟派船或因各种情况导致装船期延迟或船名变更，就会使出口商增加仓储等费用的支出，或因此而迟收货款，造成利息损失。在CIF价出口的条件下，船货衔接问题可以得到较好的解决。以CIF价成交的出口合同是一种特定类型的"单据买卖"合同，使得出口商有了更多的灵活性和机动性。在当前出口利润普遍不是很高的情况下，对贸易过程的每个环节精打细算比以往任何时候都重要。国内有些出口企业的外销利润不错，它们的做法是对外报价时，先报FOB价，使客户对本企业的商品价格有个初步了解，同时也可以在市场上进行比较，然后再报CIF价，并坚持在国内市场安排运输和投保。

3.利用合同其他要件

合同其他要件主要包括付款方式、交货期、装运条款、保险条款等。在影响成交的因素中，价格只是其中之一，如果能结合其他要件和客户商谈，价格的灵活性就要大一些。例如，对于印度、巴基斯坦等国或地区的客户，有时候给他们30天或60天远期付款的信用证的条件，会具有很大的吸引力。同时，还可以根据出口地的地域特点、买家实力和性格特点、销售淡旺季及商品特点等来调整报价。

4.以综合实力取胜

报价前，一方面要考虑客户的信誉，另一方面要对自己的产品有信心。在与新客户打交道时，要让客户清楚自己的实力，比如请他们参观工厂，让他们了解自己的运作程序，这样客户下单时就容易下决心了。

5.在对新客户报价前，一定要尽量让他了解你的公司的实力和业务运作模式。良好的公司形象是招揽客户的金字招牌

（三）针对客户还价出口商采取的对策

1.努力说服客户接受原价，不做让步

追求利润是买卖双方经营的目标，利润太低，出口商自然不太愿意；但利润太高也会吓跑客户，失去成交的机会。因此，要详细了解客户的需求和市场的竞争状况，谨慎地采取这一对策。

2.减少公司的利润以满足客户的降价要求

这虽然是最直接和最简便的方法，但它牺牲的是出口商自身的利润，因而往往是出口商最不愿意采取的对策。

3.降低采购成本

采购成本在价格构成中占比例最大，通过降低供货价格来调整报价，达到降低报价的目的则显得很重要。当然，降低采购成本不能一厢情愿，需要经过同供货商艰苦的谈判。

4.减少运输和保险费用支出

目前，经营外运和保险的公司较多，竞争激烈，经营方式灵活。通过谈判可以调整运费和保险费。另外，增加数量也可摊薄出口成本，使价格下降。

模块三　交易磋商与合同签订

一、实训目的

本模块实训的主要目的是让学生掌握进出口磋商的询盘、发盘、还盘、接受环节的基本理论知识，具有独立书写询盘函、发盘函、还盘函、接受函的实训技能，掌握国际贸易合同签订的条款内容及拟定合同的技巧和注意事项。

二、理论知识点

（一）交易磋商的步骤

交易磋商是进口方和出口方在买卖商品的过程中，对各项交易条件进行协商，以求达成一致的过程。它决定了双方能否签订贸易合同，是合同履行的具体依据，在国际贸易实务中是一个重要环节。交易磋商的程序分为询盘、发盘、还盘、接受四个环节，而发盘、接受是必不可少的两个基本环节。

其具体步骤如图3-1所示。

图 3-1　交易磋商的步骤

1.询盘

询盘又叫询价，是买方或卖方要购买或出售商品时，以口头或书面形式向对方询问该商品的交易条件。它对询盘人和被询盘人均没有法律约束力，通常是试探对方的诚意或了解市场行情的一种方法。如果是新客户，则说明有建立贸易关系的愿望。

询盘的内容要简明，语言要诚恳。询盘既可以由买方发出，也可以由卖方发出，因此，询盘有买方询盘和卖方询盘两种，可以通过网络、信函、电传等方式进行。

1）询盘的技巧

（1）要选择适当的区域分散发出。询盘的发送要分散，不要过于集中，如果过于集中会给这个区域的受盘者造成错觉，认为有企业要大量买入某种商品，受盘者会因为有大量需求而提高价格（或者认为有企业要大量卖出某种商品，给受盘者造成倾销的假象）。

（2）选择适合的方式。如果是寻找新客户，可以选择在一些点击率较高的网站上发布信息，查询有关企业的资料并发送电子邮件。如果客户目标比较集中，可以选择信函、电传、电话的方式。

（3）询盘的内容要繁简适当。询盘的内容包括商品的品质、数量、包装、价格、装运期、结算方式等，可以比较具体，也可以比较简洁。如果只想获得市场信息，内容要简明，甚至只是关于价格的询盘；如果想与受盘者交易，则内容要具体、信息要全面。

2）收到询盘的处理技巧

（1）要认真识别询盘的意图。企业会经常收到一些询盘，因询盘不具有法律效力，只是对方的一种试探，如果不加以区分，每个都详细回复会使工作效率低下。企业要有选择地区别对待，如果所收到的询盘内容详细而具体，直接提供所需产品的款式、规格、颜色、数量、价格、装运期等，这样的询盘要高度重视，及时回复，成交的机会较大；如果询盘的内容太专业，要警惕对方是在收集相关产品的资料；如果询盘的内容较为笼统，可以有礼貌地简单回复。

（2）回复要讲究技巧。回复要及时，针对不同询盘，内容要详略得当，语言要准确、简洁、有礼貌，报价要恰当，既不要过高也不要过低，给对方诚信、专业的感觉；对待客户应一视同仁，可采用电子邮件、电传、电话等多种回复方式。

2.发盘

发盘是向特定的一个或多个受盘人提出各项交易条件，并承诺可按此条件成交的行为。发盘具有法律约束力，多由卖方发出，称为售货发盘，也可以由买方发出，称为购货发盘。它可以在没有询盘的情况下发出，也可以在收到对方询盘后发出。

1）发盘必须具备的条件

（1）要有一个或一个以上特定的受盘人。

（2）发盘内容要具体，无保留。

（3）发盘人要受其约束。

2）发盘的撤回与撤销

《联合国国际货物销售合同公约》（以下简称《公约》）第15款第2条规定，

"一项发盘即使是不可以撤销的，也可以撤回，如果撤回通知早于发盘送达受盘人或与发盘同时送达受盘人，发盘可以撤回"。《公约》第16条规定："如果撤销通知在受盘人表示接受之前送达受盘人，则发盘可以撤销，但下列情况除外：①在发盘规定的有效期内不可撤销；②表明发盘是不可撤销的；③受盘人有理由相信发盘是不可撤销的，并且已本着对发盘的信赖行事。"

3）发盘的有效期

常见的有效期的规定方法有两种：

（1）规定最迟接受日期。如限7月6日之前复到有效。

（2）具体规定一段有效期，如发盘有效期为7天，时间规定不宜过长，因为国际市场的价格变化很快。

4）发盘的内容

（1）对对方所发的询盘表示感谢。

（2）答复对方提出的问题，告知具体规格、数量、价格、结算方式、交货期等主要交易条件。

（3）表明发盘的有效期和相关的约束条件。

（4）希望对方早订货并保证对方满意。

3.还盘

还盘是一方接到另一方的发盘后，要求修改原发盘的内容的函电。它是对原发盘的一种否定，一经还盘，原发盘即告失效。还盘可以被看成原受盘方的一个新发盘，还盘时只对不同意的地方提出要求修改的建议。一般在进行交易磋商时会进行多次还盘，直到双方能够接受彼此的条件为止。当然也可以不经过还盘这个环节，即发盘人发盘，受盘人表示接受发盘的内容，合同即告成立。还盘的内容有以下几点：

（1）礼节性地表示感谢对方的发盘，婉转地表示对原发盘不能完全同意。例如：很高兴接到贵方的发盘，但价格还应进一步磋商。

（2）说明还盘的原因。

（3）提出己方的具体条件。

（4）希望对方能早日接受。

4.接受

接受是受盘人完全地接受发盘中的交易条件，愿意按此条件签约的意思表示。只要受盘人表示接受，双方的法律关系即告成立，要按这些条件签订货物买卖合同。接受是交易磋商的最后环节。

1）接受必须具备的条件

（1）接受必须是特定的受盘人做出的，任何第三者的接受都是无效的。

（2）接受必须在发盘的有效期内送达发盘人。

（3）接受必须表示出来。可以根据发盘的形式来选择不同的接受形式，可以是书面的，也可以是口头的，甚至用行为来表示，如用发货的行为来表示已接受（这种方式在我国几乎不采用）。

（4）接受的内容与发盘相符，无任何保留条件。按《公约》的规定，在接受中载有某些条件的，即使有接受的字样，也应视为还盘。如"我方完全接受贵方的还盘，但要求8月供货"（原发盘上是9月供货）。

2）逾期接受的处理

接受应在发盘的有效期内做出，如果超过有效期，应视为无效接受，失去法律效力。但也有例外的情况，《公约》规定，如果发盘人在接到逾期接受后，毫不迟疑地加以确认，该逾期接受视为有效。如果逾期接受使用的信件或其他书面文件表明，在正常传递情况下该逾期接受能送达发盘人，但因为出现了一些意外情况才超过了接受的有效期，这样的逾期接受也是有效的，除非发盘人毫不迟疑地通知受盘人，告知他的发盘已经失效。

3）接受的撤回

接受不可撤销，但是可以撤回。《公约》规定，如果撤回通知早于接受或与接受同时送达受盘人，接受可以撤回。

（二）合同的签订

在买卖双方经过询盘、发盘、还盘、接受环节后，根据国际惯例，双方要订立正式的商品买卖合同，来明确双方的权利与义务，使双方行为受法律的约束。

1.合同的形式

国际商品买卖合同通常以书面形式签订，常见的有正式合同（Contract）、确认书（Confirmation）、协议（Agreement）、意向书（Letter of Intent）、订单（Order）等形式。在我国的进出口交易中，最常用的是正式合同和销售确认书。

2.合同的内容

1）约首

约首是合同的序言部分，包括合同号、签订合同的日期、地点、买卖双方的名称、地址、电话、电传号码等。

合同号是企业自行编定的，一般由三部分组成，即公司简称、合同签订的时间、序号，也可根据实际情况来编定。

买卖双方的名称要用全称，不可以用简称。

地址是该合同适用哪国法律的依据。

2）正文

正文是合同最重要的部分，是合同的主体。其一般包括商品品质条款、数量条款、包装条款、价格条款、运输条款、保险条款、结算条款、检验条款、索赔条款、仲裁条款、不可抗力条款、其他条款等。

3）约尾

约尾是合同的结尾，包括合同文字效力的规定、合同份数、适用的法律条款、双方签字、订立的时间和地点等。

三、实训所需条件

（一）实训学时

4课时/30人。

（二）实训地点

多媒体教室。

（三）实训所需材料

空白售货合同和销售确认书（见附录，可以剪下后根据实训二中的实训练习材料来填写，随实训报告上交）。

四、实训内容与要求

1.要求学生结合交易磋商的理论知识，能够独立书写询盘、发盘、还盘、接受的函件。

2.要求学生结合教师所提供的合同样本，掌握合同各项条款拟定的内容和注意事项，并根据教师所给的接受函的内容，能够独立拟定国际贸易合同。

五、实训步骤

（一）实训一：询盘、发盘、还盘、接受函的撰写

1.实训前的准备

对学生进行分组，6人一组，分别模拟上海诚信进出口有限公司业务员、马来西亚PROWELD TRADING AND SERVICES的业务员。

2.实训指导

对询盘、发盘、还盘、接受函撰写的内容和要求进行复习。

3.实训材料

1）询盘

2022年6月11日，马来西亚的 PROWELD TRADING AND SERVICES 向上海诚信进出口有限公司发来对该公司出售的内关节吸气臂感兴趣的询盘（双方已建立了业务关系）。

2）发盘

2022年6月20日，上海诚信进出口有限公司在收到该询盘后，以可供 CHJ-NXB 型内关节吸气臂1 000个，单价为 USD350/PC CIF KELANG；CHJ-YCB 型内关节吸气臂1 000个，单价为 USD450/PC CIF KELANG，每个纸箱装1个，以即期信用证的方式付款，按发票金额的110%投保一切险，2022年10月20日前装运，有效期为7天的条件进行发盘。

3）还盘

2022年6月25日，马方向上海诚信进出口有限公司还盘，认为价格不合理，希望以 CHJ-NXB 型内关节吸气臂1 000个，单价为 USD320/PC CIF KELANG；CHJ-YCB 型内关节吸气臂1 000个，单价为 USD420/PC CIF KELANG 的价格成交，有效期为10天。

4）接受

2022年6月30日，上海诚信进出口有限公司表示接受。

4.实训操作

请根据上面的实训材料用英文来撰写 Enquiry、Offer、Counter-offer 和 Acceptance。

（1）Enquiry

June 11，2022

Dear Sirs，

We are pleased to establish business relations with you.

We are interested in CHJ-NXB Internal Suction Arm； CHJ-YCB Internal Suction Arm，and shall hope to receive your best quotations for them.

We look forward to receiving your early reply.

Yours faithfully，

（Signature）

PROWELD TRADING AND SERVICES

（2）Offer

June 20，2022

Dear Sirs，

We have received your letter of June 11 and learned that you are interested in our CHJ-NXB Internal Suction Arm； CHJ-YCB Internal Suction Arm. We have thought about it. Now we are offering you upon your request as follows：

ITEM NO.	COMMODITY SPECIFICATIONS	QUANTITY (PC)	UNIT PRICE (CIF KELANG)
1	CHJ-NXB Internal Suction Arm	1 000	USD350
2	CHJ-YCB Internal Suction Arm	1 000	USD450

Payment：By L/C at Sight

Insurance：For 110 percent of the invoice value covering All Risks.

Shipment：Before Oct.20，2022

We hope that it will be acceptable to you and be looking forward to your early order. Our offer is valid for seven days.

Yours truly，

SHANGHAI SINCERITY IMPORT&EXPORT TRADE CO.，LTD.

（Signature）

（3）Counter-offer

June 25，2022

Dear Sirs，

We are glad to receive your offer of June 20. To our much regret，we find your quotation is higher than that of other companies. We suggest as follows：

ITEM NO.	COMMODITY SPECIFICATIONS	QUANTITY (PC)	UNIT PRICE (CIF HAMBURG)
1	CHJ-NXB Internal Suction Arm	1 000	USD320
2	CHJ-YCB Internal Suction Arm	1 000	USD420

We may come to the conclusion. In the near future，we will still place a large order for these products. Please kindly consider our counter - offer and inform us as soon as possible.

We are looking forward to receiving your prompt reply.

Yours faithfully，

（Signature）

PROWELD TRADING AND SERVICES

（4）Acceptance

Dear Sirs，

We have accepted your counter-offer June 25，2022 and are pleased to confirm having concluded the transaction with you as follows.

ITEM NO.	COMMODITY SPECIFICATIONS	QUANTITY (PC)	UNIT PRICE (CIF HAMBURG)
1	CHJ–NXB Internal Suction Arm	1 000	USD320
2	CHJ–YCB Internal Suction Arm	1 000	USD420

Payment：By L/C at Sight

Insurance：For 110 percent of the invoice value covering All Risks.

Shipment：Before Oct.20，2022

We will draw up sales contract and send it to you for your counter–signature and thank you for your cooperation.

Yours truly，

（Signature）

SHANGHAI SINCERITY IMPORT&EXPORT TRADE CO.，LTD.

5.实训练习

请你以大连××进出口有限公司业务员刘鸣和日本东京××进出口公司的业务员小本的身份，根据以下资料用英文写询盘、发盘、还盘、接受函，资料如下：

卖方：DALIAN ×× IMPORT&EXPORT CO.，LTD.

18 ZHONGSHAN ROAD，DALIAN

TEL.：0411–84738888

买方：TOKYO IMPORT & EXPORT CO.，LTD.

21–358 OTOLI MACHI TOKYO，JAPAN

TEL.：028–678–345

2022年10月10日东京××进出口公司的业务员小本向大连××进出口有限公司发来一份询盘，要买男式白色纯棉衬衫6 000件，希望大连××进出口有限公司能进行报价。大连××进出口有限公司的业务员刘鸣于10月15日给对方发去一份发盘，内容包括可供6 000件白色纯棉男衬衫，纸箱装，20个/箱，单价为每件7.5美元 CIF TOKYO，以不可撤销即期信用证的方式付款，按发票金额的110%投保一切险，2023年2月前装运，7日内复到有效。日于于2022年10月21日还盘，认为价格过高，希望能以每件7美元 CFR TOKYO 的价格成交且要求2023年1月20日前装运，10日内复到有效。2022年10月25日我方表示接受。

6.实训讨论

根据所给的询盘、发盘、还盘、接受函的材料撰写 Enquiry、Offer、Counter-offer、Acceptance，组织学生提出撰写过程中遇到的问题进行集体讨论，由学生提出问题，然后按实训前准备时划分的小组进行分组讨论，讨论后每个小组提出自己的意见，最后由教师进行讲解并总结。

7.提交实训报告

每个学生于下次课提交一份实训报告，报告中要求写出报告的目的，在国际贸易中交易磋商的程序，询盘、发盘、还盘、接受函的书写内容、格式及技巧（后面附上根据实训训练所提供的材料撰写的Enquiry、Offer、Counter-offer、Acceptance）以及此次课的心得体会。

（二）实训二：贸易合同的签订

1.实训前的准备

对学生进行分组，6人一组，分别模拟大连××进出口有限公司业务员和日本YF TECHNO CO.，LTD.的业务员。

2.实训指导

教师组织学生观看屏幕上的销售合同和销售确认书的样本，并讲解具体项目需要填制的内容。

（1）销售合同样本（见表3-1）。

表3-1 销售合同样本

销 售 合 同
SALES CONTRACT

正本

Original：

合同编号：①

Contract NO.：_____

卖方：②

The Seller：

签约日期：③　　　签约地点：④

Signing Date：_____ Signing Place：

地址：

Address：_____

电传/传真：

Telex/Fax：_____

买方：⑤

The Buyer：_____

地址：

Address：_____

电传/传真：

Telex/Fax：_____

双方同意按下列条款由卖方出售、买方购进下列货物：

The seller agrees to sell and the buyer agrees to buy the undermentioned goods on the terms and conditions stated below：⑥

（1）货物名称及规格 Name of Commodity & Specifications	（2）数量 Quantity	（3）单价 Unit Price	（4）总金额及术语 Amount & Price Terms
⑦	⑧	⑨	⑩

卖方有权在_____% 以内多装或少装

Shipment_____% more or less at the seller's option.

（5）包装：⑪

Packing：_____

（6）唛头：⑫

Shipping Marks：_____

（7）装运期：⑬

Time of Shipment：_____

（8）装运港和目的港：⑭   是否允许分批装运，是否允许分批转船：

Ports of Loading & Destination：From any Chinese Port to_____with partial shipments and transshipment_____allowed.

（9）保险：⑮按发票金额110%投保

Insurance：To be effected by_____for 110% of the invoice value against_____.

（10）付款条件：⑯

Terms of Payment：_____

（11）商品检验：⑰以中国_____所签发的品质/数量/重量/包装/卫生检验合格证书作为卖方的交货依据

Inspection：The inspection certificate of quality / quantity / weight / packing / sanitation issued by _____ of China shall be regarded as evidence of the seller's delivery.

其他条款：

Other Terms：⑱

（1）异议：对于品质异议，买方需自货到目的口岸之日起30天内提出索赔；对于数量异议，买方需自货到目的口岸之日起15天内提出索赔，但需提供经卖方同意的公证行的检验证明。如责任属于卖方，卖方于收到索赔后20天内答复买方并提出处理意见。

Discrepancy：In case of quality discrepancy, claims should be lodged by the buyer within 30 days after the arrival of the goods at the port of destination, while for quantity discrepancy, claims should be lodged by the buyer within 15 days after the arrival of the goods at the port of destination. In all cases, claims must be accompanied by Survey Reports of Recognized Public Surveyors agreed to by the seller. Should the responsibility of the subject under claims be found to rest on the part of the seller, the seller shall, within 20 days after receipt of the claims, send their reply to the buyer together with suggestion for settlement.

（2）信用证内应明确规定卖方有权多装或少装所注明的百分数，并按实际装运数量议付（买方开立信用证，其金额按本销售合约金额增减相应的百分数）。

The covering Letter of Credit shall stipulate the seller's option of shipping the indicated percentage more or less than the quantity hereby contracted and be negotiated for the amount covering the value of quantity actually shipped （The buyer is requested to establish the L/C in amount with the indicated percentage over or below the total value of the order as per this Sales Contract）.

（3）信用证的内容需严格符合本销售合约的规定，否则修改信用证的费用由买方负担，卖方并不负因修改信用证而延误装运的责任，并保留因此而发生的一切损失的索赔权。

The contents of the covering Letter of Credit shall be in strict conformity with the stipulations of the Sales Contract. In case of any variation there of necessitating amendment of the L/C, the buyer shall bear the expenses for effecting the amendment. The seller shall not be held responsible for possible delay of shipment resulting from awaiting the amendment of the L/C and reserve the right to claim from the buyer for the losses resulting therefore.

（4）除经约定保险归买方投保外，由卖方向中国的保险公司投保。如买方需增加保险额或需要保其他险，可于装船前提出，经卖方同意后代为投保，其费用由买方负担。

Except in cases where the insurance is covered by the buyer as arranged, insurance is to be covered by the seller with a Chinese insurance company. If insurance for additional amount and/or for other insurance term is required by the buyer, prior notice to this effect must reach the seller before shipment and is subject to the seller's agreement, and the extra insurance premium shall be for the buyer's account.

（5）因人力不可抗拒事故使卖方不能在本销售合约规定期限内交货或不能交货，卖方不负责任，但是卖方必须立即以电报通知买方。如果买方提出要求，卖方应以挂号函向买方提供由中国国际贸易促进委员会或有关机构出具的证明，证明事故的存在。买方不能领到进口许可证，不能被认为系人力不可抗拒范围。

The seller shall not be held responsible if they fail, owing to force majeure cause or causes, to make delivery within the time stipulated in this Sales Contract or can not deliver the goods. However, the seller shall inform immediately the buyer by cable. The seller shall deliver to the buyer by registered letter, if it is requested by the buyer, a certificate issued by the China Council for the Promotion of International Trade or by any competent authorities, attesting the existence of the said cause or causes. The buyer's failure to obtain the relative Import Licence is not to be treated as force majeure.

（6）仲裁：凡因执行本销售合约或有关合约所发生的一切争执，双方应以友好方式协商解决；如果协商不能解决，应提交中国国际经济贸易仲裁委员会，根据该委员会的仲裁规则进行仲裁。仲裁裁决是终局的，对双方都有约束力。

Arbitration: All disputes arising in connection with this Sales Contract or the execution thereof shall be settled by way of amicable negotiation. In case no settlement can be reached, the case at issue shall then be submitted for arbitration to the China International Economic and Trade Arbitration Commission in accordance with the provisions of the said Commission. The award by the said Commission shall be deemed as final and binding upon both parties.

（7）附加条款（本合同其他条款与本附加条款有抵触时，以本附加条款为准）。

Supplementary Condition (s) (Should the articles stipulated in this Contract be in conflict with the following supplementary condition (s), the supplementary condition (s) should be taken as valid and binding).

卖方（The Seller）：   买方（The Buyer）：

填制合同的具体要求：

以上面的售货合同为例，售货合同由卖方制作，一般的进出口公司都有一份合同样板，再根据每笔交易的具体情况来拟定。下面是填制售货合同的内容和注意事项：

①合同编号：要根据该公司所拟定的合同的具体序号来填写，一份合同一个编号，千万不要重复，否则会在报关与出口退税等环节出现问题。

②卖方：售货方的名称要填全称，包括公司地址、电话、传真。

③签约日期：填写实际签约的日期，作为合同执行的依据。

④签约地点：要清楚注明签约地点，它决定了该合同适用哪个国家或地区的法律。

⑤买方：购货方的名称要填全称，包括公司地址、电话、传真。

⑥表明双方订立合同的意愿和合同的行使保证。

⑦货物名称及规格：要详细填写所买卖商品的全称，规格要具体而明确。它是检验货物质量的标准，发票、运单、保险单等单据都要据此内容填写，并要做到内容一致。

⑧数量：商品的量的表示，既要注明数量，也要标注单位。重量一般为净重，个数一般为多少个、多少件、多少箱等。

⑨单价：填单位产品的价格，注意要标明所使用的计价货币，如USD200。

⑩总金额及术语：总金额是把此次交易所有商品的价格进行累加而得到的总数，术语为本次交易中所订明的贸易术语。

⑪包装：应注明用什么材料的包装物，每个包装里的产品数，共多少件包装等，如果散装货则填"in bulk"。

⑫唛头：一般由卖方设计，并及时通知买方，便于买方接货。如果是散装货或中性包装，则填N/M。

⑬装运期：如果有具体期限，则填具体时间段，如"before August 20, 2022"；如果注明信用证开出后20天，则需要表明信用证的日期。

⑭装运港和目的港：要写明具体港口及港口所在国，同时注明是否允许分批装运和转船，如果转船，要注明中转地。

⑮保险：写明由谁投保，投保的是哪种基本险，如果是 CIF、CIP，应由卖方负责投保险，并支付保险费；如果是 FOB、CFR、FCA、CPT，应由买方负责投保险，并支付保险费。如果有附加险，也要注明附加险的险别。

⑯付款条件：写明付款方式。

⑰商品检验：写明由哪个机构签发的什么检验标准为本次交易商品检验的标准。

⑱其他条款：一般为索赔、不可抗力、仲裁等特殊规定的条款。

（2）销售确认书的样本（见表3-2）。

表3-2　　　　　　　　　　　　　　　销售确认书样本

销售确认书
SALES CONFIRMATION

卖方 The Seller:		NO.：①	
		Date：②	
		Signed in：③	
买方 The Buyer :		Date：②	
		Signed in：③	

经买卖双方同意成交下列商品，订立条款如下：

This contract is made by and agreed between the buyer and the seller，in accordance with the terms and conditions stipulated below.

唛头 Marks and Numbers ④	名称及规格 Description of Goods ⑤	数量 Quantity ⑥	单价 Unit Price ⑦	金额 Amount ⑧
总值 Total：		⑨		

Transshipment（转运）：⑩

□	Allowed （允许）	□	Not Allowed（不允许）

Partial shipments（分批装运）：⑩

□	Allowed （允许）	□	Not Allowed（不允许）

Shipment date（装运期）：⑪

Insurance（保险）：⑫

由_____按发票金额的110%投保_____险，另加保_____险至_____为止。

To be covered by the_____for 110% of the invoice value covering_____additional_____
_____from to_____.

Terms of payment（付款条件）：⑬

□ 买方不迟于____年__月__日前将100%的货款用即期汇票/电汇送抵卖方。

The buyer shall pay 100% of the sales proceeds through sight（demand）draft/by T/T remittance to the seller not later than____.

□ 买方需于____年__月__日前通过_____银行开出以卖方为受益人的不可撤销_____即期信用证，并注明在上述装运日期后_____天内在中国议付有效，信用证须注明合同编号。

The buyer shall issue an irrevocable L/C at_____sight through_____in favor of the seller prior to_____indicating the L/C shall be valid in China through negotiation within_____day after the shipment effected，the L/C must mention the Contract Number.

□ 付款交单：买方应对卖方开具的以买方为付款人的见票后_____天付款跟单汇票，于付款时交单。

Documents against payment：（D/P）

The buyer shall duly make the payment against documentary draft made out to the buyer at_____sight by the seller.

□ 承兑交单：买方应对卖方开具的以买方为付款人的见票后_____天承兑跟单汇票，于承兑时交单。

Documents against acceptance：（D/A）

The buyer shall duly accept the documentary draft made out to the buyer at_____days by the seller.

Documents required（单据）：⑭

卖方应将下列单据提交银行议付/托收。

The seller shall present the following documents required for negotiation/collection to the banks.

□ 整套正本清洁提单。

Full set of clean on board ocean bills of lading.

□ 商业发票一式_____份。

Signed commercial invoice in_____copies.

□ 装箱单或重量单一式_____份。

Packing list/weight memo in_____copies.

□ 由_____签发的数量与质量证明书一式_____份。

Certificate of quantity and quality in_____copies issued by_____.

□ 保险单一式_____份。

Insurance policy in_____copies.

□ 产地证一式_____份。

Certificate of origin in_____copies.

Shipping advice（装运通知）：

一旦装运完毕，卖方应立即电告买方合同号、商品号、已装载数量、发票总金额、毛重、运输工具名称及起运日期等。

The seller shall immediately, upon the completion of the loading of the goods, advise the buyer of the Contract No., name of commodity, loaded quantity, invoice values, gross weight, names of vessel and shipment date by fax.

Inspection and claims （检验与索赔）：⑮

卖方在发货前由_____检验机构对货物的品质、规格和数量进行检验，并出具检验证明书。

The seller shall have the qualities, specifications, quantities of the goods carefully inspected by the_____Inspection Authority, which shall issue Inspection Certificate before shipment.

Force majeure（人力不可抗拒）：

如因人力不可抗拒的原因造成本合同全部或部分不能履约，卖方概不负责，但卖方应将发生的情况及时通知买方。

The seller shall not hold any responsibility for partial or total non-performance of this contract due to force majeure. But the seller shall advise the buyer in time of such occurrence.

Disputes settlement（争议之解决方式）：

凡因执行本合约或有关合约所发生的一切争执，双方应协商解决。如果协商不能得到解决，应提交仲裁。仲裁地点在被告方所在国内，或者在双方同意的第三国。仲裁裁决是终局的，对双方都有约束力，仲裁费用由败诉方承担。

All disputes in connection with this contract or the execution thereof shall be amicably settled through negotiation. In case no amicable settlement can be reached between the two parties, the case under dispute shall be submitted to arbitration, which shall be held in the country where the defendant resides, or in third country agreed by both parties. The decision of the arbitration shall be accepted as final and binding upon both parties. The Arbitration Fees shall be borne by the losing party.

Law application（法律适用）：

本合同之签订地，或发生争议时货物所在地在中华人民共和国境内或被诉人为中国法人的，适用中华人民共和国法律，除此规定外，适用《联合国国际货物销售合同公约》。

It will be governed by the law of the People's Republic of China under the circumstances that the contract is signed or the goods while the disputes arising are in the People's Republic of China or the defendant is Chinese legal person, otherwise it is governed by United Nations Convention on Contracts for the International Sale of Goods.

本合同使用的价格术语的依据是国际商会的《INCOTERMS 2020》。

The terms in the contract bases on INCOTERMS 2010 of the International Chamber of Commerce.

Versions（文字）：

本合同中、英两种文字具有同等法律效力，在文字解释上，若有异议，以中文解释为准。

This contract is made out in both Chinese and English of which version is equally effective. Conflicts between these two languages arising therefrom, if any, shall be subject to Chinese version.

本合同共＿＿＿⑯＿＿＿份，自双方代表签字（盖章）之日起生效。

This contract is in＿＿＿＿＿copies，effective since being singed/sealed by both parties.

The Buyer	The Seller
⑰	⑱

填制销售确认书的具体要求：

①合同编号：要根据该公司所拟定的销售确认书的具体序号来填写，千万不要重复，否则会在报关与出口退税等环节出现问题。

②签约日期：双方签约的时间，作为合同执行的依据。

③签约方：要填写买方和卖方的公司名称（全称）、地址、电话、电传。

④唛头：一般由卖方设计，并及时通知买方，以便于买方接货。如果是散装货或中性包装，则填 N/M。

⑤名称及规格：要详细填写所买卖商品的全称，规格要具体，它是检验货物质量的标准。

⑥数量：注明每种商品的数量并写明单位名称。

⑦单价：填写每种商品对应的单位数量的价格，后面写明计价货币的名称。

⑧金额：是每一种商品的价格总额，用"单价×数量"来计算。如果只卖一种商品，该金额就是总值；如果是两种或两种以上的商品，则分别计算每一种商品的价格总额。

⑨总值：把每一种商品的价格总额进行累加，注意所用货币名称要注明。

⑩是否转运、分批装运：在其下方的选项里选择，要依据本次交易的具体情况来选是或不是。

⑪装运期：如果有具体期限，要填具体时间段，如 before August 20，2022；如果注明信用证开出后20天，则需要填写信用证的日期。

⑫保险：根据合同中的贸易术语来确定由买方还是卖方投保。如果是 CIF、CIP、应由卖方负责保险；如果是 FOB、CFR、FCA、CPT，应由买方负责保险。同时，依据货物的实际情况来确定投保的基本险别和附加险别。

⑬付款条件：根据双方的交易磋商情况来确定是汇付、信用证还是托收，然后在所选的项目前做标记，再根据交易磋商情况来填写。

⑭单据：填写卖方在向银行议付货款时应提供的单据种类及每种单据的份数。提单必须是清洁的，不清洁提单会被银行拒付，还得是正本提单。一般情况下，商

业发票一式五份；装箱单或重量单一式四份；质量与数量证明书一式两份；保险单一式三份；产地证一式两份。各种单据的份数也可以由买卖双方自行约定。

⑮检验与索赔：由双方协商来确定由哪个商检机构来进行检验，如果我方是出口方，应争取由我国的出入境检验检疫机构来进行商品检验。此外，双方也可以协商选择国际知名的商检机构来进行商品检验。

⑯合同的份数：一般情况下合同一式两份，由买卖双方各执一份。

⑰买方代表签字：由买方代表签字（手签）并盖章同时注明日期，此日期即合同生效的日期，一定要写清楚。

⑱卖方代表签字：由卖方代表签字（手签）并盖章同时注明日期，此日期即合同生效的日期，一定要写清楚。

3.实训材料

请你以上海诚信进出口贸易公司的业务员王芳的身份根据以下材料来拟定销售合同（或销售确认书）。

卖方：SHANGHAI SINCERITY IMPORT&EXPORT TRADE CO.，LTD.
　　　ADDRESS：3A HECHUAN MANSION，YISHAN ROAD，SHANGHAI
　　　TELEX/FAX：021 6210 3075

买方：PROWELD TRADING AND SERVICES
　　　ADDRESS：87PERSIARAN BATU GAJAH PERDANA 1，TAMAN BATU
　　　GAJAH PERDANA 31550 PUSING PERAK MALAYSIA
　　　TELEX/FAX：0060-3-21688888

（1）本模块实训一的接受函

（2）唛头：ABC

10I10PDC00801

KELANG OF MALAYSIA

NO.1/2000

（3）数量：2 000 PCS

（4）不允许分批装运和转船

（5）商品检验：以生产企业签发的检验证书为准

（6）起运港：SHANGHAI

（7）目的港：KELANG

（8）开证行：PUBLIC BANK

（9）合同编号：18E10POH001

（10）签约日期：July 5，2022

（11）签约地点：SHANGHAI OF CHINA

4.实训操作

请根据上面的实训材料来拟定一份销售合同（见表3-3）和一份销售确认书（见表3-4）。

表3-3 销售合同样本

销售合同
SALES CONTRACT

正本

（Original）

签约日期：Jul.5，2018

Signing Date：_____

合同编号：13E10POH001

Contract NO.：_____

签约地点：SHANGHAI OF CHINA

Signing Place：_____

卖方：SHANGHAI SINCERITY IMPORT&EXPORT TRADE CO.， LTD.

The Seller：

地址：

Address： 3A HECHUAN MANSION， 2016 YISHAN

ROAD, SHANGHAI

电传/传真：

Telex/Fax： 021 6210 3075

买方：PROWELD TRADING AND SERVICES

The Buyer：

地址：

Address：87PERSIARAN BATU GAJAH PERDANA

1, TAMAN BATU GAJAH PERDANA 31550

PUSING PERAK MALAYSIA

电传/传真：

TELEX/FAX：0060-3-21688888

双方同意按下列条款由卖方出售、买方购进下列货物：

The seller agrees to sell and the buyer agrees to buy the undermentioned goods on the terms and conditions stated below：

（1）货物名称及规格 Name of Commodity & Specifications	（2）单价 Unit Price	（3）数量 Quantity	（4）总金额及术语 Amount & Price Terms （CIF HAMBURG）
1. CHJ-NXB Internal Suction Arm	USD320	1 000	USD320 000
2.CHJ-YCB Internal Suction Arm	USD420	1 000	USD420 000

TOTAL VALUE：SAY US DOLLARS SEVEN HUNDRED AND FORTY THOUSAND ONLY

卖方有权在_____%以内多装或少装

Shipment_____% more or less at seller's option.

（5）包装：

Packing： 1pc packed in one Carton.

（6）唛头：

ABC

续表

10I10PDC00801

KELANG OF MALAYSIA

NO.1/2 000

（7）装运期：

Time of Shipment：Before Oct.20，2022.

（8）装运港和目的港：

Ports of Loading & Destination：From（SHANGHAI, CHINA）to（KELANG, MALAYSIA）.

是否允许分批装运，是否允许分批转船：

With partial shipments and transshipment not allowed.

（9）保险：由（卖方）按照发票金额的110%投保（一切险）

Insurance：To be effected by（seller）for 110% of the invoice value against（All Risks）.

（10）付款条件：

Terms of Payment：By L/C at sight.

（11）商品检验：以工厂所签发的品质/数量/重量/包装/卫生检验合格证书为卖方的交货依据

Inspection：The inspection certificate of quality/quantity/weight/packing/sanitation issued by the factory shall be regarded as evidence of the seller's delivery.

其他条款：

Other Terms：

（1）异议：对于品质异议，买方需自货到达目的口岸之日起30天内提出索赔，对于数量异议，买方需自货到达目的口岸之日起15天内提出索赔，但均须提供经卖方同意的公证行的检验证明。如责任属于卖方，卖方应于收到索赔通知后20天内答复买方并提出处理意见。

Discrepancy：In case of quality discrepancy，claims should be lodged by the buyer within 30 days after the arrival of the goods at the port of destination，while for quantity discrepancy，claims should be lodged by the buyer within 15 days after the arrival of the goods at the port of destination. In all cases，claims must be accompanied by Survey Reports of Recognized Public Surveyors agreed to by the seller. If the responsibility of the subject under claims be found to rest on the part of the seller，the seller shall，within 20 days after receipt of the claims，send their reply to the buyer together with suggestion for settlement.

（2）信用证内应明确规定卖方有权多装或少装所注明的百分数，并按实际装运数量议付（买方开立信用证，金额按本销售合约金额增减相应的百分数）。

The covering Letter of Credit shall stipulate the seller's option of shipping the indicated percentage more or less than the quantity herby contracted and be negotiated for the amount covering the value of quantity actually shipped（The buyer is requested to establish the L/C in amount with the indicated percentage over or below the total value of the order as per this Sales Contract）.

（3）信用证内容须严格符合本销售合同的规定，否则修改信用证的费用由买方负担，卖方并不负担因修改信用证而延误装运的责任，并保留因此而发生的一切损失的索赔权。

The contents of the covering Letter of Credit shall be in strict conformity with the stipulations of the Sales Contract. In case of any variation there of necessitating amendment of the L/C, the buyer shall bear the expenses for effecting the amendment. The seller shall not be held responsible for possible delay of shipment resulting from awaiting the amendment of the L/C and reserve the right to claim from the buyer for the losses resulting therefore.

（4）除经约定保险归买方投保外，由卖方向中国的保险公司投保。如买方需增加保险额及/或需投保其他险别，可于装船前提出，经卖方同意后代为投保，其费用由买方负担。

Except in case where the insurance is covered by the buyer as arranged, insurance is to be covered by the seller with a Chinese insurance company. If insurance for additional amount and/or for other insurance term is required by the buyer, prior notice to this effect must reach the seller before shipment and is subject to the seller's agreement, and the extra insurance premium shall be for the buyer's account.

（5）因人力不可抗拒事故使卖方不能在本销售合同规定期限内交货或不能交货，卖方不负责任，但是卖方必须立即以电报通知买方。如果买方提出要求，卖方应以挂号函向买方提供由中国国际贸易促进委员会或有关机构出具的证明，证明事故的存在。买方不能领到进口许可证，不能被认为系属人力不可抗拒范围。

The seller shall not be held responsible if they fail, owing to force majeure cause or causes, to make delivery within the time stipulated in this Sales Contract or can not deliver the goods. However, the seller shall inform immediately the buyer by cable. The seller shall deliver to the buyer by registered letter, if it is requested by the buyer, a certificate issued by the China Council for the Promotion of International Trade or by any competent authorities, attesting the existence of the said cause or causes. The buyer's failure to obtain the relative Import Licence is not to be treated as force majeure.

（6）仲裁：凡因执行本合同或有关合约所发生的一切争执，双方应以友好方式协商解决；如果协商不能解决，应提交中国国际经济贸易仲裁委员会，根据该委员会的仲裁规则进行仲裁。仲裁裁决是终局的，对双方都有约束力。

Arbitration: All disputes arising in connection with this Sales Contract or the execution thereof shall be settled by way of amicable negotiation. In case no settlement can be reached, the case at issue shall then be submitted for arbitration to the China International Economic and Trade Arbitration Commission in accordance with the provisions of the said Commission. The award by the said Commission shall be deemed as final and binding upon both parties.

（7）附加条款（本合同其他条款如与本附加条款有抵触时，以本附加条款为准）。

Supplementary Condition (s) (Should the articles stipulated in this salesContract be in conflict with the following supplementary condition (s), the supplementary condition (s) should be taken as valid and binding).

卖方（The Seller）：　　　　　　　　　　买方（The Buyer）：

王芳（手签并盖单位公章）　　　　　　　　（买方代表手签并盖单位公章）

资料来源：作者根据相关资料整理。

表 3-4 销售确认书样本

销售确认书

SALES CONFIRMATION

卖方 The Seller :		NO.: ①	13E10POH001
		Date: ②	July 5，2022
		Signed in: ③	SHANGHAI SINCERITY IMPORT&EXPORT TRADE CO.， LTD.
买方 The Buyer:		Date: ②	July 5，2022
		Signed in: ③	SHANGHAI OF CHINA

经买卖双方同意成交下列商品，订立条款如下：

This contract is made by and agreed between the buyer and the seller， in accordance with the terms and conditions stipulated below：

唛头 ④ Marks and Numbers	名称及规格 ⑤ Name of Commodity and Specifications	数量 ⑥ Quantity	单价 ⑦ Unit Price （CIF HAMBURG）	总金额 ⑧ Amount
ABC 10I10PDC00801 KELANG OF MALAYSIA NO.1/2 000	CHJ-NXB Internal Suction Arm CHJ-YCB Internal Suction Arm	1 000PCS 1 000PCS	USD320 USD420	USD320 000 USD420 000
总值 Total：⑨	USD740 000 （SAY US DOLLARS SEVEN HUNDRED AND FORTY THOUSAND ONLY ）			

Transshipment（转运）：⑩

☐	Allowed（允许）	☑	Not allowed（不允许）

Partial shipments（分批装运）：⑪

☐	Allowed（允许）	☑	Not allowed（不允许）

Shipment date（装运期）：⑪BEFORE OCT.20， 2022

Insurance（保险）：⑫

由卖方按发票金额110%投保一切险。

to be covered by the seller for 110% of the invoice value covering ALL RISKS.

Terms of payment（付款条件）：⑬

□ 买方不迟于＿＿年＿月＿日前将100%的货款用即期汇票/电汇送抵卖方。

The buyer shall pay 100% of the sales proceeds through sight（demand） draft/by T/T remittance to the seller not later than＿＿.

☑买方需于 2022 年 9 月 20 日前通过大众银行 开出以卖方为受益人的不可撤销即期信用证，并注明在上述装运日期后 30 天内在中国议付有效，信用证须注明合同编号。

The buyer shall issue an irrevocable L/C before Sep.20， 2022 through Public Bank in favor of the seller prior to indicating L/C shall be valid in China through negotiation within 30 day after the shipment effected， the L/C must mention the Contract Number.

□ 付款交单：买方应对卖方开具的以买方为付款人的见票后＿＿＿＿天付款跟单汇票，于付款时交单。

Documents against payment：（D/P）

The buyer shall duly make the payment against documentary draft made out to the buyer at sight by the seller.

□ 承兑交单：买方应对卖方开具的以买方为付款人的见票后＿＿＿＿天承兑跟单汇票，于承兑时交单。

Documents against acceptance：（D/A）

The buyer shall duly accept the documentary draft made out to the buyer at＿＿＿＿days by the seller.

Documents required（单据）：⑭

卖方应将下列单据提交银行议付/托收：

The seller shall present the following documents required for negotiation/collection to the banks.

☑整套正本清洁提单。

Full set of clean on Board Ocean Bills of Lading.

☑商业发票一式五份。

Signed commercial invoice in five copies.

☑装箱单或重量单一式四份。

Packing list/Weight memo in four copies.

☑由 生产工厂签发的质量与数量证明书一式两份。

Certificate of quantity and quality in two copies issued by the factory.

☑保险单一式三份。

Insurance policy in three copies.

☑产地证一式二份。

Certificate of origin in two copies.

Shipping advice（装运通知）：

一旦装运完毕，卖方应立即电告买方合同号、商品号、已装载数量、发票总金额、毛重、运输工具名称及起运日期等。

The seller shall immediately, upon the completion of the loading of the goods, advise the buyer of the Contract No., names of commodity, loaded quantity, invoice value, gross weight, names of vessel and shipment date by Telex/Fax.

Inspection and claims（检验与索赔）：⑮

卖方在发货前由工厂对货物的品质、规格和数量进行检验，并出具检验证明书。

The seller shall have the qualities, specifications, quantities of the goods carefully inspected by the factory, which shall issue Inspection Certificate before shipment.

Force majeure（人力不可抗拒）：

如因人力不可抗拒的原因造成本合同全部或部分不能履约，卖方概不负责，但卖方应将发生的情况及时通知买方。

The seller shall not hold any responsibility for partial or total non-performance of this Sales Contract due to force majeure. But the seller shall advise the buyer in time of such occurrence.

Disputes settlement（争议之解决方式）：

凡因执行本合同或有关本合约所发生的一切争执，双方应协商解决。如果协商不能得到解决，应提交仲裁。仲裁地点在被告方所在国内，或者在双方同意的第三国。仲裁裁决是终局的，对双方都有约束力，仲裁费用由败诉方承担。

All disputes in connection with this Sales Contract or the execution thereof shall be amicably settled through negotiation. In case no amicable settlement can be reached between the two parties, the case under dispute shall be submitted to arbitration, which shall be held in the country where the defendant resides, or in third country agreed by both parties. The decision of the arbitration shall be accepted as final and binding upon both parties. The arbitration fees shall be borne by the losing party.

Law application（法律适用）：

本合同之签订地，或发生争议时货物所在地在中华人民共和国境内或被诉人为中国法人的，适用中华人民共和国法律，除此规定外，适用《联合国国际货物销售合同公约》。

It will be governed by the law of the People's Republic of China under the circumstances that the Sales Contract is signed or the goods while the disputes arising are in the People's Republic of China or the defendant is Chinese legal person, otherwise it is governed by United Nations Convention on Contract for the International Sale of Goods.

本合同使用的价格术语的依据是国际商会的《INCOTERMS 2020》。

The terms in the Sales Contract bases on INCOTERMS 2020 of the International Chamber of Commerce.

Versions（文字）：

本合同中、英两种文字具有同等法律效力，在文字解释上，若有异议，以中文解释为准。

This Sales Contract is made out in both Chinese and English of which version is equally effective. Conflicts between these two languages arising therefrom, if any, shall be subject to Chinese version.

续表

本合同共 两 份，自双方代表签字（盖章）之日起生效。⑯

This contract is in two copies， effective since being singed/sealed by both parties.

The Buyer ⑰	The Seller ⑱
（买方代表手签名并盖单位公章）	王芳（手签名并盖单位公章）
Date：July 5， 2022	Date：July 5， 2022

资料来源：作者根据相关资料整理。

5.实训练习

请你以大连××进出口有限公司业务员刘鸣的身份，根据实训一实训练习中接受函的内容和以下材料制作一份销售合同。材料如下：

（1）卖方：DALIAN ×× IMPORT&EXPORT CO.， LTD.

　　　　18 ZHONGSHAN ROAD， DALIAN

　　　　TEL.：0411-84738888

　　买方：TOKYO IMPORT&EXPORT CO.， LTD.

　　　　21-358 OTOLI MACHI TOKYO， JAPAN

　　　　TEL.：028-678-345

（2）唛头：AIR

20PCS

TOKYO OF JAPAN

NO.n/300

（3）不允许分批装运和转船

（4）商品检验：以工厂签发的检验证书为准

（5）起运港：DALIAN

（6）目的港：TOKYO

（7）开证行：BANK OF TOKYO

（8）合同编号：12ABLN/4-10-CD

（9）签约日期：OCT.28， 2022

（10）签约地点：DALIAN OF CHINA

6.实训讨论

根据所给的销售合同和销售确认书，组织学生就撰写过程中遇到的问题进行集体讨论，由有问题的同学提出问题，然后按实训前准备时划分的小组进行分组讨论，讨论后每个小组提出自己的意见，最后由教师进行讲解并总结。

7.提交实训报告

每个学生于下次课提交一份实训报告，报告中要求写出报告的目的，在国际贸易中应如何制作合同和确认书，制作过程中应注意哪些问题（后面附上根据实训训练的资料所填制的销售合同），以及此次课的心得体会。

六、实训考核方法

本模块的主要内容是各项业务的模拟操作，教师可根据学生现场表现进行考核，成绩分为优秀、良好、中等、及格、不及格等几级，可以与课程的分值挂钩，具体由教师灵活安排。参考标准如下：

1.优秀：学生表现出的应变能力很强，操作熟练，能出色地完成实训任务，课堂讨论积极。

2.良好：学生表现出一定的应变能力，操作虽有一些失误但不影响大局，能够完成实训任务，课堂讨论较积极。

3.中等：学生表现出基本的应变能力，操作基本符合要求，完成实训任务时稍有瑕疵但不影响整体效果，课堂讨论表现一般。

4.及格：学生表现出的应变能力较差，勉强完成操作，在完成实训任务中有一些失误，对整体效果有一定的影响，课堂讨论表现一般。

5.不及格：学生不胜任实训任务或者对实训任务不参与、不配合。

七、实训拓展与提高

通过教师对理论知识的介绍和对实训环节的讲解，使学生对确认书或合同的内容拟定有一定的了解。下面再介绍一个常用的销售确认书内容，使学生所学的相关知识得到拓展与提高。

No / 合同号：KY202202045

Date / 日期：FEB.10，2022

Signed at：CHINA

签约地点：

Order / 订单： KR020901

销 售 确 认 书
SALES COMFIRMATION

Seller/卖方：WUXI KEYONE HOUSEWARE CO.，LTD.

Address /地址：NO.498，XISHAN ECONOMIC TECHNOLOGICAL DEVELOPMENT AREA，FURONG TWO ROAD，WUXI CITY，JIANGSU PROVINCE，CHINA

Tel / 电话：86-510-88262026Fax / 传真：86-510-88263479 E-mail：

Buyer/买方：GLOBAL CO.，LTD.

Address /地址：OSAKA SHI YODOGAWA KU ISHINAKAJIMA 4-12-15

Tel / 电话：   Fax / 传真：

兹经买卖双方同意按下列条款成交：

The undersigned Sellers and Buyers have agreed to close the following transactions according to the terms and conditions stipulated below：品名及规格 Description	数量 Quantity	单价 Unit Price	金额 Amount
		CIF NAGOYA	
MS2462 兼用涤纶垃圾袋　NYLON BAGS，50PCS/BAG	9200 BAGS 115 CTNS	USD0.588	USD5 409.60
MS2479 浅型涤纶垃圾袋　NYLON BAGS，50PCS/BAG	15600 BAGS 195 CTNS	USD0.515	USD8 034.00
MS2486 三角口 PE垃圾袋　PE BAGS，35PCS/BAG		USD0.320	
MS2493 排水口 PE垃圾袋　PE BAGS，50PCS/BAG		USD0.320	
MS2356 热风布 三角口　NON WOVEN BAGS，35PCS/BAG	4400 BAGS 55 CTNS	USD0.370	USD16 28.00
MS2349 热风布 排水口　NON WOVEN BAGS，50PCS/BAG	800 BAGS 10 CTNS	USD0.381	USD304.80
TOTAL：375 CTNS		USD15 376.40	

1. 总 值 / Total Value：SAY USD FIFTEEN THOUSAND THREE HUNDRED SEVENTY SIX AND CENTS FORTY ONLY.

With 5 % more or less both in amount and quantity at the Seller's option.

2.Time of shipment：ON/BEFORE MAR.26，2022

3.Loading port & destination：From：SHANGHAI To：NAGOYA

4. By Confirmed，irrevocable，transferable and divisible Letter of Credit to be available by sight draft to reach the Seller before   mentioning relative S/C number and to remain valid for negotiation in China until the 15th day after the date of shipment. The L/C must specify that transshipment and partial shipments are allowed.

5.The Seller shall not be held liable for failure or delay in delivery of entire lot or a portion of the goods under this Sales Contract in consequence of any Force Majeure incidents.

6.Any dispute arising out of in connection with this contract shall be referred to China International Economic and Trade Arbitration Commission for arbitration in accordance with its existing rules of arbitration. The place of arbitration shall be Wuxi. The arbitration award is final and binding upon the two parties.

7.This Sales Contract is subject to being signed and sealed by the Seller.

THE BUYER：   THE SELLER：

WUXI KEYONE HOUSEWARE CO., LTD.   GLOBAL CO., LTD.

     AUTHORIZED SIGNATURE   AUTHORIZED SIGNATURE

模块四　信用证的开立、审核与修改

一、实训目的

　　本模块实训的主要目的是使学生掌握开立信用证、审核信用证的要点以及修改信用证的方法等。

二、理论知识点

　　（一）信用证业务的运作流程
　　1.进口信用证结算的基本流程
　　买卖双方签订合同以后，进口方首先应向银行申请开立信用证，填写开证申请书。如果开证后发现信用证存在问题，应及时提出修改信用证。开证行收到国外议付行寄来的单据，应仔细审核，即审单，审单无误后付款和进口结汇。
　　2.出口信用证结算的基本流程
　　出口方收到进口方开来的信用证后要仔细审核信用证，发现问题及时向对方提出修改信用证的要求，在确认信用证无误后可以发货并制单。制单后要认真审单，确认无误后向银行交单结汇，并做好出口收汇核销与出口退税的工作。信用证业务具体流程如图4-1所示。
　　（二）信用证开立、审核、修改环节要点
　　1.申请开证，开证行开出信用证
　　申请开证的一般手续为：进口商向往来银行提出开证的请求；银行调查后同意或不同意；若同意，进口商交保证金；进口商按标准缴纳各项费用，银行开证。

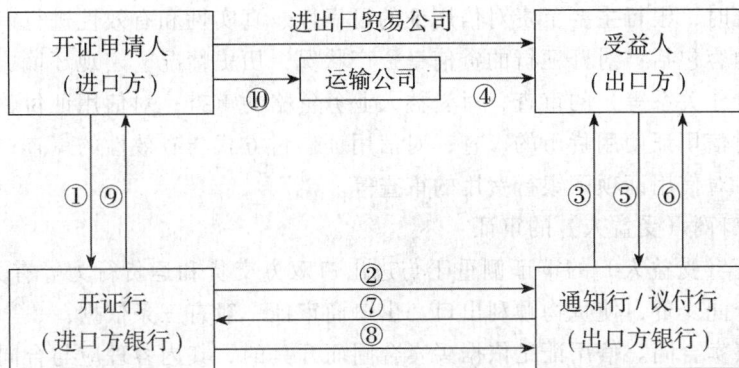

图4-1 信用证业务流程图

图中：①进口商申请开证；②开证行开出信用证；③通知行向受益人通知信用证；④受益人审核无误后，按约定备货装运；⑤交单；⑥议付；⑦寄单；⑧偿付；⑨付款赎单；⑩进口商凭单提货。

1）进口商填具开证申请书

申请信用证时，进口商要填具开证申请书，其内容、格式均是银行已印就的。它是申请人与开证行之间的一种书面契约，规定了申请人和开证行所负的责任。

2）开证行审核申请书及申请人后开出信用证

银行对开证申请人一般审核下述几个方面：①经营状况、收益状况；②过去经营此类业务的历史；③资金实力、作风、信誉；④在同业中的地位及发展方向；⑤可能提供或银行可能获得的保证，如开证时是否有足够的授信额度，若无，账户上是否有足够的金额作为开证保证金。另外，还要对该进口交易的合法性进行审核，并要求进口商同时提供有关文件，如进口许可证、合同文本等。

此外，申请人申请开证时，应该承担开证所需的一切国内外银行费用。因此，应向开证行交付一定比例的押金（Margin）或其他担保品，押金为信用证金额的百分之几到几十，与申请人的资信和市场行情有关，具体由开证行规定。对于资信良好的客户，有的银行会授以一定的开证额度，在规定额度内开证，可免交押金。

开证行接受申请人的开证申请后，严格按照开证申请书的指示拟定信用证条款，有时草拟完信用证后，还要送交开证申请人确认。开证行将其所开立的信用证通过邮寄或电传或SWIFT网络送交出口地的联行或代理行，请它们代为通知或转交受益人。

2.通知行、出口方审证

1）通知行的审证

银行（通知行）的审证侧重于与收汇有关的问题，以保证国内货物出口后能安全收汇。通知行收到国外来证后，应考虑进口国的政治经济形势与开证行的资信以决定是否通知信用证；如决定通知信用证，必须仔细地审查信用证的真伪。

在审证时，银行主要负责对信用证的可靠性、真实性和有效性进行审查，其审证的重点内容包括：对开证行的资信（资产状况、历史情况、宏观环境、业绩、与通知行的合作关系等）的审查；对受益人业务资格的审查；对信用证付款责任条款的审查；对信用证使用货币的审查；对信用证偿付方式与有效性的审查；对保兑条款的审查；对信用证项下银行费用的审查等。

2）出口商（受益人）的审证

出口商（受益人）的审证侧重于与进出口双方交货和运货行为等有关的问题，以保证按合同交货，使货物顺利出口。出口商审证一般有三条依据：

（1）买卖合同。信用证是依据买卖合同而开具的，其内容理应与合同相符，但在实际中信用证条款经常与合同条款不一致。因此，卖方收到信用证时，首先要审查信用证条款是否与买卖合同的内容相符。

（2）收证时的政策法令，即检查来证内容是否违反我国政策法令的规定。

（3）备货和船期等实际情况，即检查来证内容有无我方办不到的地方，有无影响我方安全、及时收汇或会增加我方费用开支的地方。如果发现来证与要求不符，必须立即联系申请人，要求改证。

出口商对信用证审核的详细内容见实训二。

3.修改信用证

信用证的修改在实务中通常只是针对不可撤销信用证而言的。原因是对于可撤销的信用证，无需事先通知即可随时修改或撤销。

1）修改的提出

提出修改信用证的可能是进口商或出口商，也可能是开证行。在实际业务中，提出修改信用证的大多是出口商。出口商提出修改，通常是由于信用证与合同不符，或认为某些条款无法办到。例如，信用证规定不准转运，但船公司没有船只直接到达目的地，这时就需要提出修改。进口商提出修改往往因为本国或国际形势的变化，如战争爆发使货物运输风险增大，进口商要求增保战争险、改变目的港等。银行在开证时有时也会出现偏差，如字母打错、地名打错或遗漏某个项目，发现后也需要修改。不论修改出自何方，一般都按信用证原来的寄送途径办理。例如，由出口商提出的，应请进口方转向开证银行申请修改，再由开证行转给通知行通知受益人。

2）修改应注意的问题

（1）对于不可撤销信用证，非经当事人的同意不得修改，因此，在修改时，必须经开证行、保兑行（若有保兑）、受益人、开证申请人的同意。

（2）对于提出的修改，要注意是否与其他条款相抵触，是否遵守了国家外汇管理的有关规定。

（3）当同一份信用证修改书上涉及两个或两个以上条款时，如同意修改必须全部接受，不得同意一部分拒绝另一部分。

（4）如果开证行选择一家银行将信用证通知给受益人，其修改的通知也要通过这家银行传递。

（5）开证行自发生修改之日起，就受这个修改的约束。保兑行可以对修改加保兑，并在通知这个修改时就受其约束；也可不对修改加保兑，即仅将修改通知受益人，但要及时将此情况通知开证行及受益人。

（6）受益人应发出通知，表示其接受还是拒绝修改，也可以不表态而是通过其提交的单据来判断是否接受了修改。此外，修改通知书中要注明本次修改的次数。

3）修改的程序

（1）开证申请人提交信用证修改申请书。

（2）开证行审查修改申请书的内容。

（3）开证行审核同意后缮制信用证修改书。开证行审核完信用证修改申请书后，即可缮制信用证修改书，修改要加列密押，然后将修改书副本附于信用证上留底备查，同时将另一份修改书副本送交申请人备查。修改书中要注明本次修改的次数；若原证规定向偿付行索汇，当修改涉及延展装运期、有效期、增加金额等时，还应向偿付行通知；如果修改申请书中规定修改费用由受益人承担，而受益人又拒绝该项修改的，则向开证申请人收取费用。

（4）通知行收到修改书后，先鉴别其真实性，再通知受益人。

（5）受益人收到修改书后，表示接受或拒绝修改。

4）修改费用的收取

修改费用一般按照责任归属来确定由谁承担。例如，信用证修改是因为开证申请人在申请开证时未按照合同填写开证申请书，由此而导致的改证费由开证申请人承担。

三、实训所需条件

（一）实训学时

4课时/30人。

（二）实训地点

多媒体教室。

（三）实训所需材料

准备空白开证申请书一份（见附录，可以根据下面实训一中的实训材料来填写，随实训报告上交）。

四、实训内容与要求

（一）实训内容

1.缮制信用证开证申请书。

2.审核信用证。

3.修改信用证。

（二）实训要求

1.要求参加实训的同学熟练掌握信用证方面的理论知识，认真听老师的讲解，运用所学知识，结合背景资料，积极完成实训任务。

2.要求教师在实训过程中给予必要、合理的指导。

五、实训步骤

（一）实训一：缮制信用证开证申请书

1.实训前的准备

（1）对学生进行分组，6人一组。

（2）根据教师课前安排，各自持所需资料和空白开证申请书。

2.实训指导

由教师组织学生观看屏幕上的信用证开证申请书，讲解填制的具体要求。

买卖双方签订合同后，进口方首先应向银行申请开立信用证，填写开证申请书（Irrevocable Documentary Credit Application）。它是开证申请人与开证行之间的书面契约，也是开证申请人对开证行的委托。因此，对进口方来说，掌握填写和缮制开证申请书尤为重要。现以中国银行的一份开证申请书（见表4-1）为例，介绍其内容。

此开证申请书的内容包括两部分：第一部分（英文），是要求开立信用证的依据，即开证申请人按合同要求开证行在信用证上列明的条款，也是开证行凭以向受益人或议付行付款的依据；第二部分（中文），是开证申请人对开证行的声明，用以明确双方责任，并由开证申请人签字。其具体内容填写、分析如下：

表4-1   开证申请书

①IRREVOCABLE DOCUMENTARY CREDIT APPLICATION

TO: Bank of China ②   Date: ③

Beneficiary (full name and address) ④	L/C No. ⑤
	Ex-Card No.
	Contract No.
	Date and place of expiry of the credit ⑥

Partial shipments ⑦	Transshipment ⑧	☐ Issue by airmail
☐allowed ☐not allowed	☐allowed ☐not allowed	☐With brief advice by teletransmission
		☐ Issue by express delivery ⑨
Loading on board / dispatch / taking in charge at / from		☐ Issue by teletransmission (which shall be the operative instrument)
Not later than ⑩ For transportation to		Amount (both in figures and words)
Description of goods:		Credit available with ☐ by sight payment ☐ by acceptance ☐ by negotiation ☐ by deferred payment at against the documents detailed herein ☐ and beneficiary's draft for_____ % of the invoice value At_____sight drawn on
Packing:		
		☐ FOB ☐ CFR ☐CIF ☐ or other terms

Documents required: (marked with x)

1. (   ) Signed Commercial Invoice in_____copies indicating invoice No., contract No..

2. (   ) Full Set of Clean on Board Ocean Bills of Lading made out to the order and blank endorsed, marked "freight (   ) to collect/ (   ) prepaid (   ) showing freight amount" notifying.

3. (   ) Air Waybills showing "freight (   ) to collect/ (   ) prepaid (   ) indicating freight amount" and consigned to_____.

4. (   ) Memorandum issued by_____consigned to_____.

5. (   ) Insurance Policy/Certificate_____in_____copies for_____% of the invoice value showing claims payable in China in currency of the draft, blank endorsed, covering (   ) Ocean Marine Transportation/ (   ) Air Transportation/ (   ) Over Land Transportation/ (   ) All Risks and War Risk.

6. （ ） Packing List/Weight Memo in_____copies indicating quantity/gross and net weights of each package and packing conditions as called for by the L/C.

7. （ ） Certificate of Quantity / Weight in_____copies issued an independent surveyor at the loading port, indicating the actual surveyed quantity/weight of shipped goods as well as the packing condition.

8. （ ） Certificate of Quality in_____copies issued by （ ） manufacturer/ （ ） public recognized surveyor/ （ ）.

9. （ ） Beneficiary's certified copy of fax dispatched to the accountee with_____days after shipment advising （ ） name of vessel/ （ ） date, quantity, weight and value of shipment.

10. （ ） Beneficiary's Certificate certifying that extra copies of the documents have been dispatched according to the contract terms.

11. （ ） Shipping Company's Certificate attesting that the carrying vessel is chartered or booked by accountee or their shipping agents.

12. （ ） Other documents, if any:

A.Certificate of Origin in_____copies issued by authorized institution.

B.Certificate of Health in_____copies issued by authorized institution.

Additional instructions:

（1） （ ） All banking charges outside the opening bank are for beneficiary's account.

（2） （ ） Documents must be presented with_____days after the date of issuance of the transport documents but within the validity of this credit.

（3） （ ） Third party as shipper is not acceptable.Short Form/Blank Back B/L is not acceptable.

（4） （ ） Both quantity and amount_____% more or less are allowed.

（5） （ ） Prepaid freight drawn in excess of L/C amount is acceptable against presentation of original charges voucher issued by Shipping Company /Air line/or its agent.

（6） （ ） All documents to be forwarded in one cover, unless otherwise stated above.

（7） （ ） Other terms, if any:

Advising bank:

Account No.:	with_____（name of bank）___
Transacted by:	Applicant:_（name, signature of authorized person）_
Telephone No.:	（with seal）

开证申请人声明

中国银行:

我公司已办妥一切进口手续，现请贵行按我公司申请书内容开出不可撤销跟单信用证。我公司声明如下:

一、我公司同意贵行依照国际商会第600号出版物《跟单信用证统一惯例》办理该信用证项下一切事宜，并同意承担由此产生的一切责任。

二、我公司保证按时向贵行支付该证项下的货款、手续、利息及一切费用等所需的外汇和人民币资金。

三、我公司保证在贵行单据通知书中规定的期限之内通知贵行办理对外付款/承兑，否则贵行可以认为我公司已接受单据，同意付款/承兑。

四、我公司保证在与单证表面相符的条件下办理有关付款/承兑手续，如因单证有不符之处而拒绝付款/承兑，我公司保证在贵行单据通知书规定的日期之前将全套单据如数退还贵行并附书面拒绝理由，由贵行按国际惯例确定能否对外拒付。如贵行确定我公司所提拒付理由不成立，或虽然拒付理由成立，但我公司未能退还全套单据，贵行有权主动办理对外付款/承兑，并从我公司账户中扣款。

五、该信用证及其项下业务往来中，如因邮、电传递发生遗失、延误、错漏，贵行当不负责。

六、该信用证如需修改，由我公司向贵行提出书面申请，由贵行根据具体情况确定能否办理修改。我公司确认所有修改当由信用证受益人接受时才能生效。

七、我公司保证在收到贵行开出的信用证、修改副本后，及时与原申请书核对，如有不符之处，保证自接到副本之日起，两个工作日内通知贵行。如未通知，当视为正确无误。

八、因申请书字迹不清或词意含混而引起的一切后果由我公司负责。

（签字盖章）

---

① 信用证的性质，由于"IRREVOCABLE DOCUMENTARY CREDIT APPLICATION"是由银行统一印制的，故一般开出的信用证都是"IRREVOCABLE"。

②开证银行，位于证书左上角，由于是以中国银行提供的开证申请书为例的，故开证行一栏已经印刷好"Bank of China"字样。

③申请开证日期（Date），位于证书右上角，填写实际申请日期。

④受益人（Beneficiary），按照合同中的内容填写卖方全称，并注明地址和电话、传真等，以便于联系。

⑤信用证号码（L/C No.）以及其他一些参考号码，如"Ex-Card No., Contract No."。

⑥信用证的有效期和有效地点（Date and place of expiry of the credit），根据合同的规定、习惯做法和国际惯例来确定。

⑦分批装运，根据贸易合同的规定，选择可否分批装运。根据习惯，在备选方框内打"×"表示是选择项，例如，Partial shipments × allowed，表示可以分批装运。

⑧转运，根据贸易合同的规定，选择可否转运。根据习惯，在备选方框内打"×"表示是选择项。

⑨开证方式，开证方式分为电开与信开（航空邮寄）两种，根据要求选择，在方框内打"×"。

⑩装运要求，根据合同装运条款的规定，填写最迟装运日期以及目的地（港）。

信用证金额（Amount），分别用数字小写和英文大写注明信用证金额和币制，通常和合同的交易额一致。

货名（Description of goods）及包装（Packing），与合同的标的相一致，填写品名条款及包装条款。

信用证的付款期限及汇票期限，根据合同规定，在相应的方框内用"×"来选择付款期限，并填入信用证项下支付发票金额的百分比，通常填写100%。

价格条件，亦称为贸易术语，根据合同价格条款，选择FOB、CFR或CIF贸易术语。

出口方应提交的单据（Documents required），这一栏列举了许多单据以及相关的内容，用"×"在相应的括号内做出选择。例如，商业发票要求填写需要的份数、合同的编号等；提单要求注明是"运费预付"还是"运费到付"，以及提单的份数等；保险单要求注明一式几份，按发票金额的百分比多少投保，依据何种保险条款投保何种险等。

特殊指示（Additional instructions），主要包括银行费用、单据提交的规定、对托运人的规定、溢短装条款等，所有这些，根据双方的约定和国际惯例，用"×"在相应的括号内做出选择。

开证申请书下端由执行人签字盖章，注明银行账号以及电话号码。开证申请书背面是开证申请人对开证行的声明，主要用以明确开证申请人与开证行双方各自的责任。

在填写开证申请书时，应注意以下几点：

第一，必要事项应完整、正确地记载且内容不能相互矛盾，因为银行是根据申请书的内容开出信用证的。

第二，申请书的内容不能违背买卖合同上的有关条件，重要的条款须按合同的内容填写。

第三，所要求的单证种类及格式、递送方法等应能确保开证行的债权。

第四，需合乎国家的法律和规章。

第五，不宜将买卖合同上的详细内容都填列上，要简单明了。

第六，所开出的信用证在技术上和国际惯例上不应有困难。

3.实训材料

实训二中的销售合同（号码：NSWD52011）内容。

4.实训操作

实训操作见表4-2。

表4-2 开证申请书

IRREVOCABLE DOCUMENTARY CREDIT APPLICATION

TO: Bank of China   Date: Oct.4, 2022

Beneficiary (full name and address) China National Cereals, Oils & Foodstuffs Imp. & Exp.Corporation	L/C No. Ex-Card No. Contract No.NSWD52011 Date and place of expiry of the credit Dec.15, 2022 in China
Partial shipments ☒ allowed ☐ not allowed	**Transshipment** ☒ allowed ☐ not allowed	☐Issue by airmail ☐With brief advice by teletransmission ☐Issue by express delivery ☒ Issue by teletransmission (which shall be the operative instrument)

Loading on board/dispatch/taking in charge at/from China port Not later than Nov.30, 2022 For transportation to Vancouver	Amount (both in figures and words) CAD 125 000 (SAY CANADIAN DOLLARS ONE HUNDRED AND TWENTY FIVE THOUSAND ONLY)
Description of goods: Great Wall Brand Strawberry Jam CAD 2.50 per tin CFRC3% Vancouver Packing: 340 grams each tin, in 50 000 tins	Credit available with ☒by sight payment ☐by acceptance ☐by negotiation ☐by deferred payment at against the documents detailed herein ☒ and beneficiary's draft for 100 % of the invoice value At on ☐ FOB ☒CFR ☐CIF ☐ or other terms

Documents required: (marked with x)

1. (×) Signed Commercial Invoice in ___4___ copies indicating invoice No., contract No..

2. (×) Full Set of Clean on Board Ocean Bills of Lading made out to the order and blank endorsed, marked "freight ( ) to collect/ (×) prepaid ( ) showing freight amount" notifying HongKong Food Company, Vancouver.

3. ( ) Air Waybills showing "freight ( ) to collect/ ( ) prepaid ( ) indicating freight amount" and consigned to_____.

4. ( ) Memorandum issued by_____ consigned to_____.

5. (×) Insurance Policy/Certificate in ___2___ copies for 110% of the invoice value showing claims payable in China in currency of the draft, blank endorsed, covering ((x) Ocean Marine Transportation/ ( ) Air Transportation/ ( ) Over Land Transportation) All Risks and War Risk.

6.（×）　Packing List/Weight Memo in ___3___ copies indicating quantity/gross and net weights of each package and packing conditions as called for by the L/C.

7.（　）　Certificate of Quantity/Weight in_____copies issued by an independent surveyor at the loading port, indicating the actual surveyed quantity/weight of shipped goods as well as the packing condition.

8.（　）　Certificate of Quality in_____copies issued by （　） manufacturer/ （　） public recognized surveyor/ （　）.

9.（　）　Beneficiary's certified copy of fax dispatched to the accountee with_____days after shipment advising （　） name of vessel/ （　） date, quantity, weight and value of shipment.

10.（　）　Beneficiary's Certificate certifying that extra copies of the documents have been dispatched according to the contract terms.

11.（　）　Shipping Company's Certificate attesting that the carrying vessel is chartered or booked by accountee or their shipping agents.

12.（　）　Other documents, if any:

A. Certificate of Origin in_____copies issued by authorized institution.

B. Certificate of Health in_____copies issued by authorized institution.

Additional instructions:

（1）（×）　All banking charges outside the opening bank are for beneficiary's account.

（2）（×）　Documents must be presented with ___15___ days after the date of issuance of the transport documents but within the validity of this credit.

（3）（×）　Third party as shipper is not acceptable.Short Form/Blank Back B/L is not acceptable.

（4）（　）　Both quantity and amount_____% more or less are allowed.

（5）（　）　Prepaid freight drawn in excess of L/C amount is acceptable against presentation of original charges voucher issued by Shipping Company/Airline/or it's agent.

（6）（×）　All documents to be forwarded in one cover, unless otherwise stated above.

（7）（　）　Other terms, if any:

Advising bank:

Account No.:	with_____ (name of bank)
Transacted by:	Applicant: _____ (name, signature of authorized person)
Telephone No.:	(with seal)

5.实训练习

学生根据实训二中的销售合同（号码：NSWD52011）的内容，利用手中的空白开证申请书，缮制一份信用证开证申请书。

6.实训讨论

信用证开证申请书填制完成后，组织学生就填写过程中遇到的问题进行集体讨论，有问题的同学提出问题，然后按实训前准备时划分的小组进行分组讨论，讨论后每个小组提出自己的意见，最后由教师进行讲解并总结。

7.提交实训报告

每个学生于下次课提交一份实训报告，写出报告的目的、在国际贸易中如何开立信用证、信用证开证申请书的填制方法及注意事项（后面附上根据实训的资料所填制的信用证开证申请书），以及此次课的心得体会。

（二）实训二：审核信用证

1.实训前的准备

（1）对学生进行分组，6人一组。

（2）各自持有所需资料：教师预先给出的合同及信用证。

2.实训指导

由教师组织学生观看屏幕上的信用证，讲解信用证审核的基本要点。

在国际贸易中，如果采用信用证支付方式，出口商提交的单据只有符合信用证的规定，才能获得开证行的付款。出口方提交的单据要做到"单证一致，单单一致"，因此，出口商要对国外开来的信用证进行认真细致的审核。

出口商审核信用证的主要依据是交易双方签订的合同、国际商会第600号出版物《跟单信用证统一惯例》（UCP600）、国内的有关政策和规定以及实际业务操作中出现的具体情况。信用证审核的基本要点如下：

（1）商品的品名、货号、规格规定与合同规定不符。这种错误比较容易发现。另外，对品质条款的规定，没有采用品质机动幅度。

（2）货物数量规定与合同规定不符，容易出错的主要是计量单位和溢短装（MOL）条款。例如，仅仅写500吨，而没有写明是公吨（MT）、长吨（LT）还是短吨（ST），这样是不行的。

（3）货物的包装条款与合同规定不符。例如，合同规定纸箱（Cartons）装，信用证中却规定采用"Colored Cartons"，明显与合同规定不符。

（4）商品价格条款和贸易术语有误。其主要有：①商品单价的四个组成部分有误（单价应包括计量单位、单位价格金额、计价货币和贸易术语）；②贸易术语有误，例如，出口业务中FOB后跟国外港口，这是非常明显的错误；③总金额与合同不符；④信用证规定总金额没有考虑到溢短装条款等。

（5）运输条款规定有误。其主要包括：①分批装运和转运条款与合同规定不符。例如，合同规定Transshipment Allowed，信用证却规定Transshipment Prohibited。②装运港和目的港与合同规定不符。例如，合同规定目的港为HongKong，而信用证却规定Singapore/HongKong，这是明显的错误。③装运港和目的港的规定与贸易术语相矛盾。一般情况下，FOB后跟装运港，CFR、CIF后跟目的港。如果上海某公司出口一批货物到日本，信用证写成"FOB Yokohama"就是错误的表达方式。④提单运费条款规定与贸易术语相矛盾。如果贸易术语为FOB，则提单的运费条款应为"Freight Collect"；如果贸易术语为CFR或CIF，则提单的运费条款应为"Freight Prepaid"。例如，合同规定CIF贸易术语，信用证却规定运费条款为"Freight Collect"，这是错误的。⑤装运期的有关规定不符合要求。其包括：A.不能在信用证规定的装运期内备妥有关货物并按期出运，例如，来证收到时距装运期太近，无法按期装运。需要特别注意的是，分批装运时，如信用证中规定了每一批货物出运的确切时间，则必须按此照办，如不能办到，必须修改。B.实际装运期与交单期时间相距太短。

（6）保险条款有误。其主要有：①保险金额与合同规定不符，主要表现为加成率。例如，合同规定加成110%，信用证却规定加成120%。②保险条款的类别有误。目前我国进出口货物运输保险业务通常采用中国人民保险集团公司（PICC）规定的《中国保险条款》（China Insurance Clause，CIC），而国际上许多国家和地区在进出口货物运输保险业务中往往采用英国伦敦保险业协会制定的《协会货物条款》（Institute Cargo Clause，ICC），因此在审核信用证时，要注意这一问题。例如，合同规定保险条款为"All Risks and War Risks as per China Insurance Clauses"，而信用证却规定"The Institute Cargo Clauses（A）and Institute War Clauses"，明显不一致。③保险险别有误。例如，合同规定投保"All Risks"，信用证却规定投保"All Risks and T.P.N.D"。④有时出口方不应该提交投保单（FOB、CFR条件下），但信用证规定出口方提交"Insurance Policy"，应将这一条款删除。

（7）汇票条款有误。①付款期限与合同规定不符。例如，合同规定即期（At Sight），而信用证却规定远期20天（20 Days）。②没有将开证行作为汇票的付款人。根据UCP600的规定，"不得开立包含有以申请人为汇票付款人条款的信用证"，因此，在信用证方式下应按照信用证的规定，以开证行或其指定的付款行为付款人。倘若信用证中未指定付款人，则付款人应为开证行。

（8）申请人、受益人的名称和地址不准确。

（9）有关信用证的规定有误。①信用证的性质和种类有误。在国际贸易中，信用证一般是不可撤销的。例如，合同规定是不可撤销（Irrevocable）和保兑（Confirmed）信用证，而信用证却规定为可撤销（Revocable）和不保兑（Without Confirmation），明显不一致。②信用证到期日和到期地点的规定不符合合同或相关惯例。一般来说，信用证的到期日应为货物装运后15天或21天，到期地点一定要在出口商所在地，以便出口商及时交单。③信用证金额、币种、付款期限规定与合同不一致。④信用证未申明适用国际商会UCP600规则条文。信用证一般在最后申明适用惯例。例如，"This credit is subject to the Uniform Customs and Practice for Documentary Credits（2007 Revision），ICC Publication No.600."

（10）信用证软条款的审核。所谓信用证软条款，是指在不可撤销的信用证中加列的一种条款，结果使开证申请人实际上控制了整笔交易，受益人处于受制于人的地位，而信用证项下开证行的付款承诺不确定也不可靠，开证行可随时利用这种条款单方面解除其保证付款的责任。带有此种条款的信用证实质上是变相的可撤销信用证，极易造成单证不符而遭开证行拒付。这种条款在国际贸易跟单信用证业务中被称为软条款（Soft Clause），在我国有时也被称为"陷阱条款"

（Pitfall Clause）。例如，"The certificates of inspection would be issued and signed by authorized the applicant of L/C before shipment of cargo, which the signature will be inspected by issuing bank." 这就是典型的软条款，实际上使开证申请人控制了整笔交易。

3.实训材料

（1）销售合同条款

SALES CONTRACT

Contract No.：NSWD52022

The Seller：China National Cereals, Oils & Foodstuffs Import and Export Corporation

The Buyer：HongKong Food Company, Vancouver

Name of Commodity：Great Wall Brand Strawberry Jam

Specification：340 grams each tin

Quantity：50 000 tins

Unite Price：CAD 2.50 per tin CFRC 3% Vancouver

Total Amount：CAD 125 000 （SAY CANADIAN DOLLARS ONE HUNDRED AND TWENTY FIVE THOUSAND ONLY）

Shipment：Shipment from China port to Vancouver during Nov. 2022, partial shipment is allowed and transshipment is allowed.

Payment：Irrevocable L/C at sight, documents must be presented within 15 days after date of issuance of the bills of lading but within the validity of the credit.

（2）信用证

COMMERCIAL BANK OF VANCOUVER

TO：China National Cereals, Oils & Foodstuffs Import and Export Corporation Beijing, China

DATE：Oct.5, 2022

Advised through Bank of China, Beijing

NO.BOC18/10/05

IRREVOCABLE DOCUMENTARY LETTER OF CREDIT

Dear Sirs,

We open this by order of HongKong Food Company, Vancouver for a sum not exceeding CAD120 000 （say Canadian dollars one hundred and twenty thousand only） available by drafts drawn on us at sight accompanied by the following documents：

Full set of clean on board bill of lading made out to order and blank endorsed, marked "Freight Collect" dated not later than November 30, 2022 and notify applicant.

——Signed commercial invoice in quintuplicate.

——Canadian customs invoice in quintuplicate.

——Insurance policies（or certificates）in duplicate covering marine All Risks and War Risk subject to PICC date Jan.1，1981.

Evidencing shipment from China port to Montreal，Canada of the following goods：

50 000 tins of 430 grams of Great Wall Strawberry Jam，at CAD 2.50 per tin CFRC 3% Vancouver，details as per your S/C No.94/8712.

Partial shipment is allowed.

Transhipment is allowed.

This credit expires on November 30，2022 for negotiation in China.

It is subject to the Uniform Customs and Practice for Documentary Credit（2007 revision），International Chamber of Commerce Publication No.600.

4.实训操作

教师通过提问方式带领学生翻译英文合同与信用证，并找出信用证与合同不符之处。

该信用证与合同不符之处有以下六点：

（1）该信用证金额有误。合同金额为125 000加元，而信用证上为"for a sum not exceeding CAD120 000（SAY CANADIAN DOLLARS ONE HUNDRED AND TWENTY THOUSAND ONLY）"。

（2）运费有误。信用证上的运输单据注明"Freight Collect"（运费到付），这与合同条款有矛盾。合同是按CFR计价的，运费已包括在货价内，由卖方订舱并支付费用，所以卖方将货物交运时，即应预付运费，承运人在其所签发的提单中注明"Freight Prepaid"（运费已付）。

（3）不应该要求附保险单据。信用证上要求所附单据中有保险单，但这次交易是按CFR价成交的，卖方不负责保险，而且合同条款无保险要求，因此，信用证上增加保险显然不合理。

（4）目的港错误。信用证上的目的港是蒙特利尔（Montreal），而合同上的目的港是温哥华（Vancouver），两者显然不符。

（5）重量错误。合同表明"规格：340克听装"，而信用证上却说"430 grams"，两者不符。

（6）信用证到期日错误。信用证规定："This credit expires on November 30，2022 for negotiation in China"，但是合同条款规定"交单期为提单签发日后15天内，在信用证的有效期内"。在合同中已规定装运期为2022年11月，最后装运期应为2022年11月30日，因此，信用证到期日应为2022年12月15日。

5.实训练习

学生根据下面的销售合同审核信用证，将审核结果写在实训报告中，作为考核依据。教师在学生上交实训报告后，公布答案。

（1）销售合同（见表4-3）

表4-3 **销售合同样本**

销售合同
SALES CONTRACT

The Seller：SHANGHAI LIGHT ELECTRICAL APPLIANCES CO., LTD.	Contract No.：06WND26708
Address：No.299 NANJING WEST ROAD, SHANGHAI, CHINA	Date：APR.22，2022 Signed at：SHANGHAI Tel：021-70443556 Fax：021-70427756
The Buyer：S.D.R.CORP.	Tel：
Address：AKEDSANTERINK AUTO P.O.BOX.9, FINLAND	Fax：

This Sales Contract is made by and between the seller and the buyer, whereby the seller agrees to sell and the buyer agrees to buy the under-mentioned goods according to the terms and conditions stipulated below：

（1）品名及规格 Name of Commodity and Specifications	（2）数量 Quantity	（3）单位 Unitd	（4）单价 Unit Price	（5）金额 Amount
HALOGEN FITTING W500	4 800PCS	PC	CIF HELSINKI USD3.80/PC	USD18 240.00

10% more or less both in amount and quantity are allowed.

Total Amount：USD18 240.00（SAY US DOLLARS EIGHTEEN THOUSAND TWO HUNDRED AND FORTY ONLY）

（6）Packing： in cartons of 40 pcs each

（7）Delivery from SHANGHAI to HELSINKI

（8）Shipping Marks：N/M

（9）Time of Shipment： Within 30 days after receipt of L/C allowing transhipment and partial shipment.

（10）Terms of Payment： By 100% Confirmed Irrevocable Letter of Credit in favor of the seller to be available by sight draft to be opened and to reach China before May 1， 2022 and to remain valid for negotiation in China until the 15th day after the Time of Shipment. L/C must mention this contract number， L/C is advised by Bank of China Shanghai Branch. Telex： 444U4K SHBC.CN. All banking charges outside China （the mainland of China） are for account of the drawee.

（11）Insurance： To be effected by the seller for 110% of full invoice value covering FPA up to HELSINKI.

（12）Arbitration： All disputes arising from the execution of or in connection with this contract shall be settled amicably by negotiation. In case no settlement can be reached through negotiation， the case shall then be submitted to China International Economic & Trade Arbitration Commission. In Beijing （or in Shenzhen） for arbitration in act with its sure of procedures. The arbitral award is final and binding upon both parties for setting the dispute. The fee， for arbitration shall be borne by the losing party unless otherwise awarded.

The Seller：张明 The Buyer：Meacle

（2）信用证

Issue of Documentary Credit

Issuing Bank： METITABANKLTD.， FINLAND.

Doc. Credit NO.： IRREVOCABLE

Credit Number： LRT0602457

Date of Issue： 220315

Expiry Date： 220515

Expiry Place： FINLAND

Applicant： S.D.R.CORP.

　　　　　　AKEDSANTERINK AUTO P.O.BOX.9， FINLAND

Beneficiary： SHANGHAI LIGHT ELECTRICAL APPLIANCES CO.， LTD.

　　　　　　NO.299 NANJING WEST ROAD， SHANGHAI， CHINA

Amount： USD 18 240.00 （SAY U.S.DOLLARS EIGHTEEN THOUSAND TWO

　　　　　HUNDRED AND FORTY ONLY）

Available with/by： ANY BANK IN ADVISING COUNTRY BY NEGOTIATION

Draft at： DRAFTS AT 20 DAYS' SIGHT FOR FULL INVOICE VALUE

Partial Shipments： NOT ALLOWED

Transshipment： ALLOWED

Loading in Charge： SHANGHAI

For Transport to： HELSINKI

Shipment Period： NOT LATER THAN MAY 30， 2022

Description of Goods： 480PCS OF HALOGEN FITTING W500， USD6.80 PER PC

　　　　　　　　AS PER SALES CONTRACT 06WN26708

Documents required：

* COMMERCIAL INVOICE 1 SIGNED ORIGINAL AND 5 COPIES

* PACKING LIST IN 2 COPIES

* FULL SET OF CLEAN ON BOARD MARINE BILLS OF LADING， MADE OUT
  TO ORDER， MARKED "FREIGHT PREPAID" AND NOTIFY APPLICANT （AS
  INDICATE ABOVE）.

* INSURANCE POLICY / CERTIFICATE COVERING ALL RISKS AND WAR
  RISK OF PICC INCLUDING WAREHOUSE TO WAREHOUSE CLAUSE UP
  TO FINAL DESTINATION AT HELSINKI， FOR AT LEAST 120 PCT OF CIF
  VALUE.

* SHIPPING ADVICES MUST BE SENT TO APPLICANT WITHIN 2 DAYS AFTER
  SHIPMENT ADVISING NUMBER OF PACKAGES， GROSS & NET WEIGHT，
  VESSEL NAME， BILL OF LADING NO. AND DATE， CONTRACT NO.，
  VALUE.

Presentation Period：6 DAYS AFTER ISSUANCE DATE OF SHIPPING DOCUMENT.

Confirmation：WITHOUT

Instructions：THE NEGOTIATION BANK MUST FORWARD THE DRAFTS AND ALL DOCUMENTS BY REGISTERED AIRMAIL DIRECT TO US IN TWO CONSECUTIVE LOTS，UPON RECEIPT OF THE DRAFTS AND DOCUMENTS IN ORDER，WE WILL REMIT THE PROCEEDS AS INSTRUCTED BY THE NEGOTIATING BANK.

6.实训讨论

在根据合同审核完信用证后，组织学生就审核过程中遇到的问题进行集体讨论，由有问题的同学提出问题，然后按实训前准备时划分的小组进行分组讨论，讨论后每个小组提出自己的意见，最后由教师进行讲解并总结。

7.提交实训报告

每个学生于下次课提交一份实训报告，报告中要求写出报告的目的、审核信用证的要点及注意事项（后面附上根据实训的资料审核信用证的结果）、此次课的心得体会。

（三）实训三：修改信用证

1.实训前的准备

（1）对学生进行分组，6人一组。

（2）根据教师课前安排，各自持所需资料。

2.实训指导

教师讲解关于信用证修改的几个问题。

（1）修改注意事项：尽可能一次性明确提出修改的内容，避免或减少往返改证，以免延误时间。

（2）修改方式：卖方向买方出具规范的改证函。改证函的内容包括：

①感谢对方开来的信用证。

E.g. Thank you for your L/C No.AB1234 issued by Federal Commercial Bank，Los Angeles Branch dated Apr.20，2022.

We are very pleased to receive your L/C No.AB1234 issued by Federal Commercial Bank，Los Angeles Branch dated Apr.20，2022.

②列明不符点并说明如何修改。

E.g. However，we are sorry to find it contains the following discrepancies.

But the following points are in discrepancies with the stipulations of our S/C No.1234.

The expiry date should be July 25，2022 instead of July 15，2022.

③感谢对方的合作，并希望信用证修改书早日开立。

E.g. Thank you for your kind cooperation. Please see to it that the L/C amendments reach us within next week. Otherwise we cannot effect punctual shipment.

（3）改证路线：开证人（买方）填写信用证修改申请书（见表4-4），向开证行提出修改意见。开证行依据开证步骤开出信用证修改书，由通知行交受益人。

表4-4　　　　　　　　　　信用证修改申请书样本

APPLICATION FOR AMENDMENT TO LETTER OF CREDIT
信用证修改申请书

No.of Credit Facility:　　　　　　　　　　　　　　　　Date:

授信额度编号：　　　　　　　　　　　　　　　　　　日期：

To:　China Merchants Bank_____Branch（Sub-Branch）

致：招商银行_____分（支）行

L/C No.: _____　　　　　　　　　　　　　　Amount: _____

信用证号码: _____　　　　　　　　　　　　金额: _____

Amendment No.: _____

修改次数（银行填写）: _____

　　Please amend the above L/C by Swift/Telex as follows（marked with（x））:

　　请以Swift/电传方式修改上述信用证如下（注有（x）部分）:

（　）Shipment date is extended to_____.

（　）Expiry date is extended to_____.

（　）Increasing credit amount by_____to_____.

Others:

（　）_____.

　　All other terms and conditions remain unchanged.

其余条款不变。

Charges and fees if any,　are for our a/c No._____.

修改之手续费及电信费用请从我司_____账号扣付。

Stamp and signature（s）of the applicant:

申请人签章：

银行审查意见：

经办：　　　　　　　　复核：　　　　　　　　授权：

3.实训材料

请根据上海粮油进出口公司审证的意见（见表4-5），给国外进口方"ABC Company Limited 35-36 Street London U.K."拟写改证函一份。

表4-5　　　　　　　　　　　　　　　　审证意见样本

SHANGHAI CEREALS AND OILS IMP.& EXP.CORP.

18th Flr.Huayuan Building,

677 Yanan West Road,　Shanghai,　China

Tel：（008621）58818850　Fax：（008621）58899655

审证意见

信用证号码：H982/M056378

合同号码：HY88CLM98

开证行：英国米兰银行（Midland Bank Ltd.）

申请人：ABC Company Ltd.

审证结果：

1.信用证大小写金额不一致，大写金额错误，合同金额是USD 500 000。

2.汇票付款期限为见票后60天（付款），与合同规定的即期付款不符。

3.合同规定允许分批装运和转船，而信用证中却禁止分批装运和转船。

4.保险加成合同规定为110%，而信用证中却规定为150%。

5.信用证中要求运输单据签发后5天内交单议付，交单日太紧，建议改为15天。

6.信用证中没有写明受"UCP600"条款约束的字句，建议加上。

4.实训操作

改证函拟写见表4-6。

表4-6　　　　　　　　　　　　　　　　改证函

SHANGHAI CEREALS AND OILS IMP. & EXP. CORP.

18th Flr.Huayuan Building,

677 Yanan West Road,　Shanghai,　China

Tel：（008621）58818850　Fax：（008621）58899655

To：ABC Company Ltd.

FM.：SHANGHAI CEREALS AND OILS IMP. & EXP. CORP.

DT.：Aug.8, 2022

Dear Sir or Madam，

　Thank you for your L/C No.H982/M056378 issued by the Midland Bank Ltd., which arrived here yesterday.

　We regretfully find that certain points are not in conformity with the terms stipulated in the contract. The discrepancies are as follows：

1.The amount in words is different from that in figure.

2.The draft is paid at sight instead of at 60 days after sight.

3.Partial shipments and transshipment are allowed in contract, which are prohibited in the L/C.

4.Goods should be insured for 110% of the invoice value, not 150%.

5.Documents should be presented for negotiation within 15 days after issuance of shipping documents instead of "within 5 days".

6.The sentence that the L/C should be subject to UCP600 should be added.

　As the goods are now ready for shipment, you are kindly requested to amend the L/C as soon as possible.

Yours faithfully,

SHANGHAI CEREALS AND OILS IMP. & EXP. CORP.

×××

5. 实训练习

背景资料：

上海进出口贸易公司（地址：上海市中山东一路1221号，电话021-56565668）

今天我去广州出差，下周一回来。NALABILU BANK HONGKONG BRANCH 开来的信用证 NO.MBO953 我已审核过，问题如下：

（1）按合同规定应为空运，但信用证却要求提交海运提单。

（2）来证要求提交厂商证明，但芒果是农产品，不可能有。

（3）信用证中禁止分批装运，应允许分批装运。

（4）初次交易，但信用证未按合同要求由一流银行加保。

请替我给 FULI TRADING CO., LTD.写封信，要求改证。谢谢！

写信人：王艳　写信时间：2022年7月22日

学生根据上述要求，参考前面的例子，独立拟写改证函。

6. 实训讨论

在学生写完改证函后，组织学生就拟写过程中遇到的问题进行集体讨论，由有问题的同学提出问题，然后按实训前准备时划分的小组进行分组讨论，讨论后每个小组提出自己的意见，最后由教师进行讲解并给出参考信函。

7. 提交实训报告

每个学生于下次课提交一份实训报告，报告中要求写出报告的目的，信用证修改的注意事项（后面附上根据实训训练的资料所拟写的改证函），以及此次课的心得体会。

六、实训考核方法

本模块的主要内容是练习信用证的开立、审核与修改，因此，主要通过学生对这三方面实训内容的掌握程度来对其进行考核，以优秀、良好、中等、及格、不及格来评定其成绩。参考标准如下：

1. 优秀：实训前对信用证方面的知识熟练掌握，完全能看懂英文单证，在课堂提问等环节中积极主动，对于开证申请书的填写、信用证的审核与修改三个内容都能较好理解，能出色地完成实训任务，完全符合实训要求。

2. 良好：实训前对信用证方面的知识掌握程度较好，基本能看懂英文单证，在课堂提问等环节中比较积极主动，对开证申请书的填写、信用证的审核与修改三个内容基本能理解，错误较少，能够完成实训任务，符合实训要求。

3. 中等：实训前对信用证方面的知识掌握程度一般，能独立看懂英文单证的大部分内容，在课堂提问等环节中不够积极主动，在开证申请书的填写、信用证的审核与修改三个实训任务的完成中有一些错误，基本符合实训要求。

4.及格：实训前对信用证方面的知识掌握程度较差，在教师指导下能勉强看懂英文单证，在课堂提问等环节中不积极主动，在开证申请书的填写、信用证的审核与修改三个实训任务的完成中错误较多，勉强符合实训要求。

5.不及格：学生不胜任实训任务或者对实训任务不参与、不配合。

七、实训拓展与提高

1.根据下面所给合同缮制开证申请书。

2.根据所给合同审核信用证，并根据审核结果写一份改证函。

3.将下面的英文信用证翻译成中文。

SHANGHAI LIGHT INDUSTRIAL PRODUCTS IMPORT AND EXPORT CORPORATION

SALES CONFIRMATION

128 HUQIU ROAD SHANGHAI，CHINA

TELE.：86-21-23140568

FAX：86-21-25467832

TO：CONSOLIDATORS LIMITED　　　　　　NO.：PLW253

RM.13001-13007E，13/F，　　　　　　　　DATE：SEP.15，2022

ASUA TERMINALS CENTER B.

BERTH 3，KWAI CHUNG，N.T.，HONGKONG

P.O.Box 531 HONGKONG

We hereby confirm having sold to you the following goods on terms and conditions as stated below.

NAME OF COMMODITY：Butterfly Brand Sewing Machine

SPECIFICATION：JA-115 3 Drawers Folding Cover

PACKING：Packed in wooden cases of one set each

QUANTITY：Total 5 500 sets

UNIT PRICE：USD 64.00 per set CIFC3% HongKong

TOTAL AMOUNT：USD 352 000.00

（SAY U.S. DOLLARS THREE HUNDRED AND FIFTY TWO THOUSAND ONLY）

SHIPMENT：During Oct./Nov. 2022 from Shanghai to HongKong，with partial shipments and transshipment permitted.

INSURANCE：To be covered by the seller for 110% of total invoice value against All Risks and War Risk as per the relevant ocean marine cargo clauses of the People's

Insurance Company of China dated January 1，2009.

PAYMENT：The buyer should open through a bank acceptable to the seller an Irrevocable Letter of Credit at 30 days after sight to reach the seller 30 days before the month of shipment valid for negotiation in China until the 15th day after the date of shipment.

REMARKS：Please sign and return one copy for our file.

The Buyer:　　　　　　　　　　The Seller：

CONSOLIDATORS LIMITED

SHANGHAI LIGHT INDUSTRIAL PRODUCTS
IMPORT & EXPORT CORPORATION
信 用 证

信 用 证

HONGKONG & SHANGHAI BANKING CORPORATION

QUEEN'S ROAD CENTERAL，P.O.BOX 64，HONGKONG

TEL.：822-1111　FAX：810-1112

Advised through：Bank of China,　　　NO.：CN3099/714

　　　　　　Shanghai Branch　　　DATE：Oct.2，2022

To：SHANGHAI LIGHT INDUSTRIAL PRODUCTS IMPORT & EXPORT CORP.

　　128 HUQIU ROAD，SHANGHAI，CHINA

Dear Sirs,

We are pleased to advise that for account of Consolidators Limited，Hongkong， we hereby open our L/C No.CN3099/714 in your favour for a sum not exceeding about USD 330 000.00 （SAY U. S. DOLLARS THREE HUNDRED AND THIRTY THOUSAND ONLY） available by your drafts on HSBC at 30 days after date accompanied by the following documents：

1.Signed commercial invoice in 6 copies.

2.Packing list in quadruplicate.

3.Full set of （3/3） clean on board Bs/L issued to our order notify the above mentioned buyer and marked "Freight Collect" dated not later than October 31， 2022. From Shanghai to Hongkong， partial shipments are not permitted and transshipment is not permitted.

4.Insurance policy in 2 copies covering CIC for 150% invoice value against All Risks and War Risk as per the relevant ocean marine cargo clauses of the People's Insurance Company of China dated January 1st，2009.

5.Certificate of Origin is issued by China Council for the Promotion of International Trade.

DESCRIPTION OF GOODS：5 500 sets Sewing Machine Art.No.JA-115 packed in wooden cases or cartons each at USD 64.00 CIF Hongkong.

Drafts drawn under this credit must be marked "drawn under HSBC, Hongkong," bearing the number and date of this credit.

We undertake to honour all the drafts drawn in compliance with the terms of this credit if such drafts to be presented at our counter on or before Oct.31st, 2022.

SPECIAL INSTRUCTIONS:

(1) Shipment advice to be sent by telefax to the applicant immediately after the shipment stating our L/C No., shipping mark, name of the vessel, goods description and amount as well as the bill of lading No. and date. A copy of such advice must accompany the original documents presented for negotiation.

(2) The negotiating bank is kindly requested to forward all documents to us (HONGKONG & SHANGHAI BANKING CORPORATION QUEEN'S ROAD CENTERAL, P.O.BOX 64, HONGKONG) in one lot by airmail.

It is subject to the Uniform Customs and Practice for Documentary Credits (2007) Revision, International Chamber of Commerce Publication No.600.

Yours faithfully,

For HONGKONG & SHANGHAI BANKING CORPORATION

资料来源：吴国新，李元旭. 国际贸易单证实务学习指导书［M］. 北京：清华大学出版社，2006.

模块五　出口备货

一、实训目的

本模块实训的主要目的是让学生了解出口备货业务的基本流程；掌握出口备货的要求；熟悉出口商品整装备货通知单、国内购销合同、信用证分析单和货物出仓申请单等相关合同和单据的内容，掌握上述合同和单据填写的方法和技巧。

二、理论知识点

（一）出口备货的含义

备货一般指订货、采购和国内的仓储运输工作。出口备货是指出口商根据合同和信用证规定的品质、规格、数量、包装等条件准备好货物，以便按质、按量、按时完成交货的任务。通常情况下，当货物买卖合同订立后，出口商就应该依照合同规定着手准备货物的生产或加工，以便按照装运期的规定交货。但若对进口商的资信有疑虑，担心进口商虽签约却不按时开立信用证，出口商一般会在收到信用证经审核与合同相符并接受信用证之后，才开始备货。

（二）出口备货的方式

目前，在我国取得外贸经营权的企业有两种：一种是生产型外贸企业，即出口商本身就是厂商，它们的备货是由出口部门向生产加工及仓储部门下达整装备货通知单（有些公司称其为加工通知单或信用证分析单等），要求有关部门按整装备货通知单的要求，对应交的货物进行清点、加工整理、刷制运输标志以及办理申报检验和领证等项工作。另一种是贸易型外贸企业，即出口商本身不是厂商，由于该企业没有固定的生产加工部门，它们的备货方式是向国内有关生产企业联系货源，订立国内采购合同。对外贸企业来讲，国内购销合同是它与国内生产厂家之间订立权利义务关系的法律文件，是完成和落实货物出口合同的基础和证明。

无论是哪一种企业，有关部门都要以整装备货通知单或国内的购销合同为依据，对应交的货物进行清点、加工整理、刷制运输标志以及办理申请报验和领证等工作。此时，整装备货通知单是国内进出口公司内部之间或其与生产厂家之间进行制单结汇的依据。

出口商在选择国内生产企业时，应做到以下几点：（1）工厂应尽可能靠近装运地（港）；（2）生产或技术先进，确保货物品质；（3）货物的价格具有竞争力；（4）交货及时；（5）资信程度较高；（6）能够提供样品和优质的售后服务；（7）能够与出口商保持较好的合作关系。

（三）出口备货的主要业务环节（如图5-1所示）

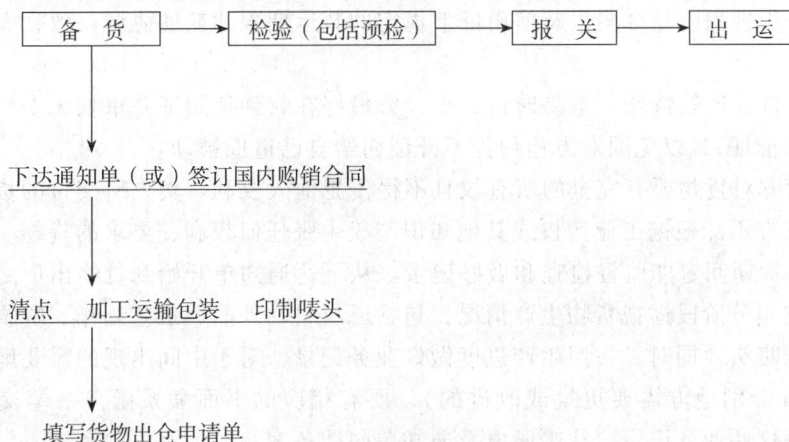

| 备　货 | → | 检验（包括预检） | → | 报　关 | → | 出　运 |

下达通知单（或）签订国内购销合同

清点　　加工运输包装　　印制唛头

填写货物出仓申请单

图5-1　出口备货业务环节

1.由出口部门向本企业生产部门下达整装备货通知单或贸易公司同国内生产企业签订国内购销合同。

2.核实应收货物的数量，按照合同或信用证的规定，进行加工运输包装及印制唛头（运输标志），合同未规定或客户对此无要求的，则由出口方自行选择适宜的包装及唛头的式样。自行选定的运输标志一般包括收（发）货人名称的缩写、目的港、件号等内容。运输标志（唛头）如图5-2所示。

3.填写货物出仓申请单，如有需要可办理预检。

（四）出口备货的总体要求

1.货物的品质、规格及花色搭配应与合同规定完全一致。

2.备货的数量应比合同规定的稍多，以便在装运发现货物短缺或损坏时能及时补充或更换，从而避免少装现象。

3.应交货物的包装材料、包装方法等应尽量与合同规定一致。

4.货物的唛头应与合同或信用证中的规定完全一致，而且要做到字迹和图案清晰、位置醒目、大小适当。

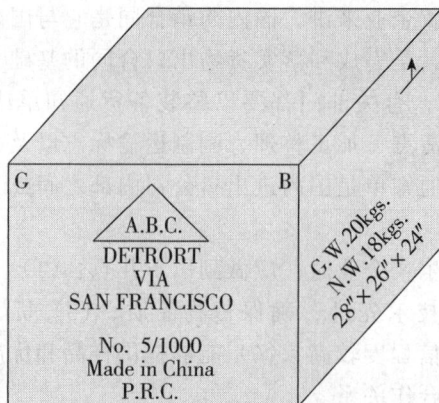

图 5-2 运输标志（唛头）

5.备货进程应与合同以及信用证上规定的装运期限和船期协调一致，做好船货衔接。

6.若货物比较特殊，不易转售，出口方最好在收到信用证并审核无误后再开始备货（即催证），以免因对方违约拒不开证而给自己造成被动。

7.卖方对货物要有完全的所有权且不得侵犯他人权利。卖方所交付的货物，必须是第三方不能根据工业产权或其他知识产权主张任何权利、要求的货物。

8.备货期间定期监督检查和做好记录。从下达通知单开始到货物出厂之前，业务人员应当分阶段巡视货物生产情况，包括原材料的外购、工艺制作、货物打包入库及刷制唛头。同时，按照生产进度做好业务记录，对于中间出现的需要解决的问题（如有个别地方需要更换或改进的），要有相应的书面联系函。一笔交易结束后，要把这些业务记录、往来函电及通知单归档备案。

三、实训所需条件

（一）实训学时

2课时/30人。

（二）实训地点

多媒体教室。

（三）实训所需材料

准备空白的整装备货通知单、货物出仓申请单、国内购销合同、加工合同等单据及合同（见附录），根据实训材料填写，随实训报告上交。

四、实训内容与要求

　　要求学生熟悉出口备货的环节及其需注意的相关问题，读懂整装备货通知单、货物出仓申请单、信用证分析单、国内购销合同等单据及合同的内容，掌握填写的注意事项，能够依据合同和信用证的有关内容，填制国内购销合同、加工合同、信用证分析单和货物出仓申请单。

五、实训步骤

　　（一）实训前的准备
　　1.对学生进行分组，6人一组，分别模拟青岛圣亚达环保技术有限公司业务员、上海诚信进出口有限公司业务员。
　　2.各自持所需资料和空白单据，如国内购销合同、加工合同等。
　　（二）实训指导
　　教师组织学生观看屏幕上的整装备货通知单、货物出仓申请单、信用证分析单、国内购销合同等单据和合同的样本，并讲解填制的具体要求。
　　1.国内购销合同样本（见表5-1）
　　2.国内购销合同的内容
　　国内购销合同一般包括下列内容（具体参见样本）：
　　①采购商（进口方）传真号码。
　　②购销合同签订日期。
　　③采购商（进口方）电话号码。
　　④购销合同号码。
　　⑤供货厂商名称。
　　⑥供货厂商地址。
　　⑦供货厂商电话号码。
　　⑧货物名称必须与买卖合同或信用证中的品名一致，最好同时使用中英文表示。
　　⑨货物规格必须清楚、准确地表明，并与买卖合同或信用证严格相符，必要时可用附件表明。

表 5-1   购销合同样本

ABC IMP.& EXP.Trading Co., Ltd.

（ABC进出口贸易有限公司）

购销合同

Fax No.： ①   Date： ②

Tel No.： ③   No.： ④

供货厂商： ⑤

地址： ⑥

电话： ⑦

兹向贵公司订购下列产品，并按以下条款接受：

（1）品名： ⑧

（2）规格： ⑨

（3）数量： ⑩

（4）单价： ⑪

（5）总价： ⑫

（6）包装： ⑬

（7）唛头： ⑭

<HRK>

N.W.20kgs

Seattle   G.W.22kgs

No.1-up   28″×24″×23″

Made in China

P.R.C

（8）交货期： ⑮

（9）交货地： ⑯

（10）检验检疫： ⑰

（11）延期交货： ⑱

（12）知识产权： ⑲

（13）付款： ⑳

供货厂商：XYZ有限公司

采购方：ABC IMP.& EXP.Trading Co., Ltd.（ABC进出口贸易有限公司）

⑩详细规定订购货物的数量及单位。

⑪单价与总价一般用人民币表示。

⑫依据进口商的要求或适合于运输方式的要求对货物予以合理包装。

⑬按照买卖合同或信用证规定刷唛。进口商无要求的，出口商可自定唛头。

⑭出口商应根据买卖合同或信用证规定的装运期来确定供货厂商的交货期。供货厂商一般应提前10天左右向出口商交货，以便出口商安排出口装运，以及在装运前检验货物。

⑮若出口商使用集装箱运输，应订明集装箱堆场或货运站的具体地点；若使用非集装箱运输，则应订明交货地点或港口。

⑯出口国强制检验或进口商要求在出口前检验或指定检验机构的，出口商应与供货商事先约定，按上述要求进行出口前检验检疫。

⑰对延期交货的处理规定。

⑱双方应就货物所涉及的商标、专利等知识产权问题做出规定。

⑲出口商向供货商支付购货款的方式取决于双方之间的关系及信用状况。出口商可以先支付若干定金，余额在押汇后一次付清，或不先支付定金而在押汇后付清全部货款等。

⑳填供货厂商的全称、经办人的亲笔签名。

㉑填采购商的全称、经办人的亲笔签名。

㉒购销合同一般一式两份，出口商和供货厂商各执一份，在中国使用中文订立即可。

3.出口商品整装备货通知单的样本（见表5-2）

表5-2　　　　　　　　　　整装备货通知单

出口国别/地区：

合同号：　　年　　月　　日第　　号

商品名称	规格	数量

整装要求	包装	唛头	注意事项	
			信用证号码	
			装运期	
			有效期	
			装运港	
			目的港	

整装结果	件数		毛重	净重	体积
		每件			
		总计			

备注	

4.填制整装备货通知单的具体要求

整装备货通知单是各个部门进行备货、出运、制单结汇的共同依据。此类单据在缮制时要与原合同相符，用中文填写，并且清楚、完整。整装备货通知单一般包括下列内容：

（1）产品名称、货号、规格、数量和价格。

（2）质量标准及验收方法。

（3）包装标准及费用负担。

（4）交货期限、交货方式、交货地点。

（5）运输方法、运输负担。

（6）结算方式及日期。

（7）供需双方的违约责任。

5.信用证分析单样本（见表5-3）

表5-3　　　　　　　　　　　**信用证分析单**

日期：　　　　　　　　　　　年　月　日

合同编号：	订单编号：
信用证号：	开证金额：
价格形式：	收汇方式：
装运港口：	目的港口：
可否分批：	可否转船：
合同险别：	信用证险别：
开证/收到日期：	装船/有效日期：
开证银行名称：	
提单抬头人名称：	
提单通知人名称：	
提单通知人地址：	
提单份数：	发票份数：
保险单份数：	装箱单份数：
产地证份数：	
特殊条款：	

主管业务员：　　　　　储运审核员：　　　　　财务审核员：

6.信用证分析单的填写

信用证分析单是用表格形式分析信用证的内容的工作单。为了加快信用证在出口企业内部的流转速度，供有关部门和人员备货、出运、收证、制单、统计等，信用证的内容，如开证人、开证行、开证日期、受益人、汇票要求及期限、单据种类及份数、商品描述、包装、运输条款、起运地、目的地、分批、转船、装运期、信用证有效期及其他条款和事项，应分门别类地列成表格进行分析，便于分发给有关部门和人员使用。

缮制信用证分析单较为费时，既要将信用证的内容体现在分析单上，又不能遗漏任何的细节和错漏任何一个字。信用证分析单的流转是信用证在出口企业内部流转的方法之一，目前在我国各出口企业中，一般都根据企业内部的组织分工来选择信用证流转方法。信用证原本的流转不便于不同部门人员同时查阅和使用且容易丢失，信用证复印本的流转虽比较方便，但有关部门人员查阅时不够清晰，而信用证分析单的流转在应用上较为便利。

7.货物出仓申请单的样本（见表5-4）

表5-4　　　　　　　　　　　货物出仓申请单

制单日期：　　　　　　　　　　　　　　　合同号：

交付方式及期限：　　　　　　　　　　　　提单号：

证号及期限：　　　　　　　　　　　　　　发票号：

	承购商		电话		
	地址				
	代理商		交货条件		
	地址				
提单	抬头人	装船期　年　月　日	国别	（中文）
		结汇期　年　月　日		（英文）
	通知人	可否分批	目的港	（中文）
		可否转船		（英文）

品名	规格	花色	件数	重量	尺码明细	计价数量	单价	总值	进仓单号
备注					货物存放地点				

科长：　　　审核员：　　　保管员：　　　核算员：　　　业务员：

8.货物出仓申请单的填写

货物在运输前必须办理出仓手续，填写货物出仓申请单。

（三）实训材料

2022年6月30日，马来西亚的PROWELD TRADING AND SERVICES与上海诚

信进出口有限公司签订了购买 CHJ-NXB 型内关节吸气臂 1 000 个和 CHJ-YCB 型内关节吸气臂 1 000 个的合同，具体包括内关节吸气臂式样、具体尺寸、希望交货期等（此客户为长期合作客户）。上海诚信进出口有限公司是一家自己没有生产加工实体的外贸公司，主要通过与国内生产企业签订购销合同落实备货。在收到信用证并经审核无误后，上海诚信进出口有限公司业务员通过对原材料市场进行调查，并根据客户规定的内关节吸气臂型号、规格等质量标准，选择合适的内关节吸气臂供应商，保证出口产品按时按质顺利完工。通过对多家供应商的价格、品质等方面进行分析、比较，最终选定青岛圣亚达环保技术有限公司为其内关节吸气臂的供应商，并与其在 2022 年 6 月 30 日签订采购合同。

其具体资料如下：

甲方：上海诚信进出口有限公司

上海市宜山路 2016 号合川大厦 3 楼 A 座

TEL：021-6210 3075　FAX：021-6210 3075

乙方：青岛圣亚达环保技术有限公司

青岛市市北区延吉路 66 号

TEL：0532-21657653

加工合同号：SQ0322

合同日期：2022 年 6 月 30 日

加工货名：CHJ-NXB 型内关节吸气臂和 CHJ-YCB 型内关节吸气臂

加工数量：各 1 000 个

包装：每 1 件装一个纸箱，加工费为每个 500 元，甲方结汇后 45 天向乙方支付全部加工费

单耗：按具体尺寸，备损率为 10%

原料交付日期：甲方在 2022 年 7 月 15 日前向乙方提供原料，并负责运至青岛港交付

产品交付日期：2022 年 10 月 10 日前乙方将加工后的成品共 2 000 个运至上海港口甲方指定的仓库

原料货名：PVC 钢丝风管

单价：100 元/米

交货日期：2022 年 7 月 15 日

交货地点：青岛港

包装条件：卷筒包装

付款方式：交货后 1 个月凭增值税发票付款

不合格产品处理：另议

（四）实训操作

以上海诚信进出口有限公司业务员的身份，根据上述资料的有关内容，分别拟订一份内关节吸气臂合同（见表 5-5）和一份原材料采购合同（见表 5-6）。

表5-5 加工合同样本

上海诚信进出口公司
加工合同

	合同编号：SQ0322
甲方：上海诚信进出口有限公司	乙方：青岛圣亚达环保技术有限公司
地址：上海市宜山路2016号合川大厦3楼A座	地址：青岛市市北区延吉路66号
电话：021-6210 3075	电话：0532-21657653

双方为开展来料加工业务，经友好协商，特订立本合同。

第一条 加工内容

甲方向乙方提供加工CHJ-NXB型内关节吸气臂和CHJ-YCB型内关节吸气臂所需的原材料，乙方将甲方提供的原材料加工成成品后交付甲方。

第二条 交货

甲方在2022年7月15日前向乙方提供10 000米原材料，并负责运至青岛港交付乙方；乙方在2022年10月10日前将加工后的成品2 000套运至上海港港口交付甲方。

第三条 来料数量与质量

甲方提供的原材料须含10%的备损率，并符合工艺单的规格标准。如甲方未能按时、按质、按量提供乙方所需的原材料，乙方除对无法履行本合同不负责任外，还有权向甲方索取停工待料的损失。

第四条 加工数量与质量

若乙方未能按时、按质、按量交付加工产品，应赔偿甲方所受的损失。

第五条 加工费与付款方式

乙方为甲方进行加工的费用，每套人民币500元。甲方结汇后45天向乙方支付全部加工费。

第六条 运输

乙方将成品运至甲方指定的地点，运费由甲方负责。

第七条 不可抗力

由战争或严重的自然灾害或双方同意的其他不可抗力引起的事故，致使一方不能履约时，该方应尽快将事故通知对方，并与对方协商延长履行合同的期限。由此而引起的损失，对方不得提出赔偿要求。

第八条 本合同在执行期间，如发生争议，双方应友好协商解决。如未能协商解决，提请大连市仲裁机构进行仲裁。

第九条 合同有效期

本合同自签订之日起生效。本合同正本一式两份，甲乙双方各执一份。

本合同如有未尽事宜，或遇特殊情况需要补充、变更内容，需经双方协商一致。

甲方（盖章）：上海诚信进出口有限公司	乙方（盖章）：青岛圣亚达环保技术有限公司
授权代表（签字）：	授权代表（签字）：
日期：2022年6月30日	日期：2022年6月30日

表 5-6　　　　　　　　　　　　采购合同样本

上海诚信进出口有限公司

采购合同

合同编号：

供应商：

请供应以下产品：

型号	品名、规格	单位	数量	单价	金额	备注
	PVC钢丝风管	米	10 000	100元	1 000 000元	以实际米数结算
合计	壹佰万元整					

1. 交货日期：2022年7月15日以前一次交清。

2. 交货地点：青岛港。

3. 包装条件：卷筒包装。

4. 付款方式：交货后1个月凭增值税发票付款。

5. 不合格产品处理：另议。

6. 如因交货误期、规格不符、质量不符合要求造成本公司的损失，供应商负赔偿责任。

7. 如供应商未能按期交货，必须赔偿本公司因此蒙受的一切损失。

8. 其他。

采购单位：（盖章）上海诚信进出口有限公司	供应商：（盖章）烟台管材厂
日期：2022年7月2日	日期：2022年7月2日

（五）实训练习

请以大连华美进出口公司业务员王宏的身份和供货方大连依依丝绸服饰公司业务员韩夕婷的身份，根据以下材料拟写一份国内购销合同。材料如下：

1. 合同所需信息

（1）买卖双方情况

买方：大连华美进出口公司

电话：0411-88378645

传真：0411-88378646

地址：大连市人民路32号海湾大厦

邮政编码：116022

卖方：大连依依丝绸服饰公司

电话：0411-88678645

传真：0411-88678646

地址：大连市经济技术开发区淮海路123号

邮政编码：116600

（2）商品名称：男士领带3 000条，单价：60元/条；女士丝巾2 000条，单价：65元/条；宝石蓝时装腰带600条，单价：150元/条

（3）增值税税率：13%

（4）外销合同号：SC040442

（5）合同编号：SC0876

（6）合同签订日期：2022年12月12日

（7）付款方式：支票或本票。买方在收到卖方增值税发票5个工作日内支付

（8）交货地点：买方指定仓库

（9）产品交付日期：卖方在2023年2月4日一次性交货

（10）其他要求：品质参考外商方面认可的标准，包装参考外商要求的外销包装，卖方需在交货前及时通知买方

2.合同格式（见表5-7）

表5-7 　　　　　　　　　**大连华美进出口公司购销合同**

大连华美进口公司

购销合同

供方单位：				合同编号：		
单位地址：				合同签订日期：		
邮编：				外销合同：		
联系人：						
电话：						
品名及代码	数量、单位		单价	税率	货价	总价
合　计						

付款方式：

交货地点：

交货日期：

其他要求：

合同条款

一、本合同内容未经买方同意不得修改，如自行修改未经双方签章确认仍属无效。

二、本合同具有法律效力，签约双方均须严格遵守，如有一方违约造成对方损失应负责赔偿。

三、本合同如遇国外特殊情况不能履行，买方提出终止本合同，卖方应予谅解。

四、本合同在执行过程中，如遇政府法令变化，随政府法令规定而协商变更。

五、卖方必须按照合同规定、外商方面认可的质量交货，如出口后外商提出质量不符合要求，双方要协商解决。

六、卖方必须按照合同规定的时间交货，如延期迟交造成买方损失，卖方应负赔偿的责任。

七、如果本产品为法定检验的出口产品，卖方交货时必须向买方提供有关商检部门签发的出口商品检验证书。

八、卖方在货物出运后，必须按买方要求开具与实际出口货物相符的增值税发票。

九、本合同签约地为中国大连。

十、本合同正本共两页，一式两份，买卖双方各执一份。

续表

买方签章：	卖方签章：
电话：	电话：
传真：	传真：
地址：	地址：
邮政编码：	邮政编码：
业务代表：	业务代表：

（六）实训讨论

教师在国内购销合同填制完成后，组织学生就填写过程中遇到的问题进行集体讨论，由有问题的同学提出问题，然后按实训前准备时划分的小组进行分组讨论，讨论后每个小组提出自己的意见，最后由教师进行讲解并总结。

（七）提交实训报告

每个学生于下次课提交一份实训报告，报告中要求写出报告的目的、在国际贸易中出口备货的流程、国内购销合同的填法及注意事项（后面附上根据实训资料所填制的国内购销合同）以及此次课的心得体会。

六、实训考核方法

本模块的主要内容是各项业务的模拟操作，因此主要通过学生现场表现出来的职业性对其进行考核，以优秀、良好、中等、及格、不及格来评定成绩。其参考标准如下：

1.优秀：学生表现出的应变能力很强，操作熟练，能出色地完成实训任务，课堂讨论积极。

2.良好：学生表现出一定的应变能力，操作虽有一些失误但不影响大局，能够完成实训任务，课堂讨论较积极。

3.中等：学生表现出基本的应变能力，操作基本符合要求，完成实训任务时稍有瑕疵但不影响整体效果，课堂讨论表现一般。

4.及格：学生表现出的应变能力较差，勉强完成操作，在完成实训任务中有一些失误，对整体效果有一定的影响，课堂讨论表现一般。

5.不及格：学生不能完成实训任务或者对实训任务不参与、不配合。

七、实训拓展与提高

（一）出口方履约能力的构成因素

一般说来，出口方履约能力的构成因素主要包括以下几方面：

1. 货源

货源是出口方履行合同的基础。虽然并非一定要在备妥货源之后，卖方才与买方订立出口合同，但合同标的物要有保障或是有把握在国内市场购买、购足。在签订有关农副产品、矿产品以及本地没有生产基地需要到外地组织货源的商品的出口合同时，尤其要考虑货源供应情况。

2. 生产加工能力

参与国际贸易及进行国际经济交往时，参与人必须根据本国（自身）的科技发展水平和商品的生产加工能力行事。具体地说，出口方与对方签约时一定要综合考虑自己的实际生产能力。比如在洽签服装出口合同时，既要考虑国内生产的面料质量是否能达到对方的要求，还要考虑厂家做工能否达到要求等。凡受科技水平和生产能力限制，卖方自己甚至国内厂家目前都不能生产加工，或者能够生产加工但质量难以达到要求的，一定不能盲目成交。否则，一旦无法履约，合同中又订有违约金条款，买方会要求卖方赔偿损失，卖方将陷入极为不利的被动局面。

3. 原材料供应

卖方考虑自己的出口履约能力时，还需要把原材料供应是否能落实考虑进去。因为有些出口商品，虽然卖方有生产加工能力，但由于生产加工该商品的原材料比较紧俏，难以充足供应，在这种情况下，卖方能否按时按量履约，最终决定于原材料的供应。此外，出口深加工产品还要考虑生产有关中间产品的初级原材料供应问题。

4. 收购资金

外贸企业出口商品货源的取得主要采取买断方式，即由外贸企业向生产加工企业收购。而一般的外贸企业自有资金并不雄厚，主要靠银行信贷解决流动资金问题。所以，外贸企业在对外签订出口合同时，要考虑国内金融市场的走向，银根是否吃紧，收购货源的资金是否能落实。缺乏收购资金或不能及时取得收购资金，就无法备货或按时发运，从而造成违约，使外贸企业陷入被动。

5. 出口许可

很多国家，包括我国在内，都实行进出口许可制度。对某些商品，国家实行出口许可证管理，或是配额加许可证管理。因而，我方作为卖方对外签订出口合同时，如果合同标的物属于国家实行许可证管理的商品，则我方必须有把握及时取得所需的出口配额和许可证。还有一个值得注意的问题是，国家可能会对实行许可证制度和主动配额管理的出口商品的范围做出调整，所以出口合同中应将国家有可能做出的这种调整作为政府行为列入不可抗力范围，在合同订立后，如果因国家调整配额和许可证管理商品的范围而不能履行或不能按时履行合同，我方能够援用不可抗力条款，有效地维护自己的合法权益。

6.履约期限

履约即双方具体履行合同义务、各自实现合同目标的行为过程。国际贸易合同的履行环节很多，涉及面广。有些工作由交易双方完成即可，有些则需双方当事人所在国（地区）的商检部门、运输部门、银行、海关、保险公司等各有关方面分工合作，共同完成。在合同中规定装运期、信用证结汇期等期限时，一定要结合实际情况周密测算，留有余地，确保有足够的时间完成应由己方负责完成的各项工作；否则任何一个环节上的延误，都有可能导致违约，造成损失。

（二）选择加工生产企业的方法

1.望

"望"即看。一是通过"望"可掌握生产企业的基本信息。例如，核查生产企业法人登记注册事项。任何个人或组织都能到当地的工商注册管理部门查询企业法人登记注册情况，包括企业法人和法定代表人姓名、经济性质、经营范围和方式、注册资本、成立时间、营业期限、经营场所等内容，这样可获得较为全面、真实的信息。在实际工作中，有些资信不良的生产企业提供的营业执照复印件有虚假现象，如不核实企业法人登记注册情况，将留下隐患。二是通过"望"确认生产企业的产能。业务员可通过实地观察生产企业的规模、机器设备、工厂的管理、厂房的面积及安全情况等，来判断生产企业是否具备出口商品的能力，是否符合外国客商的评估要求。这是因为生产企业的规模大小关系到其能否按时交货，机器设备与工厂管理的好坏关系到产品的质量。

2.闻

"闻"即听。其主要是从各个方面听取有关生产企业的经营管理状况、产品信息的反馈、员工的基本素质和企业文化层面等的信息。业务员在"望"的基础上，通过对"闻"到的信息进行深入的分析，从而对生产企业有较正确的认识。

3.问

"问"即询问。询问的对象可以是生产企业的业务人员、管理人员，也可以是企业高层管理人员或其他相关部门。"问"需要技巧，"问"的内容应为有关产能、品质和交货期等方面的问题。

4.切

"切"是判断。它是在"望""闻""问"的基础上做一个正确的判断，如通过确认生产企业的营业执照和实地考察，测算生产企业的实际生产能力，这对外贸公司按时、按质交货，显得尤为重要。

模块六　租船订舱

一、实训目的

本模块实训的主要目的是使学生掌握进出口贸易中租船订舱的理论知识，熟悉在进出口贸易中办理货物租船订舱的基本业务流程及海运运费的计算，并能够独自填制相关单据。通过模拟实验结合案例演示，对整个租船订舱业务有一个具体的认识。

二、理论知识点

国际货物运输是国际贸易不可缺少的一个重要环节，具有运输时间长、风险大、情况复杂的特点。国际货物运输的运输方式包括海上运输、航空运输、铁路运输、公路运输、管道运输和国际多式联运等多种。海上运输具有灵活性强、货运量大、适货性强和运费低等特点，因此应用更为广泛。在本模块中，我们主要讲解和练习海上货物运输业务。

（一）租船订舱业务的基础理论

按照船舶经营方式的不同，海上货物运输可分为租船运输和班轮运输两种。在租船运输方式下产生了租船业务，在班轮运输方式下产生了订舱业务。

1.租船

租船运输也称为不定期船运输，指承租人向船方包租整条船，进行货物运输的一种运输方式。它是依据市场情况进行货物运输，租船费用比班轮低廉，且可选择直达航线，故大宗货物一般采用租船运输。世界上80%的海上货物运输采用租船运输方式。租船方式主要有定程租船和定期租船两种。

定程租船的运费一般按货物装运数量、重量或体积来计算，也有按航次包租总金额计算的。在定程租船合同中应明确船方是否负担货物在港口的装卸费用。装卸费用的划分有四种情况：①船方负担装卸费用；②船方不负担装卸费用；③船方管装不管卸；④船方管卸不管装。另外，应在合同中规定装卸期限或装卸率，以及与之相应的滞期费和速遣费。

定期租船的船方作为出租人应在合同规定的租赁期内提供适航的船舶、合适的船员，并负担为保持适航的有关费用和船员的费用。租船人在约定期间和航区内可以自行调度支配船舶，但应负责燃料费、港口费和装卸费等运营过程中的各项开支并支付租金给出租人。

租船是通过租船市场进行的，是通过租船经纪人办理并签约的。租船包括询盘—发盘—还盘—报实盘—接受订租—签订订租确认书—签订正式租船合同几个阶段。其中，接受订租时，当事人之间通常要签订一份"订租确认书"（Fixture Note）。订租确认书没有统一格式，但应详细列出船舶所有人与承租人在治租过程中彼此承诺的主要条款，包括确认日期、船名或可替代船舶、双方当事人的名称和地址、货名和数量、装卸货港和装卸船期、装卸费用负担责任、运费或租金及支付方法、有关费用的分担（港口使用费、税收等）、亏舱费计算、所采用的标准租船合同、其他特殊约定等。订租确认书经当事人双方签署后，各保存一份。订租确认书是一份供双方履行的简式合同，双方可按照已达成的协议签署正式的租船合同。

2.订舱

在班轮运输方式下会产生订舱业务。订舱是指托运人或其代理人向承运人（即班轮公司或其营业所或代理机构等）申请货物运输，承运人对这种申请给予承诺的行为。承运人与托运人之间不需要签订运输合同，而是以口头或订舱函电进行预约，只要船公司对这种预约给予承诺，并在舱位登记簿上登记，即表明承托双方已建立有关货物运输的关系。

订舱中要能够准确核算班轮运费，以便进行进出口商品的成本核算。班轮运费包括基本运费和各种附加费两部分，基本运费分成两大类：一类是传统的杂货运费；另一类是集装箱运费。

1）传统的杂货运费的计算

（1）基本运费的计收标准

①按重量吨计收。按毛重计费时，运费吨为公吨，在运价表中以"W"表示。

②按尺码吨计收。按体积计费时，运费吨为立方米，在运价表中以"M"表示。

③按毛重或体积计收。由船公司选择其中收费较高的作为计费吨，运价表中以"W/M"表示。

④按商品价格计收，又被称为从价运费，以"A.V."或"Ad.Val"表示，一般按货物FOB价的一定百分比来收取。

⑤按货物重量、尺码或价值三者中选择最高的一种计收，用"W/M""Ad. Val"表示。

⑥按货物重量或尺码选择其高者，再加上从价运费计算，用"W/M plus Ad. Val"表示。

⑦按每件货物作为一个计费单位收费。

⑧临时议定价格。一般在运输粮食、矿石等运量大、价格较低、装卸容易的大宗商品时，由托运人与班轮公司临时议定运费价格，运费率会较低。

（2）附加费的计算

收取附加费，一般是在基本运费的基础上加收一定百分比，也有按每运费吨加收一个绝对数计算。常见附加费有：

①超重附加费，即单件货物的重量超过班轮公司规定的重量标准而加收的一种附加费。

②超长附加费，即单件货物的长度超过班轮公司规定的标准而加收的一种附加费。

③燃油附加费，即当油价上涨，使燃油成本超过运输总成本的15%时，船方加收的一种附加费。

④选港附加费，即托运人无法在起运时确定卸货港口，要求在预先提出的两个或两个以上的港口中选择一个来卸货而加收的一种附加费。

⑤直航附加费，即当达到或超过船方规定的货物数量时，可以按托运人的要求把货物直接运往非基本港口而加收的一种附加费。

⑥转船附加费。货物要运达的目的港不在班轮停靠的港口，需要中途转运，货物转运的手续由班轮公司代理人负责办理，但是因转船而发生的费用会作为向托运人加收的一种附加费来收取，即转船附加费。

⑦港口附加费，即由于停靠的港口装卸条件差，作业效率低，导致班轮靠港时间过长所收取的一种附加费。

⑧港口拥挤费，即因港口拥挤导致船舶停靠的时间延长而收取的一种附加费。

杂货班轮运费的计算公式：

班轮运费=基本运费+各种附加费之和

基本运费=计费吨×基本运价×商品数量

附加费之和=应纳附加费的费率之和×基本运费

所以：

班轮运费=基本运费×（1+应纳附加费的费率之和）

2）集装箱运费

目前，集装箱货物海上运费基本上分为两大类：一类是拼箱货，沿用件杂货运费计算方法，即以每运费吨为单位（俗称散货价）；另一类是整箱货，以每个集装箱为计费单位（俗称包箱价）。

件杂货集装箱运费是基本运费加上附加费。件杂货的基本费率参照传统件杂货运价,以运费吨为计算单位,多数航线上采用等级费率。附加费方面除传统件杂货所收的一般附加费外,还要加收一些与集装箱货物运输有关的附加费。

以每个集装箱为计费单位收取运费,大多采取包箱费率计收。

班轮公司对于不同商品混装在同一包装内的情况,按其中收费较高者计收运费。同一票商品,如包装不同,其计费等级和标准也不同。如托运人未按不同包装分别列明毛重和体积,则全票货物按收费较高者计收运费;同一提单内有两种以上不同货名,如托运人未分别列明毛重和体积,亦从高计费。此外,对无商业价值的样品,凡体积不超过0.2立方米、重量不超过50千克时,可要求班轮公司免费运输。

(二)办理出口租船订舱的程序

在以 CIF、CFR 贸易术语成交的进出口合同中,租船订舱应由卖方来负责,出口方收到进口方开来的信用证后,要按照信用证上规定的交货期及时备货。为了按时履行合同的交货义务,出口方一般应该在备齐货物后及时订舱。订舱的工作可由出口企业直接与船公司或船务代理公司联系,也可以委托货运代理公司来办理。

1.委托货运代理订舱的程序

(1)出口企业在备货的同时填制货运委托书,并随附发票(Invoice)、装箱单(Packing List)等必要单据,委托货运代理公司办理货物运输的相关手续。

(2)货运代理公司接受货运委托后,缮制货物托运单,连同发票、装箱单等必要单证向船公司办理租船订舱。

(3)船公司根据具体情况,在托运单的几联单据上编上与提单(B/L)号码一致的编号,填上船名、航次并签字,表示已确认托运人的租船订舱,同时把配舱回单(Equipment Interchange Receipt)、装货单(Shipping Order,S/O)等有关单据交还给货运代理公司,货运代理公司要通知出口企业已订舱并让其将托运的货物按时送到指定码头的仓库。

(4)出口企业按规定时间将货物运抵指定的码头仓库。

(5)托运人持船公司签署的装货单,填制出口货物报关单,并连同其他有关出口单证向海关办理出口货物报关手续。

(6)海关根据有关规定对出口货物进行查验,审查合格后,在装货单上盖放行章,并将装货单退还给托运人。

(7)托运人委托的货运代理公司持海关盖章的由船公司签署的装货单要求船长装货。

(8)货物装船后,由船长的大副签署大副收据(Mate's Receipt,M/R),亦称收货单,交给货运代理公司。

(9)货运代理公司拿到海运提单确认书后,经出口企业确认,向船公司交付运费并换取正本已装船提单。如收货单上有大副批注,在换取提单时要将该项大副批注转注在提单上。

2.出口企业直接订舱的程序

出口企业直接向船公司或船务代理公司订舱，与出口企业委托货运代理公司代为订舱的程序基本相同，只是省去了出口企业向船公司发出委托订舱单的步骤，直接由出口企业缮制装箱单，填写托运单，传真给船公司或船务代理公司作为订舱依据。

（三）办理进口租船订舱的程序

在进口贸易中，除了一些贵重物品或急需的物资采用空运和邮递方式运输外，大量的进口货物都是通过海洋运输的方式进口的，并且以FOB贸易术语签订进口合同的居多。按FOB贸易术语签订进口合同时，应由进口方安排船舶，如果进口方自己没有船舶，则应该负责租船订舱或委托货运代理公司办理租船订舱业务。当办妥租船订舱手续后，应及时将船名和船期通知卖方，以便卖方备货装船，避免出现船等货的情况。

对进口方来说，应根据所签订进口合同当中货物的性质和数量以及货运路程的远近来决定租船或订舱的时间。一般来说，属于远洋FOB海运进口货物的，进口方应缮制两个月后交货的订舱单（一式三份），在规定的时间内（一般在每月20日之前）将订舱单寄送外贸运输公司（以下简称"外运公司"）预订舱位；属于近洋FOB海运进口货物的，应根据装运情况缮制下个月交货的订舱单（一式六份），在规定的时间内（一般在每月20日之前）将订舱单寄送外运公司预订舱位。

无论是租船还是订舱，均需办理相关手续。目前，我国进口货物的租船、订舱工作统一委托外运公司办理。进口方委托外运公司办理进口货物的租船、订舱手续可分为四个步骤：

第一步：进口方根据进口合同填写"进口订舱委托书"，连同进口合同副本交外运公司和租船公司，委托其具体安排船只或舱位。

第二步：外运公司或租船公司根据进口方的委托，与各承运人或船主联系，具体安排进口货物运输。

第三步：外运公司或租船公司将租船、订舱结果通知进口方。

第四步：进口方将船名及预计到港日期通知国外出口企业，以便其做好装船准备。

三、实训所需条件

（一）实训学时

4课时/30人。

（二）实训地点

多媒体教室。

（三）实训所需材料

发票、装箱单、货运委托书、集装箱货物托运单、配舱回单、装货单等租船、订舱必要单据（见附录，可以剪下，根据下面实训练习的材料来填写，随实训报告上交）。

四、实训内容与要求

本模块主要训练学生熟悉并熟练操作租船、订舱业务。对租船、订舱业务进行场景实训，使学生了解租船、订舱业务的基本知识，掌握租船、订舱业务的各项技能和要点，要求学生在通晓基本理论的基础上参与实践。

五、实训步骤

（一）实训一：出口租船订舱实训

1.实训前的准备

对学生进行分组，3人一组，分别模拟大连永顺进出口公司的业务员、货运代理公司和船运公司的代表，根据给定的资料和情景进行实训操作。

2.实训指导

由教师组织学生观看屏幕上的单据样本并讲解填制的具体要求。

（1）装箱单样本（见表6-1）。

（2）填制装箱单的内容及缮制的具体要求。

装箱单由出口企业设计、缮制，无固定格式，但其基本内容如下：

①出口企业名称和地址（Exporter's Name and Address）。出口企业的名称、地址应与合同、信用证的内容一致。

②单据名称（Name of Document），即装箱单（Packing List）。单据名称通常用英文粗体标出，并与合同、信用证的要求一致。

③装箱单编号（No.）。装箱单编号一般与商业发票号码（Invoice No.）一致，它作为商业发票的补充单据，要与商业发票建立联系，所以装箱单的编号通常就是商业发票的号码。

表6-1   **装箱单**

单位名称（中文）_____①_____
单位名称（英文）_____①_____
单位地址（英文）_____①_____
PACKING LIST ②

TEL.: _____   NO.: _____③_____
FAX: _____   DATE: _____④_____
INVOICE NO.: _____
TO: _____⑤_____   S/C
NO.: _____

MARKS & NO.: _____⑥_____

NAME OF COMMODITY AND SPECIFICATIONS	QTY. (PCS)	UNIT	G.W. (KGS)	N.W. (KGS)	MEAS. (m³)
⑦	⑧	⑨	⑩	⑪	⑫
TOTAL					

SAY TOTAL

_____⑬_____

④出单日期（Date）。出单日期填商业发票签发日，不得早于商业发票日期，可晚于商业发票日期1~2天，但是不能迟于装运期。

⑤抬头人。要与商业发票的抬头人保持一致。

⑥唛头（Marks & No.，也称Shipping Mark）。唛头制作要符合合同、信用证的规定，并与商业发票的唛头相一致。

⑦品名和规格（Name of Commodity and Specifications）。品名和规格必须与信用证的描述相符，可以按照商业发票来填写。

⑧数量（Quantity）。数量填写实际件数，如品质、规格不同，应分别列出，并累计其总数。

⑨单位（Unit）。单位填写外包装的包装单位，如箱、包、桶等。

⑩毛重（Gross Weight）。毛重填写加外包装后的每件货物的重量，规格不同的要分别列出，并累计其总量。

⑪净重（Net Weight）。净重填写每件货物的实际总重量并累计其总量。

⑫尺码（Measurement）。尺码填写每件货物的体积，并标明总尺码。

⑬签章（Signature）。出单人的签章应与商业发票相符，如果信用证无此规定，此栏可不填。

（3）出口货物明细单样本（见表6-2）。

（4）填制出口货物明细单的具体要求。

表 6-2   **出口货物明细单**

				银行编号		外运编号	
	年 月 日			核销单号		许可证号	
经营单位 (装船人)	①			合同号		⑤	
				信用证号		⑥	
收货人				开证日期	⑥	收到日期	⑥
				运输方式		目 的 港	
提单 或 承运 收据	抬头人	②		金 额	⑦	收汇方式	⑧
				货物性质		贸易国别 (地区)	⑨
	通知人	③		出口口岸	⑩	目 的 港	⑪
				可否转运	⑫	可否分批	⑫
	运费	④		装运期限	⑬	有效期限	⑭

标记、 唛头	商品描述 (品名、规格 及货号)	包装件数	数量	毛重 (千克)	净重 (千克)	价格（成交条件）⑳	
						单价	总价
⑮	⑯	⑰	⑱	⑲	⑳		㉑

总计(大写)

本公司的 注意事项	㉔		总体积		㉒
		保险单 ㉓	险别		㉓
			保额		
			赔款地点		
外运外轮 注意事项	㉕		船名		
			海关编号		
			放行日期		
			制单员		

①经营单位（装船人）。本栏通常填写出口商的名称、地址。如果是国内代理公司代理发货，则注明××公司代××公司发运，并在右下角加盖代理公司业务专用

章或运输专用章。

②抬头人。本栏填写收货人或提单的被通知人。电开信用证的抬头人通常在"Documents Required 46 A"或"Docs. Required 46 A"项有指示，找到"…to order of the…"的描述，可以把"…to order of the…"照抄下来；如果没有，也可以直接填写"to order"。

③通知人。本栏填写最终收货人，通常是合同的买方或信用证规定的提单通知人。

④运费。运费一般为预付或到付。如果以 CIF 或 CFR 出口，填写"运费预付"字样，千万不可漏填；否则收货人会因运费问题提不到货，虽可查清情况，但若拖延提货时间，也将造成损失。如果以 FOB 出口，一般填写"运费到付"字样，除非收货人委托发货人垫付运费。

⑤合同号。合同号指出口合同的编号。

⑥信用证号、开证日期、收到日期。信用证项下的出口业务必须填写本栏。电开本的信用证号可见"Doc. Credit Number * 20："项；开证日期见"Date of Issue 31 C："项；收到日期为收到银行通知单的日期。

⑦金额。本栏按出口合同所列商品的成交总额填写。

⑧收汇方式。本栏按出口合同所列的收汇方式填写，如 D/P、D/A、T/T。

⑨贸易国别（地区）。本栏填写贸易成交国别（地区），如加拿大。如果是我国驻香港特别行政区机构与他国成交，应填中国香港。

⑩出口口岸。本栏填写货物出境时我国港口的名称，即使出口货物在设有海关的发运地办理报关手续，出口口岸仍应填写出境口岸的名称。如在深圳办理报关手续，陆路运输至上海出境的出口货物，其出口口岸为上海。

⑪目的港。本栏填写出口货物运往境外的最终目的港。最终目的港不能预知的，可按尽可能预知的目的港填报。

⑫可否转运、可否分批。本栏按合同或信用证所列内容填写。如果允许分批或转运，则填"Y"（是）；反之，则填"N"（否）。

⑬装运期限。本栏按合同或信用证所列内容填写。合同可查"装运期及运输方式（Time of Shipment & Means of Transportation）"项，信开信用证可查"Latest"项，电开信用证可查"Latest Shipment 44 C："项。

⑭有效期限。信用证方式下，信开信用证可按"Latest"所列填写，电开信用证可按"Date/Place Exp.*31 D："项所列填写；非信用证方式下，此项可不填。

⑮标记、唛头。标记、唛头既要与实际货物一致，也要与提单一致，并符合信用证的规定。如果信用证没有规定，可参照买卖双方制订的方案或由受益人自定。无唛头时，应注"N/M"或"No Mark"。如果是裸装货，则应注明"Naked"；如果是散装货，则应注明"In Bulk"。

⑯商品描述（品名、规格及货号）。商品描述包括商品的名称、规格、包装、数量等内容。品名、规格应该严格按照信用证的规定或描述填写。货物数量应该与

实际装运货物数量相符，同时要符合信用证的要求。如果信用证没有详细的规定，必要时可以参照合同注明货物数量，但不能与来证内容有出入。

⑰包装件数。本栏填写每种货物的外包装件数，可通过产品的规格描述来计算，最后在合计（Total）栏处注明外包装总件数。

⑱数量。本栏填写此项货物的销售数量，该数量应与合同数量一致。

⑲毛重（千克）。本栏注明该项货物的总毛重，最后在合计（Total）栏处填写各项总毛重之和。

⑳净重（千克）。本栏注明该项货物的总净重，最后在合计（Total）栏处填写各项总净重之和。

㉑价格。本栏根据信用证或合同内容分别填写单价和总价（总价＝单价×数量）。

㉒总体积。除信用证另有规定外，一般以立方米（CBM）列出货物体积。

㉓险别、保额、赔款地点。凡按 CIF、CIP 条件成交的出口货物，由出口商向当地保险公司办理投保手续。在实际业务操作中，业务量较大的外贸公司为简化手续和节省时间，投保时也用出口货物明细单代替投保单向保险公司投保（外贸公司必须先同保险公司达成此类协议方可实行）。如果不用出口货物明细单代替投保单，此处可空着不填。

㉔本公司的注意事项。本栏用于公司内工作交接时（比如从业务部转到储运部）填写的应注意事项。

㉕外运外轮注意事项。托运时（含租船、订舱和装船、出运）需要告知外运外轮公司的注意事项，包括海运提单上需列出的内容等多在此处填写。

（5）货运委托书样本（见表6-3）。

（6）填制货运委托书的具体要求。

①经营单位（托运人）。本栏通常填写出口商的名称、地址。

②编号。本栏由货运代理公司填写。

③发货人。本栏通常填写出口商的名称、地址。

④收货人。本栏按合同和信用证规定的提单收货人填写。

⑤提单份数。本栏按合同和信用证规定的提单份数填写。

⑥提单寄送地址。本栏填写出口商的地址。

⑦起运港。本栏填写货物出境港口的名称。

⑧目的港。本栏填写出口货物运往境外的最终目的港。最终目的港不能预知的，可按尽可能预知的目的港填报。

⑨可否转船。本栏按合同或信用证所列内容填写。如果允许转船，则填"Y"（是）；反之，则填"N"（否）。

⑩可否分批。本栏按合同或信用证所列内容填写。如果允许分批，则填"Y"（是）；反之，则填"N"（否）。

⑪装运期限。本栏按合同或信用证所列的装运期限填写。

表6-3 货运委托书

××货运代理公司

经营单位 （托运人）	①		编号		②	
提单（B/L） 项目要求	发货人： Shipper：			③		
	收货人： Consignee：			④		
	被通知人： Notify Party：					
海运费（√） Sea Freight	预付（ ）或到付（ ） Prepaid or Collect		提单 份数	⑤	提单寄送 地 址	⑥
起运港	⑦	目的港 ⑧	可否转船	⑨	可否分批	⑩
集装箱预配数		20'× 40'×	装运期限	⑪	有效期限	
标记、唛头	包装件数	商品描述 Description of Goods	毛重 （千克）	尺码 （立方米）	成交条件（总价）	
⑫	⑬	⑭	⑮	⑯	⑰	
内装箱 （CFS） 地址			特种货物 □冷藏货 □危险品	重件：每件重量		
				大 件 （长×宽×高）		
门对门装箱 地址			特种集装箱：（ ）			
			物资备妥日期			
外币结算账号		⑱	物资进栈：自送（ ）或××货运公司派送（ ）⑲			
			人民币结算单位账号	⑳		
声明事项			托运人签章	㉑		
			电话			
			传真			
			联系人			
			地址			
			制单日期	㉒		

⑫标记、唛头。标记、唛头既要与实际货物一致，也要与提单一致，并符合信用证的规定。如果信用证没有规定，可参照买卖双方制订的方案或由受益人自定。

无唛头时，应注"N/M"或"No Mark"。如果是裸装货，则应注明"Naked"；如果是散装货，则应注明"In Bulk"。

⑬包件数。本栏填写此项货物的销售件数，该数量应与合同规定一致。

⑭商品描述。本栏按合同或信用证所列内容填写。

⑮毛重（千克）。本栏注明该项货物的总毛重。

⑯尺码（立方米）。本栏注明该项货物的体积或容积。

⑰成交条件（总价）。本栏按出口合同所列商品的成交总价填写。

⑱外币结算账号。本栏填写出口商的银行外币结算账号。

⑲物资进栈。本栏需要选择是自送还是货运公司派送。

⑳人民币结算单位账号。本栏填写出口商的银行人民币结算账号。

㉑托运人情况。本栏由托运人签字盖章，并填写电话、传真、联系人的名字、地址。

㉒制单日期。本栏填实际开立货运委托书的时间。

（7）集装箱货物托运单样本（见表6-4）。

（8）填制集装箱货物托运单的具体要求。

①发货人（Shipper）。发货人填写信用证上的受益人名称（一般为出口企业）。

②收货人（Consignee）。收货人填写信用证规定的提单收货人，包括记名收货人、不记名收货人和指示收货人。指示收货人在托运单收货人栏中填写"凭指示或凭××人的指示"（To the Order of ××）的字样，不标明具体收货人的名称、地址。

③被通知人（Notify Party）。此栏填写信用证规定的提单通知人。通知人的职责是及时转告真实收货人接货。被通知人有时是买方本人，有时也可能是其代理人。被通知人一栏必须严格按照信用证的规定填写提单通知人。在托收条件下，收货人栏目空白抬头，被通知人栏目填写买方的名称和地址。

④装货港。本栏填写信用证规定的起运地。如信用证未规定具体的起运港口，则填写实际装货港名称。

⑤目的地。本栏填写信用证规定的目的地。如信用证未规定目的港口，则填写实际卸货港名称。

⑥可否转船。本栏根据信用证条款，如允许转船，则填"Y"（是）；反之，则填"N"（否）。如信用证未对转船作具体的规定，则应该按照合同的有关规定填写。

⑦可否分批。本栏根据信用证条款，如允许分批装运，则填"Y"；反之，则填"N"。如信用证未对分批作具体的规定，则应该按照合同的有关规定填写。

⑧装运期限。本栏填写信用证规定的装运期限。

（9）海运提单样本（见表6-5）。

（10）填写海运提单的具体要求。

①提单的号码（B/L NO.）。此栏填写承运人或其代理人按承运人接受托运货物的先后次序或按舱位入货的位置编排的号码。

②提单的名称。此栏必须注明"提单"（Marine/Ocean Bill of Lading）字样。

表6-4　　　　　　　　　　　　　　集装箱货物托运单

Shipper（发货人） ①	委托号： Forwarding Agents： B/L No.： 中国对外贸易运输总公司 集装箱货物托运单 船代留底	第二联
Consignee（收货人） ②		
Notify Party（被通知人） ③		
Pre-carriage by（前程运输）　　Place of Receipt（收货地点）		

Ocean Vessel（船名）　　Voy. No.（航次）　　Port of Loading（装货港）　　Date（日期）
④

Port of Discharge　　Place of Delivery　　Final Destination for the Merchant's Reference
（卸货港）　　　　　（交货地点）　　　　　　　　　（目的地）
⑤

Container No. （集装箱号）	Seal No.（封志号） Marks & Nos. （标记与号码）	No. of Containers or P'kgs （箱数或件数）	Kind of Packing； Description of Goods （包装种类与货名）	Gross Weight （毛重）（kgs）	Measurement （尺码）（m³）
Total Number of Containers or Packages（in words） 集装箱数或件数合计（大写）					

Container No.(箱号)　Seal No.(封志号)　P'kgs No.(件号)　Container No.(箱号)　Seal No.(封志号)　P'kgs No.(件号)

Received（实收）	By Terminal Clerk/Tally Clerk （场站员/理货员签字）	
Freight & Charges （运费与附加费）	Prepaid at （预付地点）	Payable at （到付地点）	Place of Issue　Booking Approved by （签发地点）　　（订舱确认）
	Total Prepaid （预付总额）	Number of Original B/L （正本提单的份数）	Total Value of the Goods（货值金额）
Service Type on Receiving □CY　□CFS　□Door	Service Type on Delivery □CY　□CFS　□Door	Reefer Temperature Required（冷藏温度）　℉　℃

续表

Type of Goods（货物种类）	□Ordinary（普通）　□Reefer（冷藏）　□Dangerous（危险）　□Auto（裸装车辆）	危险品	Class： Property：
	□Liquid（液体）　□Live Animal（活动物）　□Bulk（散装）		IMDG Code Page： UN No.：
发货人或代理地址：		联系人：	电话：
可否转船　⑥	可否分批　⑦	装运期限　⑧	
有效期		制单日期	备注 集装箱场站名称
海运费由　　　　　　　　支付 如预付运费托收承付，请填银行账户			

③托运人（Shipper）。此栏填写出口商，信用证没有特殊规定时，应填写信用证受益人的名称和地址；如果信用证要求以第三者为托运人，必须按信用证的要求予以缮制。

④收货人或指示（Consignee or Order）。收货人的名称或指示必须按信用证的规定填写。

⑤通知地址（Notify Address）。本栏填写被通知人的地址即进口方或进口方的代理人的地址，如信用证有具体规定，要严格按照信用证的规定缮制。

⑥船名（Ocean Vessel）。本栏按实际情况填写承担本次运输任务的船舶的名称和航次。

⑦装货港（Port of Loading）。本栏填写货物的实际装船的港口名称，即起运港。

⑧卸货港（Port of Discharge）。本栏填写海运承运人终止承运责任的港口名称。

⑨交货地点（Place of Delivery）。本栏只有在转船运输时才填写。

⑩收货地点（Place of Receipt）。本栏只有在转船运输时才填写。

⑪标记与号码（Marks and Nos.）。标记与号码又称唛头，是提单与货物联系的主要纽带，是收货人提货的重要依据，必须按信用证或合同的规定填写。如无唛头规定，可注"NO MARKS"（N/M）。

⑫包装件数和种类/货物描述（Number and Kind of Packages/Description of Goods）。此栏按货物是散装货、裸装货还是包装货的实际情况填写。

⑬毛重（Gross Weight）。此栏填写货物的毛重总数。

⑭尺码（Measurement）。此栏填写货物的体积总数。

⑮运费和附加费（Freight and Charges）。此栏填写运费及额外的附加费。

⑯运费到付地点（Freight Payable at）。此栏按信用证的规定填写。

⑰签单地点和日期（Place and Date of Issue）。提单签发地为装运港所在城市的名称，签发日期为货物交付承运人或装船完毕的日期。

表6-5 海运提单

托运人 Shipper ③		B/L NO.：① ②ORIGINAL 中国对外贸易运输总公司 CHINA NATIONAL FOREIGN TRADE TRANSPORT CORPORATION **直运或转船提单** BILL OF LADING DIRECT OR WITH TRANSSHIPMENT
收货人或指示 Consignee or Order ④		
通知地址 Notify Address ⑤		Shipped on board the vessel named above in apparent good order and condition （unless otherwise indicated） the goods or packages specified herein and to be discharged at the above mentioned port of discharge or as near thereto as the vessel may safely get and be always afloat.
前程运输 Pre-carriage by	装货港 Port of Loading ⑦	
船名 Ocean Vessel ⑥	转运港 Port of Transshipment	The weight, measurement, marks and numbers, quality, contents and value, being particulars furnished by the shipper, are not checked by the Carrier on loading. The Shipper, Consignee and the Holder of this Bill of Lading hereby expressly accept and agree to all printed, written or stamped provisions, exceptions and conditions of this Bill of Lading, including those on the back hereof.
卸货港 Port of Discharge ⑧	目的地 Final Destination	
交货地点 Place of Delivery ⑨	收货地点 Place of Receipt ⑩	In witness whereof the number of original Bill of Lading stated below have been signed, one of which being accomplished, the other （s） to be void.

集装箱/封志号或标记与号码 Container/Seal No. or Marks and Nos. ⑪	包装件数和种类/货物描述 Number and Kind of Packages/ Description of Goods ⑫	毛重 Gross Weight （kgs） ⑬	尺码 Measurement （m³） ⑭

以上细目由托运人提供 ABOVE PARTICULARS FURNISHED BY THE SHIPPER

运费和附加费 Freight and Charges	运费吨 Revenue Tons	运费率 Rate	每吨 Per	运费预付 Prepaid	运费到付 Collect
⑮					

兑换率 Ex. Rate	运费预付地点 Freight Prepaid at	运费到付地点 Freight Payable at ⑯	签单地点和日期 Place and Date of Issue ⑰
	预付总额 Total Prepaid	正本提单份数 Number of Original B （s） /L ⑱	代表承运人签字 Signed for on Behalf of the Carrier 签名 ⑲ as Agent

⑱正本提单份数（Number of Original B（s）/L）。正本提单签发的份数必须符合信用证的规定。

⑲代表承运人签字（Signed for on Behalf of the Carrier）。提单必须由船长、承运人或其代理人签字盖章。

3.实训材料

卖方：SHANGHAI SINCERITY IMPORT & EXPORT TRADE CO.，LTD.

ADDRESS：3A HECHUAN MANSION，YISHAN ROAD，SHANGHAI

TELEX/FAX：021 6210 3075

买方：PROWELD TRADING AND SERVICES

ADDRESS：87PERSIARAN BATU GAJAH PERDANA 1，TAMAN BATU

GAJAH PERDANA 31550 PUSING PERAK MALAYSIA

TELEX/FAX：0060-3-21688888

合同号：13E10POH001

信用证号：HJY08069

商业发票号：CX5689

货物相关信息：（见表6-6）

表6-6   货物相关信息

货物名称及规格 Name of Commodity & Specifications	单价 Unit Price	数量 Quantity	总金额及术语 Amount & Price Terms （CIF KELANG）
1. CHJ-NXB Internal Suction Arm	USD320	1 000	USD320 000
2. CHJ-YCB Internal Suction Arm	USD420	1 000	USD420 000

GOODS DESCRIPTION & PACKING	CTNS.	G.W.（KGS）	N.W.（KGS）	MEAS.（m³）
1. CHJ-NXB Internal Suction Arm	1 000pcs	500	450	15
2. CHJ-YCB Internal Suction Arm	1 000pcs	500	450	15
PACKING： 1 pcs packed in one carton				

货运代理：上海金诚货运代理公司（负责人王尚）

船名：新星号 V.088

提单号码：6AHUB8A1316

货运委托书编号：JC565656

内装箱地址：上海市洋山保税区 25 号

电话：021-65232323

外币结算账号：CHA80554263

人民币结算账号：HLK6388697

保险：按发票金额 110% 投保中国人民保险公司海洋货物运输险的一切险

保险单号：DLFG659866

商业发票：（见表 6-7）

表 6-7　　　　　　　　　　　　　　　商业发票

上海诚信进出口公司

SHANGHAI SINCERITY IMPORT & EXPORT TRADE CO., LTD.

3A HECHUAN MANSION, 2016 YISHAN ROAD, SHANGHAI

COMMERCIAL INVOICE

TEL：021 6210 3075　　　　　　　　　　　INV. NO.：CX5689

FAX：021 6210 3075　　　　　　　　　　　DATE：SEP. 05, 2018

S/C NO.：13E10POH001　　　　　　　　　　L/C NO.：HJY08069

TO：PROWELD TRADING AND SERVICES

FROM　SHANGHAI　　　　　　TO　KELANG

MARKS & NO.	DESCRIPTION OF GOODS	QUANTITY	U/PRICE	AMOUNT (CIF KELANG)
ABC 10I10PDC00801 2 000PCS KELANG OF MALAYSIANO. n/2 000	1.CHJ-NXB Internal Suction Arm 2.CHJ-YCB Internal Suction Arm	1 000 1 000	USD320 USD420	USD320 000 USD420 000

TOTAL AMOUNT：SAY U.S. DOLLARS SEVEN HUNDRED AND FORTY THOUSAND ONLY

WE HEREBY CERTIFY THAT THE CONTENTS OF THE INVOICE ARE TRUE AND CORRECT.

SHANGHAI　SINCERITY　IMPORT & EXPORT TRADE CO., LTD. Wang Fang

4.实训操作

根据上面的实训材料填制以下单据：

（1）缮制装箱单和出口货物明细单（见表6-8、表6-9）。

表6-8　　　　　　　　　　　　　　装箱单

上海诚信进出口公司

SHANGHAI SINCERITY IMPORT & EXPORT TRADE CO., LTD.

3A HECHUAN MANSION, 2016 YISHAN ROAD, SHANGHAI

PACKING LIST

TEL：021 6210 3075　　　　　　DATE：SEP. 05, 2018

FAX：021 6210 3075　　　　　　INVOICE. NO.：CX5689

S/C NO.：13E10POH001

TO：PROWELD TRADING AND SERVICESMARKS & NO.：

87PERSIARAN BATU GAJAH PERDANA 1, TAMAN BATU

GAJAH PERDANA 31550 PUSING PERAK MALAYSIA

ABC

10I10PDC00801

2 000PCS

KELANG OF MALAYSIANO. n/2 000

NAME OF COMMODITY AND SPECIFI CATIONS	QTY (PCS)	UNIT (CTNS)	G.W. (KGS)	N.W. (KGS)	MEAS. (m^3)
1. CHJ-NXB Internal Suction Arm	1 000	1 000pcs	500	450	15
2. CHJ-YCB Internal Suction Arm	1 000	1 000pcs	500	450	15
PACKING：1pcs packed in one carton.					
TOTAL	2 000	2 000	1 000	900	30

SHANGHAI SINCERITY IMPORT & EXPORT TRADE CO., LTD. Wang　Fang

表 6-9 　　　　　　　　　　　　　出口货物明细单

出口货物明细单			银行编号		外运编号	
年 月 日			核销单号		许可证号	
经营单位 （装船人）	SHANGHAI SINCERITY IMPORT & EXPORT TRADE CO., LTD.		合同号		13E10POH001	
			信用证号		HJY08069	
收货人	TO ORDER		开证日期	2018-09-20	收到日期	2018-09-25
			运输方式	海运	目的港	KELANG
提单 或 承运 收据	抬头人	TO ORDER	金 额	USD740 000	收汇方式	信用证
			货物性质		贸易国别 （地区）	MALAYSIA
	通知人	87PERSIARAN BATU GAJAH PERDANA 1, TAMAN BATU GAJAH PERDANA 31550 PUSING PERAK MALAYSIA TELEX/FAX: 0060-3-21688888	出口口岸	SHANGHAI	目的港	KELANG
			可否转运	N	可否分批	N
	运费	FREIGHT PREPAID	装运期限	Before OCT. 20, 2018	有效期限	Before OCT. 30, 2018

标记、唛头	商品描述 （品名、规格及 货号）	包装 件数	数量	毛重 （千克）	净重 （千克）	价格（成交条件）	
						单价	总价
ABC 10I10PDC00801 2 000PCS KELANG OF MALAYSIA NO. n/2 000	1. CHJ-NXB In- ternal Suction Arm	1 000	1 000	500	450	USD320	USD320 000
	2. CHJ-YCB In- ternal Suction Arm	1 000	1 000	500	450	USD420	USD420 000
合计		2 000 CARTONS	2 000 PCS	1 000KGS	900 KGS		USD740 000
总计（大写）	SAY TWO THOUSAND CARTONS ONLY SAY U.S. DOLLARS SEVEN HUNDRED AND FORTY THOUSAND ONLY						

本公司的 注意事项		总体积		30（m³）	
		保险单	险别	ALL RISKS	
			保额	USD814 000	
			赔款地点	MALAYSIA	
外运外轮 注意事项		船名		XINXING V.088	
		海关编号		8567890	
		放行日期			
		制单员		王芳	

（2）填写货运委托书（见表6-10）。

表6-10 货运委托书

上海金诚货运代理公司

经营单位 （托运人）	上海诚信进出口公司	金诚 编号	AF0384712		
提单 （B/L） 项目 要求	发货人： Shipper：	上海诚信进出口公司			
	收货人： Consignee：	TO ORDER OF THE SHIPPER			
	被通知人： Notify Party：	PROWELD TRADING AND SERVICES 87PERSIARAN BATU GAJAH PERDANA 1，TAMAN BATU GAJAH PERDANA 31550 PUSING PERAK MALAYSIA TELEX/FAX：0060-3-21688888			
海运费（√） Sea Freight	预付（√）或到付（ ） Prepaid or Collect	提单 份数	3	提单寄送 地 址	上海市宜山路2016号 合川大厦3楼A座
起运港	上海	目的港	巴生	可否 转船	否	可否 分批	否
集装箱预配数		20′×1 40′×1	装运 期限	2018-10-20	有效 期限	2018-10-30
标记、唛头	包装件数	商品描述	毛重 （千克）	尺码 （立方米）	成交条件（总价）
ABC 10I10PDC00801 2 000PCS KELANG OF MALAYSIANO. n/2000	2 000CARTONS	CHJ-NXB Internal Suction Arm CHJ-YCB Internal Suction Arm	1 000	30	CIF KELANG （USD740 000）
内装箱 （CFS） 地址	上海市洋山保税港区25号 电话：021-65232323	特种货物 □冷藏货 □危险品	重件：每件重量		
			大 件 （长×宽×高）		
门对门装箱 地址	上海市洋山保税港区110号	特种集装箱：（ ）			
		物资备妥日期	2018年9月15日		
外币结算 账号	CHA80554263	物资进栈：自送（√）或金诚货运公司派送（ ）			
		人民币结算单位账号	HLK6388697		
声明事项		托运人签章			
		电话	021-6210 3075		
		传真	021-6210 3075		
		联系人	王芳		
		地址	上海市宜山路2016号合川大厦3楼A座		
		制单日期	2018年9月3日		

（3）填写集装箱货物托运单（见表6-11）。

表6-11　　　　　　　　　　　集装箱货物托运单

Shipper（发货人） SHANGHAI SINCERITY IMPORT & EXPORT TRADE CO., LTD. 3A HECHUAN MANSION, 2016 YISHAN ROAD, SHANGHAI	委托号： Forwarding Agents： B/L No.：
Consignee（收货人） TO ORDER OF THE SHIPPER	中国对外贸易运输总公司 集装箱货物托运单 船代留底　　第二联
Notify Party（被通知人） PROWELD TRADING AND SERVICES 87PERSIARAN BATU GAJAH PERDANA 1, TAMAN BATU GAJAH PERDANA 31550 PUSING PERAK MALAYSIA TELEX/FAX：0060-3-21688888	
Pre-carriage by（前程运输）　Place of Receipt（收货地点）	

Ocean Vessel（船名）　Voy. No.（航次）　Port of Loading（装货港）　Date（日期） 　　　　　　　　　　　　　　　　　　　　SHANGHAI

Port of Discharge（卸货港） HAMBURG	Place of Delivery（交货地点） HAMBURG	Final Destination for the Merchant's Reference（目的地）

Container No.（集装箱号）	Seal No.（封志号） Marks & Nos.（标记与号码） ABC 10I10PDC00801 2 000PCS KELANG OF MALAYSIA NO. n/2000	No. of Containers or P'kgs（箱数或件数） 2 000 CARTONS	Kind of Packing; Description of Goods（包装种类与货名） CHJ-NXB Internal Suction Arm CHJ-YCB Internal Suction Arm	Gross Weight（毛重）（kgs） 1 000	Measurement（尺码）（m³） 30
Total Number of Containers or Packages（in words）集装箱数或件数合计（大写）	SAY TOTAL TWO THOUSAND CARTONS ONLY				

2 000 CARTONS

Received（实收）			By Terminal Clerk/Tally Clerk （场站员/理货员签字）
Freight & Charges （运费与附加费）	Prepaid at （预付地点）	Payable at （到付地点）	Place of Issue　　Booking Approved by （签发地点）　　　（订舱确认）
	Total Prepaid （预付总额）	Number of Original B/L （正本提单的份数）	Total Value of the Goods（货值金额）

Service Type on Receiving ☑CY　□CFS　□Door	Service Type on Delivery ☑CY　□CFS　□Door	Reefer Temperature Required（冷藏温度）	℉	℃

Type of Goods （货物种类）	☑Ordinary（普通）　　□Reefer（冷藏） □Dangerous（危险）　　□Auto（裸装车辆）	危 险 品	Class: Property:
	□Liquid（液体）　　□Live Animal（活动物）　　□Bulk（散装）		IMDG Code Page: UN No.:

发货人或代理地址：上海市宜山路2016号合川大厦3楼A座		联系人：王芳	电话：021-6210 3075
可否转船　N	可否分批　　N	装运期限 OCT.20，2018	备注	集装箱场站名称
有效期 OCT. 30，2018		制单日期 SEP. 5，2018		
海运费由　　　上海诚信进出口公司　　　支付 如预付运费托收承付，请填银行账户　CHA80554263				

（4）运输公司签发配舱回单（见表6-12）。

（5）填写海运提单（见表6-13）。

（6）缮制装船通知（见表6-14）。

表 6-12   配舱回单

Shipper（发货人） SHANGHAI SINCERITY IMPORT & EXPORT TRADE CO., LTD. 3A HECHUAN MANSION, 2016 YISHAN ROAD SHANGHAI	D/R No.（托运编号）	
Consignee（收货人） TO ORDER OF THE SHIPPER		
Notify Party（通知人） PROWELD TRADING AND SERVICES 87PERSIARAN BATU GAJAH PERDANA 1, TAMAN BATU GAJAH PERDANA 31550 PUSING PERAK MALAYSIA TELEX/FAX 0060-3-21688888	中国对外贸易运输总公司 配舱回单（1）	第八联
Pre-carriage by（前程运输） Place of Receipt（收货地点）		
Ocean Vessel（船名） Voy. No.（航次） Port of Loading（装货港） XINXING V. 088 SHANGHAI		
Place of Delivery（交货地点） Port of Discharge（卸货港） KELANG	Final Destination for the Merchant's Reference（目的地）	

Container No. （集装箱号）	Seal No.（封志号） Marks & Nos. （标记与号码）	No.of Containers or P'kgs （箱数或件数）	Kind of Packing; Description of Goods （包装种类与货名）	Gross Weight （毛重） （kgs）	Measurement （尺码） （m³）
GANE100055	ABC 10I10PDC00801 2 000PCS KELANG OF MALAYSIA NO.n/2 000	2 000 CARTONS	CHJ-NXB Internal Suction Arm CHJ-YCB Internal Suction Arm	1 000	30

Total Number of Containers or Packages（in words） （大写）集装箱数或件数合计	SAY TOTAL TWO THOUSAND CARTONS ONLY

Freight & Charges（运费与附加费） Revenue Tons（运费吨） Rate（运费率） Per（每） Prepaid（运费预付） Collect（运费到付）		
Ex. Rate （兑换率）	Prepaid at（预付地点） SHANGHAI Total Prepaid（预付总额） USD740 000	Payable at（到付地点） Number of Original B/L（正本提单的份数） Three	Place of Issue（签发地点） SHANGHAI

Service Type on Receiving Service Type on Delivery ☑CY ☐CFS ☐Door ☑CY ☐CFS ☐Door	Reefer Temperature Required（冷藏温度）	℉	℃
Type of Goods （货物种类）	☑Ordinary（普通） ☐Reefer（冷藏） ☐Dangerous（危险） ☐Auto（裸装车辆） ☐Liquid（液体） ☐Live Animal（活动物） ☐Bulk（散装）	危险品	Class: Property: IMDG Code Page: UN No.:

可否转船：N   可否分批：N
装运期限：OCT. 20, 2018   有效期：OCT. 30, 2018
金额：USD 740 000
制单日期：

表 6-13 海运提单

托运人 Shipper SHANGHAI SINCERITY IMPORT & EXPORT TRADE CO., LTD. 3A HECHUAN MANSION, YISHAN ROAD, SHANGHAI	B/L NO.: 6AHUB8A1316　正本提单 ORIGINAL 中国对外贸易运输总公司 CHINA NATIONAL FOREIGN TRADE TRANSPORT CORPORATION 直运或转船提单 BILL OF LADING DIRECT OR WITH TRANSSHIPMENT
收货人或指示 Consignee or Order TO ORDER OF THE SHIPPER	
通知地址 Notify Address PROWELD TRADING AND SERVICES 87PERSIARAN BATU GAJAH PERDANA 1, TAMAN BATU GAJAH PERDANA 31550 PUSING PERAK MALAYSIA TELEX/FAX: 0060-3-21688888	Shipped on board the vessel named above in apparent good order and condition（unless otherwise indicated）the goods or packages specified herein and to be discharged at the above mentioned port of discharge or as near thereto as the vessel may safely get and be always afloat.

前程运输 Pre-carriage by	装货港 Port of Loading SHANGHAI
船名 Ocean Vessel XINXING V. 088	转运港 Port of Transshipment
卸货港 Port of Discharge KELANG	目的地 Final Destination
交货地点 Place of Delivery	收货地点 Place of Receipt

The weight, measurement, marks and numbers, quality, contents and value, being particulars furnished by the shipper, are not checked by the Carrier on loading.

The Shipper, Consignee and the Holder of this Bill of Lading hereby expressly accept and agree to all printed, written or stamped provisions, exceptions and conditions of this Bill of Lading, including those on the back hereof.

In witness whereof the number of original Bill of Lading stated below have been signed, one of which being accomplished, the other（s）to be void.

集装箱/封志号或标记与号码 Container/Seal No. or Marks and Nos.	包装件数和种类/货物描述 Number and Kind of Packages/Description of Goods	毛重 Gross Weight（kgs）	尺码 Measurement（m³）
ABC 10I10PDC00801 2 000PCS KELANG OF MALAYSIA NO. n/2 000	CHJ-NXB Internal Suction Arm CHJ-YCB Internal Suction Arm SAY TOTALTWO THOUSAND CARTONS ONLY	1 000	30

以上细目由托运人提供 ABOVE PARTICULARS FURNISHED BY THE SHIPPER

运费和附加费 Freight and Charges	运费吨 Revenue Tons	运费率 Rate	每 Per	运费预付 Prepaid	运费到付 Collect

兑换率 Ex. Rate	运费预付地点 Freight Prepaid at	运费到付地点 Freight Payable at	签单地点和日期 Place and Date of Issue DALIAN OCT. 20, 2018
	预付总额 Total Prepaid	正本提单份数 Number of Original B（s）/L 3	代表承运人签字 Signed for on Behalf of the Carrier 签名 　　as Agent

表6-14 装船通知

SHANGHAI SINCERITY IMPORT & EXPORT TRADE CO., LTD.
3A HECHUAN MANSION, 2016 YISHAN ROAD, SHANGHAI
SHIPPING ADVICE

TEL: 021-6210 3075   INVOICE NO.: CX5689

FAX: 021-6210 3075   S/C NO.: 13E10POH001

                                            L/C NO.: HJY08069

TO MESSRS:

PROWELD TRADING AND SERVICES 87PERSIARAN BATU GAJAH PERDANA 1, TAMAN BA-TU GAJAH PERDANA 31550 PUSING PERAK MALAYSIA

TELEX/FAX: 0060-3-21688888

DEAR SIRS,

WE HEREBY INFORM YOU THAT THE GOODS UNDER THE ABOVE MENTIONED CREDIT HAVE BEEN SHIPPED. THE DETAILS OF THE SHIPMENT ARE STATED BELOW.

COMMODITY: CHJ-NXB Internal Suction Arm

                                              CHJ-YCB Internal Suction Arm

NUMBER OF CTNS.:   2 000 CARTONS

SHIPPING MARKS: ABC

                           10I10PDC00801

                           2 000PCS

                                      KELANG OF MALAYSIA

                           NO. n/2 000

TOTAL GROSS WEIGHT: 1 000 KGS

OCEAN VESSEL: XINXING V.088

B/L NO.:   6AHUB8A1316

PORT OF LOADING: SHANGHAI

DATE OF DEPARTURE: OCT. 20, 2018

DESTINATION: KELANG PORT

SHANGHAI SINCERITY IMPORT & EXPORT TRADE CO., LTD. Wang Fang

5.实训练习

请你根据以下材料填制出口货物租船、订舱的有关单据。材料如下:

卖方:天津红星进出口公司

       天津市中山路28号

       TEL: 022-28641131   FAX: 022-28641132

买方:MARYA IMPORT CO., LTD.

       35 QUEENSWAY, London, UK

       TEL: +44 (0) 20-2533-5469   FAX: +44 (0) 20-2533-5468

合同号:RT553021

信用证号:LC00112357

货名：电感器（ELECTRONIC EQUIPMENT）

数量：2 000套

包装：每10套装一个纸箱

交货日期：2022年7月31日

有效期：2022年8月10日

货运代理：天津盖奇货运代理公司（负责人王尚）

船名：民进号 V.032

提单号码：COS0452187

货运委托书编号：AF0312847

内装箱地址：天津市滨海新区山东路22号3号门

电话：022-28102562

外币结算账号：THY8156459278

人民币结算账号：SZR850849862

保险：按发票金额110%投保中国人民保险公司海洋货物运输险的一切险与战争险

保险单号：SH060102

商业发票：（见表6-15）

表6-15　　　　　　　　　　　　　商业发票

天津红星进出口公司

TIANJIN HONGXING IMP. & EXP. CO.

28 ZHONGSHAN ROAD，TIANJIN，CHINA

COMMERCIAL INVOICE

TEL：022-28641131　　　　　　　　INV. NO.：SG321

FAX：022-28641132　　　　　　　　DATE：JUL. 1，2022

　　　　　　　　　　　　　　　　S/C NO.：RT553021

TO：MARYA IMPORT CO.，LTD.　　　L/C NO.：LC00112357

　　35 QUEENSWAY，London，UK

FROM　TIANJIN　　　　　　　　　　TO　　LONDON

MARKS & NO.	DESCRIPTION OF GOODS	QUANTITY	U/PRICE	AMOUNT
JKTC RT553021 LONDON C/NO.：1-200	ELECTRONIC EQUIPMENT PACKING：10 SETS IN A 　　　CARTON	2 000 SETS	CIF LONDON USD 4.50	USD 9 000.00

TOTAL AMOUNT：SAY U.S. DOLLARS NINE THOUSAND ONLY

WE HEREBY CERTIFY THAT THE CONTENTS OF THE INVOICE ARE TRUE AND CORRECT.

　　　　　　　　　　　　TIANJIN HONGXING IMP. & EXP. CO.　Li Lin

6.实训讨论

教师在本实训环节完成后，组织学生就实训过程中遇到的问题进行集体讨论，有问题的同学提出问题，然后按实训划分的小组进行分组讨论，讨论后每个小组提出自己的意见，最后由教师进行讲解并总结。

7.提交实训报告

每个学生于下次课提交一份实训报告，报告中要求写出报告的目的，在国际贸易中租船、订舱的办理程序，主要单据的填法及注意事项（后面附上所填制的单据），以及此次课的心得体会。

（二）实训二：进口租船订舱实训

1.实训前的准备

对学生进行分组，2人一组，分别模拟大连玩具进出口公司业务员和船运公司的业务员，根据给定的资料和情景进行实训操作。

2.实训指导

由教师组织学生观看屏幕上的单据样本并讲解填制的具体要求。

（1）进口订舱委托书样本（见表6-16）。

表6-16　　　　　　　　　　　进口订舱委托书样本

进口订舱委托书

编号：　　　　　　　　　　　　　　　　　　　　　　　日期：

货　名 （英文）			
重　量		尺　码	
合同号		包　装	
装运港		交货期	
装货条款			
发货人 名称、地址			
发货人电话			
船　名		预抵港口	
备　注		委托单位	

注：1.危险品需注明性能，重大件注明每件重量及尺码。

2.装货条款需详细注明。

（2）租船订舱结果通知样本（见表6-17，无统一样式）。

表6-17　　　　　　　　　　　租船订舱结果通知样本

DALIAN TOY IMPORT & EXPORT CORPORATION

SHIPPING ADVICE

To：_____　　　Date：_____

Re：Shipment of Contract No._____

We wish to advise that the following stipulated vessel will arrive at _____Port,

on/about_____Vessel's name_____Voy. No._____.

We'll appreciate to see that the covering goods would be shipped on the above vessel on the date of

L/C called.

_____

进口订舱委托书与租船订舱结果通知都没有统一的样式，缮制这两种单据时，可根据进口货物运输的需要填写。进口订舱委托书要根据货物买卖合同的有关内容填写，租船订舱结果通知则需告知出口方船名、航次和到达装运港的时间，以便出口方做好装运货物的准备。

3.实训材料

大连玩具进出口公司接到出口企业的备货通知后，应及时向大连宇华货运代理公司办理订舱委托手续，根据合同有关内容填写进口订舱委托书。当进口货物运输手续办妥后，向出口商"TOKYO IMPORT & EXPORT CORPORATION"发出装船通知，告知其船名、航次和到达装货港的时间，以便其做好装运货物的准备。

订舱委托书号：JF1186W

合同号：TX61083

信用证号：XUT57812

卖方：TOKYO IMPORT & EXPORT CORPORATION

地址：82-324 OTOLI MACHI TOKYO，JAPAN

电话：+81-03-5481-7422　　传真：+81-03-5481-7433

买方：大连玩具进出口公司

货名：电子掌上玩具（ELECTRONIC PALM BAUBLE）

规格、数量：R210S 1 000套，R315H1 000套，R600W1 000套，R800A1 000套

包装：每50套装一个出口纸箱

毛重：每箱2.5KGS

净重：2.0KGS

体积：0.2CBM

装运期：不迟于2022年6月30日前装运

装运港：日本东京

目的港：中国大连

分批装运：不允许

转运：不允许

船名：HONDA V. 026

保险险别：投保一切险

预约保险合同号：HY096587

资料来源　作者根据相关资料整理。

4.实训操作

根据上面的实训材料填写进口订舱委托书、租船订舱结果通知。

（1）填写进口订舱委托书（见表6-18）。

表6-18　　　　　　　　　　　　进口订舱委托书

编号：JF1186W　　　　　　　　　　　　　　　日期：2022年6月5日

货　名（英文）	电子掌上玩具 ELECTRONIC PALM BAUBLE		
重　量	200KGS	尺　码	16CBM
合同号	TX61083	包　装	80箱
装运港	东京港	交货期	2022年6月30日
装货条款	（1）2022年6月28日到达东京港装运（2）不允许转船（3）不允许分批装运		
发货人名称、地址	TOKYO IMPORT & EXPORT CORPORATION 82-324 OTOLI MACHI TOKYO，JAPAN		
发货人电话	+81-03-5481-7422		
订妥船名	HONDA V. 026	预抵港口	大连港
备　注		委托单位	大连玩具进出口公司 杨浩

注：1.危险品需注明性能，重大件注明每件重量及尺码。

2.装货条款需详细注明。

（2）填写租船订舱结果通知（见表6-19）。

表6-19   租船订舱结果通知

DALIAN TOY IMPORT & EXPORT CORPORATION
SHIPPING ADVICE

To：TOKYO IMPORT & EXPORT CORPORATION   Date：JUN. 9，2022

Re： Shipment of Contract No. TX61083

　　We wish to advise that the following stipulated vessel will arrive at＿＿TOKYO＿Port， on/about ＿JUN. 10，2022＿ Vessel's name＿＿HONDA＿＿ Voy. No.＿V.026.

　　We'll appreciate to see that the covering goods would be shipped on the above vessel on the date of L/C called.

DALIAN TOY IMPORT & EXPORT CORPORATION　Hao Yang

5.实训练习

请根据以下材料填制租船订舱的有关单据。材料如下：

广州茂源进出口公司接到德国BEAR进出口公司的备货通知后，及时向广州志远货运代理公司办理订舱委托手续，根据合同有关内容填写进口订舱委托书。当进口货物运输手续办妥后，向出口商"BEAR IMPORT & EXPORT CORPORATION"发出装船通知，告知其船名、航次和到达装货港的时间，以便其做好装运货物的准备。

订舱委托书号：JQ1859W

合同号：MS85033

信用证号：XUT42058

卖方：BEAR IMPORT & EXPORT CORPORATION

地址：325 HOLA HAMBURG，GERMANY

电话：0049-40-519426   传真：0049-40-519427

买方：广州茂源进出口公司

货名：金属工艺品（METAL CRAFTS）

数量：3 000件

包装：每件工艺品装1个泡沫塑料袋，再装入1个小纸箱中，20个小纸箱装入1个出口纸箱

毛重：每箱15KGS

净重：每箱13KGS

体积：0.8CBM

装运期：不迟于2022年3月31日前装运

装运港：德国汉堡

目的港：中国广州

分批装运：不允许

转运：不允许

船名：恒远 V.026

保险险别：投保一切险

预约保险合同号：HY987651

6.实训讨论

教师在本实训环节完成后，组织学生就实训过程中遇到的问题进行集体讨论，由有问题的同学提出问题，然后按实训划分的小组进行分组讨论，讨论后每个小组提出自己的意见，最后由教师进行讲解并总结。

7.提交实训报告

每个学生于下次课提交一份实训报告，报告中要求写出报告的目的，即在国际贸易中进行租船订舱的程序、主要单据的填法及注意事项（后面附上所填制的单据）以及此次课的心得体会。

六、实训考核方法

本模块的主要内容是各项业务的模拟操作或者现场实习，因此主要通过学生现场表现出来的职业性进行考核，以优秀、良好、中等、及格、不及格来评定其成绩，参考标准如下：

1.优秀：学生表现出的应变能力很强，操作熟练，能出色地完成实训任务，完全符合企业的要求。

2.良好：学生表现出一定的应变能力，操作虽有一些失误但不影响大局，能够完成实训任务，符合企业的要求。

3.中等：学生表现出基本的应变能力，操作基本符合要求，完成实训任务时稍有瑕疵但不影响整体效果，基本符合企业的要求。

4.及格：学生表现出的应变能力较差，勉强完成操作，失误较多，影响整体效果，勉强符合企业的要求。

5.不及格：学生不胜任实训任务或者对实训任务不参与、不配合。

七、实训拓展与提高

通过本章的理论知识介绍和对实训环节的讲解，学生应掌握进出口租船订舱业务的理论基础和实际操作技能。下面再介绍一个关于租船订舱的案例。案例的基本资料如下：

出口方：南京明远服装有限公司（NANJING MINGYUAN GARMENT CO.,
LTD.）

·HUARONG MANSION RM2901 NO. 85 GUANJIAQIAO, NANJING, 210005,
CHINA

TEL：0086-25-35784312　FAX：0086-25-35784513

进口方：FASHION FORCE CO., LTD.

P.O.BOX 8935 NEW TERMINAL, ALTA VISTA, OTTAWA, CANADA

TEL：001-613-4563508　FAX：001-613-4562421

交易商品：全棉运动上衣（COTTON BLAZER）

成交方式：CIF

付款方式：即期信用证（L/C AT SIGHT）

通知行：中国银行江苏省分行

受益人银行账号：0777103281054

出口口岸：上海港

分批装运及转船运输：不允许分批装运；允许转运，从中国运至加拿大蒙特利
尔港

最后装船期：2022年6月18日

服装加工厂：无锡珂瑛制衣有限公司

货运代理公司：上海远通国际货运代理有限公司

承运船公司：中国远洋集装箱运输有限公司

这是一个南京明远服装有限公司和加拿大客户就全棉运动上衣交易的租船订舱
实务案例。本案例涉及南京明远服装有限公司的单证储运部，单证储运部负责出运
安排、制单和核销业务。从本案例中，学生可以了解到贸易公司单证储运部门和货
运代理公司的工作过程，对学生今后在贸易公司相关部门以及货运代理公司工作有
实质性的帮助。

加拿大"FASHION FORCE CO., LTD."与南京明远服装有限公司签订了一份
全棉运动上衣的买卖合同，要求南京明远服装有限公司于2022年6月18日前装运。
2022年4月30日，中国银行江苏省分行通知南京明远服装有限公司接收加拿大客
户"FASHION FORCE CO., LTD."通过"BNP PARIBAS（CANADA）MONTREAL"
银行开来的编号为"63211020049"的信用证电开本。议付单据要求：商业发票6
份，受益人代表签名；加拿大海关发票4份；3/3全套正本已装船的清洁海运提单，
抬头人为"TO THE ORDER OF BNP PARIBAS（CANADA）"，显示运费预付，通
知人为开证人的名称和地址；明细装箱单3份；普惠制产地证（FORM A）副本1
份以及加拿大纺织品出口许可证副本1份。

收到信用证后，2022年5月1日，南京明远服装有限公司立即与早已联络好的
服装加工厂签订订购合同。2022年6月9日，服装全部生产、包装完毕。南京明远

服装有限公司单证储运部门根据商业发票、贸易合同及信用证货物明细描述，制作装箱单、出口货物明细单等全套出运单据。

本批出口商品采用集装箱班轮运输，所以在落实信用证及备货时，南京明远服装有限公司立即向上海各家货运代理公司询价，最终委托上海远通国际货运代理有限公司代为订舱，以便及时履行合同及信用证项下的交货和交单义务。南京明远服装有限公司单证储运部门先将货运委托书传真至上海远通国际货运代理有限公司配船订舱，上海远通国际货运代理有限公司填写集装箱货物托运单，向船公司中国远洋集装箱运输有限公司订舱。确认配船和费用后，船公司将配舱回单等与托运人有关的单据返回给上海远通国际货运代理有限公司。上海远通国际货运代理有限公司传真送货通知给南京明远服装有限公司，要求南京明远服装有限公司在2022年6月16日中午前将货物运至指定仓库。南京明远服装有限公司准备全套报关单据寄到上海远通国际货运代理有限公司用于报关、出运。同时，准备普惠制产地证用于出运后寄客户作进口清关。

船公司于2022年6月18日装船后，由船长的大副签署大副收据（Mate's Receipt，M/R），交给上海远通国际货运代理有限公司。上海远通国际货运代理有限公司持大副收据向船公司中国远洋集装箱运输有限公司交付运费并换取正本已装船提单。至此，本案例中涉及的租船订舱业务即告完成。

模块七　货物运输保险

一、实训目的

　　本模块实训的主要目的是让学生了解国际海洋货物运输保险的承保责任范围；掌握我国海洋货物运输保险的基本内容和办理进出口货物运输保险的工作流程；掌握保险条款的具体写法、注意事项；合理选择保险险种；正确填写投保单；独立签订保险合同。

二、理论知识点

　　（一）国际货物运输保险的险别

　　在国际贸易中，商品从卖方经过长途运输到买方的过程中，可能会遭遇到难以预料的风险而受损。因此，在货物出运前要向保险公司投保，以便在发生保险责任范围内的事故时取得保险公司的相应赔偿。我国货物运输保险有海洋货物运输保险（Ocean Marine Cargo Insurance）、陆上货物运输保险（Overland Cargo Transportation Insurance）、航空货物运输保险（Air Cargo Transportation Insurance）、邮包保险（Parcel Post Insurance）四种类型，其中，业务量最大的是海洋货物运输保险。

　　国际贸易海洋货物运输保险中有关于承保责任和保险险别的规定，英国伦敦保险协会制定的《协会货物条款》（Institute Cargo Clause，ICC）最具代表性，它所制定的保险单、保险条款在国际海运货物保险中影响力最大。为了保障国际贸易货物运输的发展，中国人民保险公司根据中国国情及货物运输保险业务的实际情况于1981年1月制定了《中国保险条款》（China Insurance Clause，CIC）。在我国进出口商品买卖中，主要依据这两种条款来办理进出口货物运输保险。中国人民保险公司进出口货物运输保险具体险别见表7-1。

表7-1　　　　　　　中国人民保险公司进出口货物运输保险险别一览表

进出口货物运输保险种类	进出口货物运输保险险别		
海洋货物运输保险	基本险	平安险	
		水渍险	
		一切险	
	附加险	一般附加险	偷窃、提货不着险
			短量险
			渗漏险
			混杂、玷污险
			淡水雨淋险
			碰损、破碎险
			串味险
			钩损险
			受潮、受热险
			锈损险
			包装破裂险
		特别附加险	交货不到险
			进口关税险
			卖方利益险
			舱面险
			拒收险
			港、澳存仓火险
			黄曲霉素险
			虫损险
		特殊附加险	战争险
			罢工险
	其他险	海洋运输冷藏货物险	冷藏险
			冷藏一切险
		海洋运输散装桐油险	
陆上货物运输保险	陆运险		
	陆运一切险		
航空货物运输保险	航空运输险		
	航空运输一切险		
邮包保险			

（二）海洋货物运输保险险别的选择

国际贸易货物运输以海运为主，运输过程中不可避免地会发生各种风险，为了买卖双方的利益，在运输之前要根据货物的特点及运输过程中的具体情况来选择合理的保险险别。保险险别的选择既要考虑到货物在发生损失时应得到相应的赔偿，避免经济损失，又要考虑到保险险别选择的合理性，避免支付不必要的保险费而加大进出口成本。

1.确定由谁来投保

海运货物保险由买方还是由卖方办理，取决于商品买卖合同中贸易术语的选择。在11种贸易术语中，FOB、CIF、CFR、FCA、CPT、CIP 6种术语最为常用，其中CIF、CIP术语下由卖方办理保险，FOB、CFR、FCA、CPT术语下由买方办理保险。如果我方作为出口方，应争取以CIF、CIP成交，一方面可以由我方自主选择保险险别，增加我国保险公司的业务量，为国家多创外汇；另一方面可以减少风险，如海运货物保险是仓至仓的，由我国出口方办理保险，保险开始于仓库，出口方在货物从仓库到装运港装到船上这段过程无须自负风险，如果由外国进口方办理保险，则保险从货物在装运港装到船上开始，从仓库到装运港装到船上这段风险要由出口方来承担。

2.根据货物的特点选择险别（见表7-2）

表7-2　　　　　　　　　　　**海运货物投保险别的选择**

商品类型	主要商品	投保险别
机械类	旧机械和裸装设备等	水渍险
	置于舱面的超大型设备	平安险、舱面险
	各种机动车辆和有包装的机械设备	一切险
五金矿产类	废钢铁	平安险
	金属条、板、管、块等大五金类和散装金属原料	水渍险、短量险
	小五金类、箱装大五金类、带包装的原料	一切险
精密仪器、仪表类	各种仪器、仪表	一切险
轻工产品类	各种电子、电器等轻工类产品	一切险
纺织品类	棉花、棉布、丝、绸等纺织品	一切险
工艺品类	玻璃、陶瓷等	平安险或水渍险，碰损、破碎险
粮油肉食品类	粮食、豆类等	一切险
	食用动植物油	水渍险和短量险，混杂、玷污险
	冷冻肉类或速冻食品	冷藏险
土产、畜产品类	木材	平安险（如在舱面加保舱面险）
	咖啡、可可、茶叶等土特产	一切险
	牛、羊等活牲畜	牲畜、活家禽死亡险

在实际业务操作中，应根据实际情况来选择所投保险的险别。如果在运输过程中要经过处于战争中的地域，一定要加保战争险；如果同时还需投保罢工险，那么在保险单中加罢工险条款即可，无须另行加保险费。

（三）海洋货物运输保险保费的计算

1.确定保险金额

货物在投保之前投保人有必要计算应付的保费，以便正确核算成本。保险金额的计算公式：

保险金额=CIF（CIP）价×（1+投保加成率）

如果信用证中对投保加成率有明确规定，则按信用证规定来投保，注意保险单中的投保加成率不可以高于信用证中规定的投保加成率，否则会被开证行拒付。如果在信用证中没有投保加成率的具体规定，则一般按10%的投保加成率来投保。贸易合同中如果报CFR价，则应折算成CIF价：

CIF价=CFR价÷［1-（1+投保加成率）×保险费率］

如果报FOB价，则需先在FOB价中加入运费，变成CFR价后，再折算成CIF价。

1）出口业务中保险金额的确定

保险金额的计算公式为：

保险金额=CIF（CIP）总价×（1+投保加成率）

2）进口业务中保险金额的确定

对于FOB进口货物，保险金额的计算公式为：

保险金额=FOB总价×（1+平均运费率）÷（1-平均保险费率）

对于CFR进口货物，保险金额的计算公式为：

保险金额=CFR总价÷（1-平均保险费率）

2.计算保险费

保险费=保险金额×保险费率

如按CIF价投保，保险费的计算公式为：

保险费=CIF总价×（1+投保加成率）×保险费率

例如，大连东方进出口公司向英国出口一批仪器，总价款为CIF利物浦100万美元，按10%的投保加成率向中国人民保险公司投保海运一切险。由保险费率表查得运至利物浦的一切险保险费率为0.5%，请问：该公司应向保险公司交纳的保险费是多少？

保险费=CIF总价×（1+投保加成率）×保险费率

　　　=100×（1+10%）×0.5%

　　　=0.55（万美元）

（四）办理海洋货物运输保险的程序

1.投保前的准备

根据合同的规定来确定由买方还是由卖方办理保险，依据货物的特点和运输的实际情况合理选择保险的险别。投保人根据所选择的贸易术语来确定保险金额，保险金额一般按发票金额（如果不是CIF价，要转换为CIF价）加10%的投保加成率来计算。需要注意的是，如果在CIF价中含折扣，应减去折扣金额；如果在CIF价中含佣金，不必减去佣金的金额。

2.投保申请

出口企业办好托运手续，在收到船公司的配舱回单后，就可以根据信用证、商业发票等单据的内容，结合所确定的保险险别和保险金额及需要投保的时间向保险公司提出投保申请，并实事求是地填写投保单。由保险人确认的投保单是订立保险合同的依据。

3.交保费并取得保险单

保险公司审核投保单合格后，根据投保单来制作保险单并交给投保人确认。经投保人确认无误后，保险公司按规定的保险费率和投保人要投保的金额向投保人收取保险费，将正式的保险单据交给投保人，投保人与保险人之间的保险契约关系正式成立。

4.保险索赔

当被保险人获悉或发现保险货物遭损，应该尽快对受损货物采取措施，防止损失扩大，并马上通知保险人，以便保险人检验损失，提出施救意见，确定保险责任。被保险人要备全必要的索赔单证：①保单或保险凭证正本；②运输契约，如提单、运单和邮单等；③发票；④装箱单、磅码单；⑤向承运人或有责任方请求赔偿的书面文件；⑥检验报告；⑦海事报告摘录或海事声明书；⑧货损货差证明；⑨索赔清单。保险索赔要在保险有效期内向保险公司提出。

（五）向保险公司索赔的流程

向保险公司索赔的流程如图7-1所示。

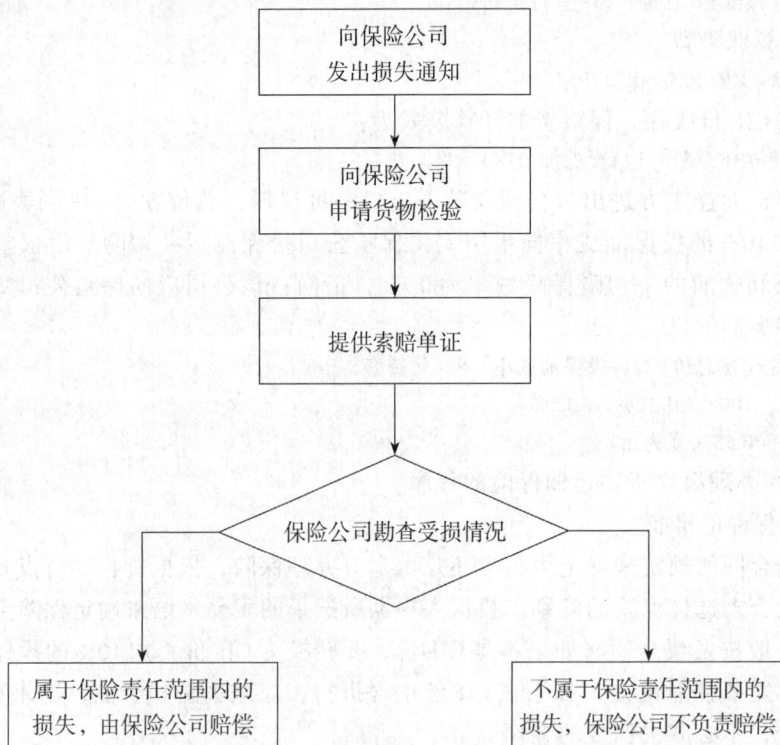

图7-1 向保险公司索赔的流程图

三、实训所需条件

（一）实训学时

2课时/30人。

（二）实训地点

多媒体教室。

（三）实训所需材料

空白的进出口货物运输保险投保单和海洋货物运输保险单（见附录，可以剪下，根据下面实训练习的材料来填写，随实训报告上交）。

四、实训内容与要求

本实训要求学生能够读懂投保单和保险单的内容，掌握这两种单据的填写注意事项；能够依据货物运输的实际情况选择合理的险别；能独立计算保险费，并结合发票、销售合同、信用证等单证的内容填制投保单，能独立与保险公司签订保险合同。

五、实训步骤

（一）实训前的准备

1.对学生进行分组，6人一组，分别模拟大连进出口有限公司业务员、保险公司业务员。

2.各自持所需资料和空白单据，如进出口货物运输保险投保单、海洋货物运输保险单等。

（二）实训指导

教师组织学生观看屏幕上的投保单和保险单样本并讲解具体的填制要求。

1.进出口货物运输保险投保单样本（见表7-3）

表7-3　　　　　　　　　　进出口货物运输保险投保单

中国人民财产保险股份有限公司大连分公司
PICC PROPERTY AND CASUALTY COMPANY LIMITED DALIAN BRANCH

进出口货物运输保险投保单
Application for I/E Marine Cargo Transportation Insurance

被保险人
Insured①

发票号码或合同号码 Invoice No. or Contract No.	包装数量 Packing Quantity	保险货物项目 Description of Goods	保险金额 Amount Insured
②	③	④	⑤

装载运输工具　　　　　航次号　　　　　　　开航日期
Per Conveyance ⑥　　Voy. No. ⑦　　　Slg. Date ⑧

自　　　　　至　　　　　转运地　　　　　赔款地
From_____　To_____　W/T at ⑨　　Claim Payable at ⑩

承保险别
Special Coverage ⑪

投保人签章及公司名称、地址、电话
Applicant's Signature and Company's Name，Address and Telephone Number　⑫

投保日期
Date　⑬

备注
Remarks

保险公司填写　　　　保单号：　　　　　费率：　　　　　核保人：

2.填制投保单的具体要求

①被保险人。此栏要根据结算方式填写，如果是托收，则被保险人一栏应为出口商；如果是信用证，则按信用证要求来填写；如无具体要求，受益人应视为被保险人，作空白背书。该栏要求填写被保险人的全称，而且应与其他单据上对该公司的称呼保持一致。

②发票号码或合同号码。此栏应与发票或合同上标注的号码一致。

③包装数量。此栏应与发票、装箱单上标注的内容一致。

④保险货物项目。此栏应与发票上货物的名称一致。

⑤保险金额。此栏按CIF总价的110%填写并进位取整数。例如，USD38 567.3应填为USD38 568（只要有小数，无论是否大于5都要进位）。

⑥装载运输工具。填写负责运输的船名。

⑦航次号。此栏填写该船的航次号。

⑧开航日期。此栏一般与海运提单的签发日期一致。

⑨自……至……转运地。此栏"自"后填装运港（地）的具体名称，"至"后填目的港（地）名称，转运时应填上转运港名称。如果保险至内陆城市，应在目的港后注明内陆城市的名称。

⑩赔款地。此栏应按信用证规定填写，如未规定则填目的港名称且要注明赔付的货币名称。

⑪承保险别。此栏应与货物合同、信用证规定相一致。

⑫投保人签章及公司名称、地址、电话。此栏填写出口商的全称、具体地址、电话以及经办人的亲笔签名。

⑬投保日期。此栏填写投保单当日的日期。

3.海洋货物运输保险单样本（见表7-4）

表7-4　　　　　　　　　　　海洋货物运输保险单

中国人民财产保险股份有限公司大连分公司

PICC PROPERTY AND CASUALTY COMPANY LIMITED DALIAN BRANCH

发票号码　　　　　　　　　　　　　　　　　　　保险单号次

Invoice No.: _____①_____　　　　　　　　Policy No.: _____②_____

海洋货物运输保险单③

MARINE CARGO TRANSPORTATION INSURANCE POLICY

被保险人：

Insured: _____④_____

中国人民财产保险股份有限公司大连分公司（以下简称本公司）根据被保险人的要求，及其所缴付的约定的保险费，按照本保险单承保险别和背面所载条款与下列特别条款承保下列货物运输保险，特签发本保险单。

This Policy of insurance witnesses that The PICC PROPERTY AND CASUALTY COMPANY LIMITED DALIAN BRANCH (hereinafter called "The Company"), at the request of The Insured and in consideration of the agreed premium paid by The Insured, undertakes to insure the undermentioned goods in transportation subject to the conditions of this policy as per the clauses printed overleaf and other special clauses attached hereon.

保险货物项目 Description of Goods	包装、单位、数量 Packing, Unit, Quantity	保险金额 Amount Insured
⑤	⑥	

承保险别:　　　　　　　　　　　　　　　货物标记:

Conditions：＿＿＿⑧＿＿＿　　　　　　　Marks of Goods：＿＿＿＿＿＿＿＿

总保险金额

Total Amount Insured：＿＿⑦＿＿

保费:　　　　　　　　　　　　费率:

Premium：As Arranged ⑨　　　　Rate：As Arranged ⑩

装载运输工具:　　　　　　　　开航日期:

Per Conveyance S.S.：＿＿⑪＿＿　Slg. on or abt.：＿＿＿⑫＿＿

起运港:　　　　　　　　　　　目的港:

From：＿＿＿⑬＿＿＿＿＿＿　　To：＿＿＿⑬＿＿＿＿＿＿

　　所保货物，如发生本保单项下可能引起索赔的损失或损坏，应立即通知本公司下述代理人查勘。如有索赔，应向保险公司提交保险单正本（本保险单共有＿＿份正本）及有关文件。如一份正本已用于索赔，其余正本则自动失效。⑭

　　In the event of loss or damage which may result in a claim under This Policy，immediate notice must be given to the Company's agent as mentioned hereunder. Claims，if any，one of the Original Policy which has been issued in original（s）together with the relevant documents shall be surrendered to the Company. If one of the Original Policy has been accomplished，the others to be void.

中国人民财产保险股份有限公司大连分公司⑮

PICC Property And Casualty Company Limited Dalian Branch

地址：大连市中山路141号

Add：No.141，Zhongshan Road，Dalian，China

电话/Tel：0411-95518

传真/Fax：0411-83706029

赔款偿付地点：⑯

Claim Payable at：

日期：⑰

Date：

地址：⑱

Address：

4.填制保险单的具体要求

①发票号码。本栏填该批货物发票上注明的号码。

②保险单号次。本栏填保险公司给该保险单编制的号码。

③保险单种类。本栏用以区分保险单种类，如果是海洋运输，则为海洋货物运输保险单。

④被保险人。本栏按信用证的规定填写，一般为信用证的受益人，而且要进行背书以便转让。

⑤保险货物项目。本栏填写发票上的货物名称，因为要凭发票来开立保险单；同时要确保单单相符，而且要与信用证和海运提单的货物名称一致。

⑥包装、单位、数量。本栏要与发票、提单、信用证等单据一致，要注意数量为最大包装的箱数或件数。

⑦总保险金额。本栏一般按发票金额（不是CIF价的，折成CIF价）的110%投保。若信用证有规定，则按规定金额投保。货币单位要标注清楚，与信用证规定相符，且金额取整数（只要有小数，无论大小，都向整数进位）。

⑧承保险别。本栏填写信用证上规定的险别。

⑨保费。本栏一般没有必要在保险单上表示出来，打印"As Arranged"字样即可，但信用证中如果要求填写保费，则由保险公司经过计算后填写。

⑩费率。本栏一般没有必要在保险单上表示出来，打印"As Arranged"字样即可，但信用证中如果要求填写费率，则按保险公司的保险费率规定，由保险公司填写。

⑪装载运输工具。本栏填运输的货轮名称及航次。

⑫开航日期。本栏填提单的签发日期，如果不能确定加"约"字，确定后及时通知保险公司。

⑬起运港、目的港。本栏与提单上注明的相一致。

⑭保单的份数。本栏按确定的保单份数填写。

⑮保险公司签名。本栏填保险公司的名称，且由其有权人签名。

⑯赔款偿付地点。本栏一般为进口商所在地，如果信用证注明赔偿地，则按信用证规定填写。

⑰日期。本栏为保险责任开始日期，在发票日期之后、不迟于海运提单签发的日期。

⑱地址。本栏为保险公司所在地。

（三）实训材料

上海诚信进出口有限公司的业务员王芳办理了一批货物的出口，以信用证方式结算。具体资料如下：

卖方：SHANGHAI SINCERITY IMPORT & EXPORT TRADE CO., LTD.

ADDRESS：3A HECHUAN MANSION, 2016 YISHAN ROAD SHANGHAI

TELEX/FAX：021-6210 3075

买方：PROWELD TRADING AND SERVICES

ADDRESS：87PERSIARAN BATU GAJAH PERDANA 1, TAMAN BATU GAJAH PERDANA 31550 PUSING PERAK MALAYSIA

TELEX/FAX：0060-3-21688888

合同号：13E10POH001

信用证号：HJY08069

商业发票号：CX5689

货物相关信息：见表7-5

表7-5　　　　　　　　　　　　货物相关信息

货物名称及规格 Name of Commodity & Specifications	单价 Unit Price	数量 Quantity	总金额及术语 Amount & Price Terms （CIF HAMBURG）
1. CHJ–NXB Internal Suction Arm	USD320	1 000	USD320 000
2.CHJ–YCB Internal Suction Arm	USD420	1 000	USD420 000

GOODS DESCRIPTION & PACKING	CTNS.	G.W.（KGS）	N.W.（KGS）	MEAS.（m³）
1. CHJ–NXB Internal Suction Arm	1 000pcs	500	450	15
2.CHJ–YCB Internal Suction Arm	1 000pcs	500	450	15

PACKING：　1pcs packed in one carton

船名：新星号V.088

提单号码：6AHUB8A1316

货运委托书编号：JC565656

内装箱地址：上海市洋山保税区25号

电话：021–65232323

外币结算账号：CHA80554263

人民币结算账号：HLK6388697

保险：按发票金额110%投保中国人民保险集团公司海洋货物运输险的一切险

保险单号：DLFG659866

起运港：SHANGHAI

目的港：KELANG

赔款地：KELANG

唛头：ABC

10I10PDC00801

2 000PCS

KELANG OF MALAYSIA

NO. n/2000

（四）实训操作

请根据上述资料来填写下面的投保单（见表7-6）和保险单（见表7-7）。

表7-6 进出口货物运输保险投保单

中国人民财产保险股份有限公司上海分公司

PICC PROPERTY AND CASUALTY COMPANY LIMITED SHANGHAI BRANCH

进出口货物运输保险投保单

Application for I/E Marine Cargo Transportation Insurance

被保险人

Insured SHANGHAI SINCERITY IMPORT & EXPORT TRADE CO., LTD.

发票号码或合同号码 Invoice No. or Contract No.	包装数量 Packing Quantity	保险货物项目 Description of Goods	保险金额 Amount Insured
Invoice No.： CX5689 Contract No.： BE10POH001	1 000pcs 1 000pcs	1. CHJ-NXB Internal Suction Arm 2.CHJ-YCB Internal Suction Arm	USD 740 000

装载运输工具　　　　　　　　　　航次号　　　　　　　　开航日期

Per Conveyance___XINXING___　　　Voy. No. V.088　　　Slg. Date _OCT. 20, 2022_

自　　　　　　至　　　　　　　　转运地　　　　　　　　赔款地

From _SHANGHAI_ To_KELANG_　　W/T at_____　　Claim Payable at _KELANG_

承保险别

Special Coverage _FOR 110% OF THE INVOICE VALUE COVERING ALL RISKS AS PER PICC DATE 01/01/1981_

投保人签章及公司名称、地址、电话

Applicant's Signature and Company's Name，Address and Telephone Number

SHANGHAI SINCERITY IMPORT & EXPORT TRADE CO., LTD.

ADDRESS：3A HECHUAN MANSION，YISHAN ROAD SHANGHAI

TELEX/FAX：021-6210 3075

投保日期

Date：_OCT. 19, 2022_

备注

Remarks

保险公司填写　　　　保单号：　　　　费率：　　　　　核保人：

· 资料来源：作者根据相关资料整理。

表7-7　　　　　　　　　　　海洋货物运输保险单

中国人民财产保险股份有限公司上海分公司

PICC PROPERTY AND CASUALTY COMPANY LIMITED SHANGHAI BRANCH

发票号码　　　　　　　　　　　　　　保险单号次

Invoice No.: <u>CX5689</u>　　　　　　　Policy No.: <u>DLFG659866</u>

海洋货物运输保险单

MARINE CARGO TRANSPORTATION INSURANCE POLICY

被保险人：

Insured：<u>SHANGHAI SINCERITY IMPORT & EXPORT TRADE CO.，LTD.</u>

中国人民财产保险股份有限公司上海分公司（以下简称本公司）根据被保险人的要求，及其所缴付的约定的保险费，按照本保险单承保险别和背面所载条款与下列特别条款承保下列货物运输保险，特签发本保险单。

This Policy of insurance witnesses that The People's Insurance （Property） Company of China, Ltd. Shanghai Branch （hereinafter called 'The Company'）, at the request of The Insured and in consideration of the agreed premium paid by The Insured, undertakes to insure the undermentioned goods in transportation subject to the conditions of this policy as per the clauses printed overleaf and other special clauses attached hereon.

保险货物项目 Description of Goods	包装、单位、数量 Packing，Unit，Quantity	保险金额 Amount Insured
1. CHJ-NXB Internal Suction Arm 2.CHJ-YCB Internal Suction Arm	1 000pcs 1 000pcs	USD740 000

承保险别

Conditions：<u>FOR 110% OF THE INVOICE VALUE COVERING ALL RISKS AS PER INVOICE CX5689 AND L/C HJY08069</u>

货物标记

Marks of Goods：

ABC

10I10PDC00801

2 000PCS

KELANG OF MALAYSIA

NO. n/2000

总保险金额

Total Amount Insured：<u>U.S. DOLLARS EIGHT HUNDRED FOURTEEN THOUSAND ONLY</u>

保费　　　　　　　　　　　　　　　费率

Premium <u>As Arranged</u>　　　　　　　Rate <u>As Arranged</u>

装载运输工具　　　　　　　　　　　开航日期

Per Conveyance S.S. <u>XINXING V.088</u>　　Slg. on or abt. <u>OCT. 20，2022</u>

起运港　　　　　　　　　　　　　　目的港

From <u>SHANGHAI</u>　　　　　　　　　To <u>KELANG</u>

所保货物，如发生本保单项下可能引起索赔的损失或损坏，应立即通知本公司下述代理人查勘。如有索赔，应向保险公司提交保险单正本（本保险单共有3份正本）及有关文件。如一份正本已用于索赔，其余正本则自动失效。

In the event of loss or damage which may result in a claim under This Policy，immediate notice must be given to the Company's agent as mentioned hereunder. Claims，if any，one of the Original Policy which has been issued in original（s）together with the relevant documents shall be surrendered to the Company. If one of the Original Policy has been accomplished，the others to be void.

中国人民财产保险股份有限公司上海分公司

PICC Property And Casualty Company Limited Shanghai Branch

地址：上海市中山路141号

Add：<u>No.141，Zhongshan Road，SHANGHAI，China</u>

电话/Tel：021-95518

传真/Fax：021-83706029

赔款偿付地点：

Claim Payable at_____KELANG_____

日期：

Date：_____OCT. 19，2022_____

地址：

Address：_____

资料来源：作者根据相关资料整理。

（五）实训练习

请以大连××进出口有限公司业务员王宏的身份，根据以下材料制作一份投保单；再以中国人民财产保险股份有限公司业务员韩夕婷的身份制作一份保险单。资料如下：

卖方：DALIAN ×× IMPORT & EXPORT CO.，LTD.

　　　18 ZHONGSHAN ROAD，DALIAN

　　　TEL：0411-84738888

买方：TOKYO IMPORT & EXPORT CO.，LTD.

　　　21-358 OTOLI MACHI TOKYO，JAPAN

　　　TEL：+81-03-5481-7455

商品名称：男式衬衫

发票号：GHT0008

合同号：08CHLN/8-20-DU

包装及数量：用纸箱装，共300个纸箱，每箱装20件

发票金额：采用CIF价，USD42 000

唛头：AIR

20PCS

TOKYO OF JAPAN

NO.n/300

保险金额：按110%发票金额（CIF价）

投保险别：一切险

起运港：大连港

目的港：东京港

赔款地：日本东京

开航日期：OCT. 16，2022

投保地点：大连

运输工具：NINGBO V. 0820E

（六）实训讨论

在进出口货物运输保险投保单、海洋货物运输保险单填制完成后，组织学生就填写过程中遇到的问题进行集体讨论，由有问题的同学提出问题，然后按实训前准备时划分的小组进行分组讨论，讨论后每个小组提出自己的意见，最后由教师进行讲解和总结。

（七）提交实训报告

每个学生于下次课提交一份实训报告，报告中要求写出报告的目的，在国际贸易中货物运输保险的办理程序，保险单、投保单的填法及注意事项（后面附上根据实训练习的资料所填制的保险单和投保单），以及此次课的心得体会。

六、实训考核方法

本模块的主要内容是各项业务的模拟操作或者现场实习，因此主要通过学生现场表现出来的职业性对其进行考核，以优秀、良好、中等、及格、不及格来评定其成绩。参考标准如下：

1.优秀：学生表现出的应变能力很强，操作熟练，能出色地完成实训任务，课堂讨论积极。

2.良好：学生表现出一定的应变能力，操作虽有一些失误但不影响大局，能够完成实训任务，课堂讨论较积极。

3.中等：学生表现出基本的应变能力，操作基本符合要求，完成实训任务的过程中稍有瑕疵但不影响整体效果，课堂讨论表现一般。

4.及格：学生表现出的应变能力较差，勉强完成操作，在完成实训任务的过程中有一些失误，对整体效果有一定的影响，课堂讨论表现一般。

5.不及格：学生不胜任实训任务或者对实训任务不参与、不配合。

七、实训拓展与提高

国际货物运输保险中除了海洋货物运输保险外，还有航空货物运输保险、铁路货物运输保险、公路货物运输保险等种类，在掌握海洋货物运输保险单的内容和填制要点的基础上，学生可以了解航空货物运输保险单的内容构成，以拓展相关知识。

航空货物运输保险单

发票号码＿＿＿＿＿＿＿＿＿＿　保险单号次＿＿＿＿＿＿＿

中国人民财产保险股份有限公司（以下简称"本公司"）根据＿＿＿＿＿＿（以下简称"被保险人"）的要求由被保险人向本公司缴付约定的保险费，按照本保险单承保险别和背后所载条款与下列特款承保下述货物运输保险，特立本保险单。

总保险金额：

保费＿＿＿＿＿＿　费率＿＿＿＿＿＿　航班号＿＿＿＿＿＿

开航日期＿＿＿＿＿＿自＿＿＿＿＿＿至＿＿＿＿＿＿

承保险别：

所保货物，如发生保险单项下可能引起索赔的损失或损坏，应立即通知本公司下述代理人查勘。

如有索赔，应向本公司提交保险单正本（本保险单共有＿＿份正本）及有关文件。

中国人民财产保险股份有限公司

赔款偿付地点＿＿＿＿＿＿＿＿＿＿＿＿＿

出单公司地址＿＿＿＿＿＿＿＿＿＿＿＿＿

中国人民财产保险股份有限公司国内航空货物运输保险条款

保险标的范围

第一条　凡在国内经航空运输的货物均可为本保险之标的。

第二条　下列货物非经投保人与被保险人特别约定，并在保险单（凭证）上载明，不在保险标的范围以内：金银、珠宝、钻石、玉器、首饰、古币、古玩、古书、古画、邮票、艺术品、稀有金属等珍贵财物。

第三条　下列货物不在保险标的范围以内：蔬菜、水果、活牲畜、禽类、鱼类和其他动物。

保险责任

第四条　由于下列保险事故造成保险货物的损失，保险人负赔偿责任：

（一）火灾、爆炸、雷电、冰雹、暴风、暴雨、洪水、海啸、地陷、崖崩。

（二）因飞机遭受碰撞、倾覆、坠落、失踪（3个月以上），在危难中发生卸载以及遭受恶劣气候或其他危难事故发生抛弃行为所造成的损失。

（三）因受震动、碰撞或压力而造成破碎、弯曲、凹瘪、折断、开裂的损失。

（四）因包装破裂致使货物散失的损失。

（五）凡属液体、半流体或者需要用液体保藏的保险货物，在运输途中因受震动、碰撞或压力致使所装容器（包括封口）损坏发生渗漏而造成的损失，或用液体保藏的货物因液体渗漏而致保藏货物腐烂的损失。

（六）遭受盗窃或者提货不着的损失。

（七）在装货、卸货时和港内地面运输过程中，因遭受不可抗力的意外事故及雨淋所造成的损失。

第五条　在发生责任范围内的灾害事故时，因施救或保护保险货物而支付的直接合理费用。

责任免除

第六条　由于下列原因造成保险货物的损失，保险人不负责赔偿：

（一）战争、军事行动、扣押、罢工、哄抢和暴动。

（二）核反应、核子辐射和放射性污染。

（三）保险货物自然损耗、本质缺陷、特性所引起的污染、变质、损坏，以及货物包装不善。

（四）在保险责任开始前，被保险货物已存在的品质不良或数量短差所造成的损失。

（五）市价跌落、运输延迟所引起的损失。

（六）属于发货人责任引起的损失。

（七）被保险人或投保人的故意行为或违法犯罪行为。

第七条　由于行政行为或执法行为所致的损失。

第八条　其他不属于保险责任范围内的损失。

责任起讫

第九条　保险责任是自保险货物经承运人收讫并签发保险单（凭证）时起，至该保险单（凭证）上的目的地的收货人在当地的第一个仓库或储存处所时终止。但保险货物运抵目的地后，如果收货人未及时提货，则保险责任的终止期最多延长至以收货人接到"到货通知单"以后的15天为限（以邮戳日期为准）。

第十条　由于被保险人无法控制的运输延迟、绕道、被迫卸货、重行装载、转载或承运人运用运输契约赋予的权限所做的任何航行上的变更或终止运输契约，致使被保险货物运输到非保险单所载目的地时，在被保险人及时将获知的情况通知保险人，并在必要时加缴保险费的情况下，本保险仍继续有效。保险责任按下述规定终止：

（一）保险货物如在非保险单所载目的地出售，保险责任至交货时为止。但不论任何情况，均以保险货物在卸载地卸离飞机后满15天为止。

（二）保险货物在上述15天期限内继续运往保险单所载原目的地或其他目的地时，保险责任仍按上述第（一）款的规定终止。

保险价值和保险金额

第十一条 保险价值按货价或货价加运杂费确定，保险金额按保险价值确定，也可以由保险双方协商确定。

投保人、被保险人义务

第十二条 投保人、被保险人如果不履行下述任何一条规定的义务，保险人有权终止保险合同或拒绝赔偿部分或全部经济损失。

第十三条 投保人、被保险人应依法履行如实告知义务，如实回答保险人就保险标的或者投保人、被保险人的有关情况提出的询问。

第十四条 投保人在保险人或其代理人签发保险单（凭证）的同时，应一次缴清应付的保险费。

第十五条 投保人应当严格遵守国家及交通运输部门关于安全运输的各项规定，还应当接受并协助保险人对保险货物进行的查验防损工作，货物运输包装必须符合国家和主管部门规定的标准。

第十六条 保险货物如果发生保险责任范围内的损失时，投保人或被保险人获悉后，应迅速采取施救和保护措施并立即通知保险人的当地机构（最迟不超过10天）。

赔偿处理

第十七条 被保险人向保险人申请索赔时，必须提供下列有关单证：

（一）保险单（凭证）、运单（货票）、提货单、发票（货价证明）。

（二）承运部门签发的事故签证、交接验收记录、鉴定书。

（三）收货单位的入库记录、检验报告、损失清单及救护货物所支付的直接合理费用的单据。

（四）其他有利于保险理赔的单证。

保险人在接到上述索赔单证后，应当根据保险责任范围，迅速核定应否赔偿。赔偿金额一经保险人与被保险人达成协议后，应在10天内赔付。

第十八条 保险货物发生保险责任范围内的损失时，按保险价值确定保险金额的，保险人应根据实际损失计算赔偿，但最高赔偿金额以保险金额为限；保险金额低于保险价值的，保险人对其损失金额及支付的施救保护费用按保险金额与保险价值的比例计算赔偿。

保险人对货物损失的赔偿金额，以及因施救或保护货物所支付的直接合理的费用，应分别计算，并各以不超过保险金额为限。

第十九条 保险货物发生保险责任范围内的损失时，如果根据法律规定或有关约定，应当由承运人或其他第三者负责赔偿部分或全部的，被保险人应首先向承运人或其他第三者提出书面索赔，直至诉讼。被保险人若放弃对第三者的索赔，保险人不承担赔偿责任；如被保险人要求保险人先予赔偿，被保险人应签发权益转让书，应将向承运人或第三者提出索赔的诉讼书及有关材料移交给保险人，并协助保险人向责任方追偿。

由于被保险人的过错致使保险人不能行使代位请求赔偿权利的，保险人可以相应扣减保险赔偿金。

第二十条　保险货物遭受损失后的残值，应充分利用，经双方协商，可作价折归被保险人，并在赔款中扣除。

第二十一条　被保险人从获悉或应当获悉保险货物遭受损失的次日起，如果经过2年不向保险人申请赔偿，不提供必要的单证，或者不领取应得的赔款，则视为自愿放弃权益。

第二十二条　被保险人与保险人发生争议时，应当实事求是，协商解决，双方不能达成协议时，按（　）项处理：（1）提交仲裁机关仲裁；（2）向人民法院起诉。

其他事项

第二十三条　凡经水路与其他运输方式联合运输的保险货物，按相应的运输方式分别适用本条款及《铁路货物运输保险条款》、《公路货物运输保险条款》和《航空货物运输保险条款》。

第二十四条　凡涉及本保险的约定均采用书面形式。

模块八　进出口商品的报检与报关

一、实训目的

本模块实训的主要目的是使学生理解报检、报关的理论基础；掌握在出口贸易中办理出口货物报检、报关的基本操作流程，并填制相关单据；通过模拟实验结合案例演示，对整个出口报检、报关业务有一个具体的认识。

二、理论知识点

（一）报检的理论知识

在进出口贸易中要对出入境的商品进行检验检疫，海关的卫生检疫司、动植物检疫司、商品检疫司、进出口食品安全局分别对列入《出入境检验检疫机构实施检验检疫的进出境商品目录》的出入境货物进行检验检疫。在对进出口商品进行检验时，检验检疫机构根据商品的不同特性，法律、法规规定的不同内容，或是根据合同中的具体规定、有关技术标准的规定，以及申请人、委托人意愿的不同，进行质量检验、数量和重量检验、包装检验、进出口商品装运技术检验、出入境动植物检疫、出入境卫生检疫和进出口商品鉴定等。

2018年5月1日起，为贯彻落实国务院机构改革的要求，进一步优化营商环境，促进贸易便利化，根据《海关总署关于修改部分规章的决定》（海关总署令第238号），全面取消"入/出境货物通关单"。

涉及法定检验检疫要求的进口商品申报时，在报关单随附单证栏中不再填写原通关单代码和编号。企业可以通过"单一窗口"（包括通过"互联网+海关"接入"单一窗口"）报关报检合一界面向海关一次申报。如需使用"单一窗口"单独报关、报检界面或者报关报检企业客户端申报的，企业应当在报关单随附单证栏中填写报检电子回执上的检验检疫编号，并填写代码"A"。涉及法定检验检疫要求的出口商品申报时，企业不需在报关单随附单证栏中填写原通关单代码和编号，应当填写报检电子回执上的企业报检电子底账数据号，并填写代码"B"。

对于特殊情况下，仍需检验检疫纸质证明文件的，按以下方式处理：①对入境动植物及其产品，在运输途中需提供运递证明的，出具纸质"入境货物调离通知单"；②对出口集中申报等特殊货物，或者因计算机、系统等故障问题，根据需要出具纸质"出境货物检验检疫工作联系单"。

海关统一发送一次放行指令，海关监管作业场所经营单位凭海关放行指令为企业办理货物提离手续。

（二）进出口货物报检的具体操作流程

根据《中华人民共和国进出口商品检验法》的规定，列入由国家制定、调整必须实施检验的进出口商品目录（以下简称目录）的进出口商品，由海关的卫生检疫司、动植物检疫司、商品检疫司、进出口食品安全局等检验检疫机构分类对进出口商品实施检验。前款规定的进口商品未经检验的，不准销售和使用；前款规定的出口商品未经检验合格的，不准出口。第五条第一款规定的进出口商品，其中符合国家规定的免予检验条件的，由收货人或者发货人申请，经国家商检部门审查批准，可以免予检验。进出口商品到达进（出）口国（地区）海关后，应及时向出入境检验检疫部门办理出入境报检手续。办理出入境报检手续的步骤如下：

1.报检

报检就是进出口商在货物到达海关后向出入境检验检疫部门申请检验。进出口企业可以通过"单一窗口"（包括通过"互联网+海关"接入"单一窗口"）报关报检合一界面向海关一次申报，并随附上传合同、发票、提（运）单、装箱单等有关电子版单证。在特殊情况下，还需要上传提供相应的单据与文件。如报检入境旧机电产品时，还应提供与进口旧机电产品相符的进口许可证明；对有残损、短缺的货物申请残损鉴定的，还需随附理货公司与轮船大副共同签署的货物残损报告单、大副批注等有关证明材料；对美国、日本、欧盟和韩国的入境货物进行报检时，应按照规定提供有关包装情况的证书和声明。

2.接受报检

接受报检就是出入境检验检疫部门通过"单一窗口"（包括通过"互联网+海关"接入"单一窗口"）接到进出口商提交的网上报检申请及其他必要电子单证后，经过电子单证检验，确认合格、接受进出口商的报检申请并收取相应的检验费。

3.现场查验

现场查验就是出入境检验检疫部门的工作人员在报检员的陪同和配合下，到商品存放的现场进行商品数量、重量、包装、外观等项目的抽样查验。

4.检验

海关的卫生检疫司、动植物检疫司、商品检疫司、进出口食品安全局等检验检疫机构根据抽样和现场检验记录,仔细核对合同及信用证对商品品质、规格、包装的规定,弄清检验的依据、标准,采用合理的方法实施检验。

5.发放放行指令

以前出入境检验检疫机构会按照检验的实际结果向进出口商签发检验证书。对经检验合格的进出口商品签发"出境货物通关单""入境货物通关单";对经检验不合格的进出口商品签发"出境货物不合格通知单""入境货物不合格通知单"。

(三)报关的理论知识

进出口商品的报关期限在《中华人民共和国海关法》中有明确的规定,进口货物的收货人应当自运输工具申报进境之日起14日内,出口货物的发货人除海关特准的外应当在货物运抵海关监管区后、装货的24小时以前,向海关申报。如果进口货物的收货人超过规定期限向海关申报的,由海关征收滞报金。不符合规定的,海关可以拒绝接受其通关申报,这样进出口货物就得不到海关的检验、征税和放行,从而影响运输单据的取得,甚至导致违反合同。因此,进出口货物的发货人或其代理人应该及早向海关办理申报手续。

在进出口贸易中,报关工作的全部程序分为申报、查验、缴费、放行四个阶段。

1.申报

货物的收货人(或其代理人)和发货人(或其代理人)在货物进出口时,应按要求在规定的时间、地点,由本单位(或其代理人)的持报关单录入权操作员卡的操作员通过中国国际贸易"单一窗口"或"互联网+海关"一体化平台报关单录入界面,脱机录入报关单数据,将录入的报关单数据信息上传到数据中心,采用电子数据报关单的形式,向海关报告实际进出口货物的情况。

2.查验

进出口货物,除海关总署特准免查验的以外,都应接受海关查验。查验的目的是核对报关单证所报内容与实际到货是否相符,有无错报、漏报、瞒报、伪报等情况,审查货物的进出口是否合法。

海关查验货物,应在海关规定的时间和场所进行。海关查验货物时,货物的收货人(或其代理人)和发货人(或其代理人)必须到场,并按海关的要求负责货物的搬移、拆装箱和查验货物的包装等工作。如果海关认为有必要,可以进行开验、复验或者提取货样,此时,货物保管人应当到现场作证。

3.缴费

查验结束后,海关对应税货物征收税款(关税、增值税、消费税),货物的收货人(或其代理人)和发货人(或其代理人)通过"单一窗口"或"互联网+海关"的报关系统中查询电子回单后确认关税金额,利用网上支付方式进行缴税,对逾期纳税货物缴纳滞纳金,并对缴纳的税费进行核销。

4.放行

海关对进出口货物的报关，经过审核报关单据、查验实际货物，并依法办理了征收货物税费手续或减免税手续，海关审结完毕后电子放行。

（四）进出口货物报关的具体操作流程

根据《中华人民共和国海关法》的规定，进出境运输工具、货物、物品，必须通过设立海关的地点进境或者出境。在特殊情况下，需要经过未设立海关的地点临时进境或者出境的，必须经国务院或者国务院授权的机关批准，并依照法律规定办理海关手续。进（出）口商应及时通过"单一窗口"或"互联网+海关"进行进出口货物的报关，在网上录入商业发票、提货单、装箱单或重量单、保险单及其他必要文件，以便办理进出口货物的报关手续。注意录入的单据必须为 PDF 格式（要加盖公章），大小不能超过 20M，单页文件不能超过 200KB 且要保证文件信息的正确性。另外，自 2016 年 3 月 1 日起，除因计算机、网络系统等技术原因无法通过预录入系统办理报关单修改或者撤销的，海关不再以纸质方式办理报关单修改和撤销业务。

办理进出口报关手续的步骤如下：

1.申报

登录"单一窗口"或"互联网+海关"，由本单位（或其代理人）的持报关单录入权操作员卡的操作员通过"单一窗口"或"互联网+海关"进行数据的预录入。

由本单位（或其代理人）的持报关单审核申报权操作员卡的操作员进入"单一窗口"或"互联网+海关"的"报关单审核申报"界面，对报关单的逻辑性、填报的规范性进行审核，确保报关单可以向海关进行申报。若审核不通过，则需要将报关单下载到本地进行修改，修改后的报关单需重新上传到数据中心，并且需要重新进行审核。审核通过后进入报关申报确认业务流程。

由本单位（或其代理人）的持报关单申报确认权操作员卡的操作人员进入"单一窗口"或"互联网+海关"的"报关单申报确认"界面，对报关单进行确认申报操作，经"申报确认"的报关单通过公共数据中心传海关内部网。如果申报确认时认为报关单的填制不符合逻辑，需要将报关单数据下载到本地进行修改，修改完毕之后需要将数据重新上传到数据中心，并且重新进行审核和申报确认。

2.查验

海关将是否对货物实施查验以及查验方式的决定通知发（收）货人。发（收）货人按照海关通知到现场配合海关实施查验。

3.缴费

海关人员审核电子单证和电子数据，无误后，发出电子回单并注明关税金额。货物的收货人（或其代理人）和发货人（或其代理人）通过在"单一窗口"或"互联网+海关"的报关系统中查询电子回单后确认关税金额，利用网上支付方式进行缴税。

收（发）货人应自海关签发税款回单之日起15日内缴纳税款（最后一天为法定节假日或休息日的顺延至节假日或休息日后的第一个工作日），逾期缴纳的，从滞纳税款之日起，海关按日加收滞纳税款5‰的滞纳金。

4.放行

查验货物结果正常且已缴纳税费的，海关电子放行。关员在D/O单上加盖海关放行章并退还报关人，并将放行电子数据传至海关监管场所及卡口，报关人即可发运货物或提货入境。

对不需查验的进出口货物，海关对单证及货物直接放行。

（五）进口货物（在改革试点海关进口）"两步申报"报关手续

为贯彻落实国务院"放管服"改革要求，进一步优化营商环境，促进贸易便利化，海关总署决定在满洲里海关隶属十八里海关；杭州海关隶属钱江海关驻下沙办事处、舟山海关；宁波海关隶属梅山海关；青岛海关隶属烟台海关驻港口办事处、驻机场办事处；深圳海关隶属深圳湾海关、蛇口海关；黄埔海关隶属新港海关、穗东海关六个海关开展进口货物"两步申报"改革试点，自2019年8月24日起实施。"两步申报"通关模式大幅压缩了货物通关的时间，使申报更高效、更便捷。

1.试点期间，适用"两步申报"需同时满足下列条件：

（1）境内收发货人信用等级是一般信用及以上的；

（2）经由试点海关实际进境货物的；

（3）涉及的监管证件已实现联网核查的。

除此之外，还要注意申报地海关为六个试点海关之一；货物运输方式为水路、航空；转关业务暂不适用两步申报模式。

2.经由试点海关实际进境货物的企业通过"单一窗口"或"互联网+海关"向海关申报进口的两步申报的具体步骤如下：

（1）报关前的准备

经由试点海关实际进境货物的进口企业要在国际贸易"单一窗口"或"互联网+海关"一体化办公平台向海关传输舱单数据。

应税进口货物要先担保。对于应税货物进口企业要向海关职能部门提交税收担保备案申请，担保额度可根据企业税款缴纳情况循环使用。有减免税进口货物要求的申请人应在概要申报前向主管海关办理减免税确认手续。要先办理好有关的监管证件，如检疫准入、境外预检、境外装运前检验、进口批文等证件。

（2）两步申报

第一步，企业概要申报后经海关同意即可提离货物。

企业向海关申报进口货物是否属于禁限管制，是否依法需要检验或检疫（是否属法检目录内商品及法律法规规定需检验或检疫的商品），是否需要缴纳税款。

不属于禁限管制且不属于依法需检验或检疫的，申报10个项目（境内收发货人、运输方式/运输工具名称、航次号、提运单号、监管方式、6位数的商品编码、商品名称、数量及单位、总价、原产国或原产地区），并确认涉及物流的2个项目（毛重、集装箱号），应税的须选择符合要求的担保备案编号；属于禁限管制的需增加申报2个项目（许可证号/随附证件代号及随附证件编号、集装箱商品项号关系）；依法需检验或检疫的需增加申报5个项目（产品资质、13位的商品编号、货物属性、用途、集装箱商品项号关系）。

第二步，企业在规定时间内完成完整申报。

企业自运输工具申报进境之日起14日内完成完整申报，办理缴纳税款等其他通关手续。税款缴库后，企业担保额度自动恢复。如概要申报时选择不需要缴纳税款，完整申报时经确认为需要缴纳税款的，企业应当按照进出口货物报关单撤销的相关规定办理。

（3）计征税费

企业利用预录入系统的海关计税服务工具计算应缴纳的相关税费，并对系统显示的税费结果进行确认，在收到海关通关系统发送的回执后自行办理相关税费手续。

（4）报关单放行

对系统自动审核通过或经人工审核通过的完整报关单，系统自动完成放行。

三、实训所需条件

（一）实训学时

4课时/30人。

（二）实训地点

多媒体教室。

（三）实训所需材料

商业发票、装箱单、报检和报关委托书以及出境货物通关单等相关单证（见附录，可以剪下，根据下面实训练习的材料来填写，随实训报告上交）。

四、实训内容与要求

本模块主要训练学生熟悉并熟练操作进出口报检和报关的基本业务。通过对学生进行进出口报检和报关的场景实训，学生应了解进出口报检和报关业务的基本知识，掌握进出口报检和报关业务的各项技能，要求学生在通晓基本理论的基础上参与实践。

五、实训步骤

（一）实训一：出口报检、报关

1.实训前的准备

（1）对学生进行分组，6人一组，分别模拟上海诚信进出口有限公司业务员、货运代理公司业务员、上海海关工作人员。

（2）各自持所需资料和空白单据，如贸易合同及合同附件、信用证、发票、装箱单等。

2.实训指导

由教师组织学生观看屏幕上的单据样本并讲解填制的具体要求。

（1）报检委托书样本见表8-1。

表8-1　　　　　　　　　　　**报检委托书样本**

报检委托书

本委托书郑重声明，保证遵守出入境检验检疫法律、法规的规定。如有违法行为，自愿接受检验检疫机构的处罚并负法律责任。

本委托人委托受托人向检验检疫机构提交"报检申请单"和各种随附单据，具体委托情况如下：

本单位将于_____年_____月间出口如下货物：

品　名		H.S.编码	
数（重）量		合同号	
信用证号		审批文号	
其他特殊要求			

特委托_____（单位/注册登记号），代表本公司办理下列出入境检验检疫事宜：

☐1.代理报检手续

☐2.代缴检验检疫费

☐3.负责与检验检疫机构联系和验货

☐4.领取检验检疫证单

☐5.其他与报检有关的事宜

请按有关法律、法规规定予以办理。

委托人（公章）　　　　　　　　　　　受委托人（公章）

　　　　年　月　日　　　　　　　　　　　年　月　日

（2）代理报关委托书、委托报关协议样本见表8-2、表8-3。

表8-2   **代理报关委托书样本**

代理报关委托书

编号：＿＿＿＿＿＿＿＿＿＿

我单位现＿＿＿（A.逐票，B.长期）委托贵公司代办＿＿＿（A.填单申报，B.辅助查验，C.垫缴税款，D.海关证明联，E.审批手册，F.核销手册，G.减免税手续，H.其他）等通关事宜，详见《委托报关协议》。

我单位保证遵守《中华人民共和国海关法》和国家有关法规，保证所提供的情况真实、完整、单货相符；否则，愿承担相关法律责任。

本委托书有效期自签字之日起至＿＿＿年＿＿＿月＿＿＿日止。

委托方（盖章）：

法定代表人或其授权签署《代理报关委托书》的人（签字）：

年   月   日

表8-3   **委托报关协议样本**

委托报关协议

为明确委托报关具体事项和各自责任，双方经平等协商签订协议如下：

委托方		被委托方		
主要货物名称		报关单编号		
H.S.编码		收到单证日期	年 月 日	
货物总价		收到单证情况	□合同	□发票
进出口日期			□装货清单	□提（运）单
提单号			□加工贸易手册	□许可证件
贸易方式		其他		
原产地/货源地		报关收费		
其他要求：		承诺说明：		
背面所列通用条款是本协议不可分割的一部分，对本协议的签署构成了对背面通用条款的同意		背面所列通用条款是本协议不可分割的一部分，对本协议的签署构成了对背面通用条款的同意		
委托方业务签章：		被委托方业务签章：		
经办人签章：		经办报关员签章：		
联系电话：		联系电话：		

（白联：海关留存；黄联：被委托方留存；红联：委托方留存）中国报关协会监制

（3）出口货物报关单样本见表8-4。

表8-4

页码/页数：

中华人民共和国海关出口货物报关单

预录入编号：①　　海关编号：②

境内收发货人③	出境关别④	出口日期⑤	申报日期⑥	备案号⑦
境外收发货人⑧	运输方式⑨	运输工具名称及航次号⑩		提运单号⑪
生产销售单位⑫	监管方式⑬	征免性质⑭		许可证号⑮
合同协议号⑯	贸易国（地区）⑰	运抵国（地区）⑱	指运港⑲	离境口岸⑳
包装种类㉑	件数㉒	毛重（千克）㉓	净重（千克）㉔	成交方式㉕　运费㉖　保费㉗　杂费㉘

随附单证及编号㉙

标记唛码及备注㉚

项号㉛	商品编号㉜	商品名称、规格型号㉝	数量及单位㉞	单价/总价/币制㉟	原产国（地区）㊱	最终目的国（地区）㊲	境内货源地㊳	征免㊴

特殊关系确认:㊵　　价格影响确认:㊶　　支付特许权使用费确认:㊷　　自报自缴㊸

报关人员　申报人员证号:㊵　电话	兹申明对以上内容承担如实申报、依法纳税之法律责任	海关批注及签章㊺
	申报单位（签章）	
申报单位㊹		

（4）填写出口货物报关单的具体要求：

①预录入编码。预录入编号指预录入报关单的编号，一份报关单对应一个预录入编号，由系统自动生成。报关单预录入编号为18位，其中第1~4位为接受申报海关的代码（海关规定的《关区代码表》中相应海关代码），第5~8位为录入时的公历年份，第9位为进出口标志（"0"为出口，集中申报清单"E"为出口），后9位为顺序编号。

②海关编号。海关编号指海关接受申报时给予报关单的编号，一份报关单对应一个海关编号，由系统自动生成。报关单海关编号为18位，其中第1~4位为接受申报海关的代码（海关规定的《关区代码表》中相应海关代码），第5~8位为海关接受申报的公历年份，第9位为进出口标志（"0"为出口，集中申报清单"E"为出口），后9位为顺序编号。

③境内收发货人。填报在海关备案的对外签订并执行进出口贸易合同的中国境内法人、其他组织名称及编码。编码填报18位法人和其他组织统一社会信用代码；没有统一社会信用代码的，填报其在海关的备案编码。

特殊情况下的填报要求如下：A.进出口货物合同的签订者和执行者非同一企业的，填报执行合同的企业。B.外商投资企业委托进出口企业进口投资设备、物品的，填报外商投资企业，并在标记唛码及备注栏注明"委托某进出口企业进口"，同时注明被委托企业的18位法人和其他组织统一社会信用代码。C.有代理报关资格的报关企业代理其他进出口企业办理进出口报关手续时，填报委托的进出口企业。D.海关特殊监管区域收发货人填报该货物的实际经营单位或海关特殊监管区域内经营企业。E.免税品经营单位经营出口退税国产商品的，填报免税品经营单位名称。

④出境关别。根据货物实际进出境的口岸海关，填报海关规定的《关区代码表》中相应口岸海关的名称及代码。

特殊情况填报要求如下：A.出口转关运输货物填报货物出境地海关名称及代码。按转关运输方式监管的跨关区深加工结转货物，出口报关单填报转出地海关名称及代码，在不同海关特殊监管区域或保税监管场所之间调拨、转让的货物，填报对方海关特殊监管区域或保税监管场所所在的海关名称及代码。B.其他无实际进出境的货物，填报接受申报的海关名称及代码。

⑤出口日期。出口日期指运载出口货物的运输工具办结出境手续的日期，在申报时免予填报。无实际进出境的货物，填报海关接受申报的日期。出口日期为8位数字，顺序为年（4位）、月（2位）、日（2位）。

⑥申报日期。申报日期指海关接受进出口货物收发货人、受委托的报关企业申报数据的日期。以电子数据报关单方式申报的，申报日期为海关计算机系统接收申报数据时记录的日期。以纸质报关单方式申报的，申报日期为海关接收纸质报关单并对报关单进行登记处理的日期。本栏目在申报时免予填报。

申报日期为8位数字，顺序为年（4位）、月（2位）、日（2位）。

⑦备案号。填报进出口货物收发货人、生产销售单位在海关办理加工贸易合同备案或征、减、免税审核确认等手续时,海关核发的《加工贸易手册》、海关特殊监管区域和保税监管场所保税账册、"征免税证明"或其他备案审批文件的编号。

一份报关单只允许填报一个备案号。具体填报要求如下:A.加工贸易项下货物,除少量低值辅料按规定不使用《加工贸易手册》及以后续补税监管方式办理内销征税的外,填报《加工贸易手册》编号。使用异地直接报关分册和异地深加工结转出口分册在异地口岸报关的,填报分册号;本地直接报关分册和本地深加工结转分册限制在本地报关,填报总册号。加工贸易成品凭"征免税证明"转为减免税进口货物的,出口报关单填报《加工贸易手册》编号。对加工贸易设备、使用账册管理的海关特殊监管区域内减免税设备之间的结转,转入和转出企业分别填制进、出口报关单,在报关单"备案号"栏目填报《加工贸易手册》编号。B.涉及征、减、免税审核确认的报关单,填报《征免税证明》编号。C.减免税货物退运出口,填报"中华人民共和国海关进口减免税货物准予退运证明"的编号;相应的结转出口(转出),填报《中华人民共和国海关进口减免税货物结转联系函》的编号。D.免税品经营单位经营出口退税国产商品的,免予填报。

⑧境外收发货人。境外收货人通常指签订并执行出口贸易合同中的买方或合同指定的收货人,境外发货人通常指签订并执行进口贸易合同中的卖方。

填报境外收发货人的名称及编码。名称一般填报英文名称,检验检疫要求填报其他外文名称的,在英文名称后填报,以半角括号分隔;对于AEO互认国家(地区)企业,编码填报AEO编码,填报样式为"国别(地区)代码+海关企业编码",例如,新加坡AEO企业SG123456789012(新加坡国别代码+12位企业编码);非互认国家(地区)AEO企业等其他情形,编码免予填报。特殊情况下无境外收发货人的,名称及编码填报"NO"。

⑨运输方式。运输方式包括实际运输方式和海关规定的特殊运输方式。前者指货物实际进出境的运输方式,按进出境所使用的运输工具分类;后者指货物无实际进出境的运输方式,按货物在境内的流向分类。

根据货物实际进出境的运输方式或货物在境内流向的类别,按照海关规定的《运输方式代码表》选择填报相应的运输方式。A.特殊情况填报要求如下:非邮件方式进出境的快递货物,按实际运输方式填报;出口转关运输货物,按载运货物驶离出境地的运输工具填报;不复运出(入)境而留在境内(外)销售的进出境展览品、留赠转卖物品等,填报"其他运输"(代码9);进出境旅客随身携带的货物,填报"旅客携带"(代码L);以固定设施(包括输油、输水管道和输电网等)运输货物的,填报"固定设施运输"(代码G)。B.无实际进出境货物在境内流转时填报要求如下:境内非保税区运入保税区货物和保税区退区货物,填报"非保税区"(代码0);保税区运往境内非保税区货物,填报"保税区"(代码7);境内存入出口监管仓库和出口监管仓库退仓货物,填报"监管仓库"(代码1);保税仓库转内销货物或转加工贸易货物,填报"保税仓库"(代码8);从境内保税物流中心外运入中心或从中心运往境内中心外的货物，填报"物流中心"（代码W）；从境内保税物流园区外运入园区或从园区内运往境内园区外的货物，填报"物流园区"（代码X）；保税港区、综合保税区与境内（区外）（非海关特殊监管区域、保税监管场所）之间进出的货物，填报"保税港区/综合保税区"（代码Y）；出口加工区、珠澳跨境工业区（珠海园区）、中哈霍尔果斯边境合作中心（中方配套区）与境内（区外）（非海关特殊监管区域、保税监管场所）之间进出的货物，填报"出口加工区"（代码Z）；境内运入深港西部通道港方口岸区的货物以及境内进出中哈霍尔果斯边境合作中心中方区域的货物，填报"边境特殊海关作业区"（代码H）；经横琴新区和平潭综合实验区（以下简称综合试验区）二线指定申报通道运往境内区外或从境内经二线指定申报通道进入综合试验区的货物，以及综合试验区内按选择性征收关税申报的货物，填报"综合试验区"（代码T）；海关特殊监管区域内的流转、调拨货物，海关特殊监管区域、保税监管场所之间的流转货物，海关特殊监管区域与境内区外之间进出的货物，海关特殊监管区域外的加工贸易余料结转、深加工结转、内销货物，以及其他境内流转货物，填报"其他运输"（代码9）。

⑩运输工具名称及航次号。填报载运货物进出境的运输工具名称或编号及航次号。填报内容应与运输部门向海关申报的舱单（载货清单）所列相应内容一致。

A.运输工具名称具体填报要求如下：

直接在进出境地或采用全国通关一体化通关模式办理报关手续的报关单填报要求如下：水路运输：填报船舶编号（来往港澳小型船舶为监管簿编号）或者船舶英文名称。公路运输：启用公路舱单前，填报该跨境运输车辆的国内行驶车牌号，深圳提前报关模式的报关单填报国内行驶车牌号＋"/"＋"提前报关"，启用公路舱单后，免予填报。铁路运输：填报车厢编号或交接单号。航空运输：填报航班号。邮件运输：填报邮政包裹单号。其他运输：填报具体运输方式名称，例如管道、驮畜等。

出口转关运输货物的报关单填报要求如下：水路运输：非中转填报"@"＋16位转关申报单预录入号（或13位载货清单号）。如多张报关单需要通过一张转关单转关的，运输工具名称字段填报"@"。中转货物，境内水路运输填报驳船船名；境内铁路运输填报车名（主管海关4位关区代码＋"TRAIN"）；境内公路运输填报车名（主管海关4位关区代码＋"TRUCK"）。铁路运输：填报"@"＋16位转关申报单预录入号（或13位载货清单号），如多张报关单需要通过一张转关单转关的，填报"@"。航空运输：填报"@"＋16位转关申报单预录入号（或13位载货清单号），如多张报关单需要通过一张转关单转关的，填报"@"。其他运输方式：填报"@"＋16位转关申报单预录入号（或13位载货清单号）。

采用"集中申报"通关方式办理报关手续的，报关单填报"集中申报"；免税品经营单位经营出口退税国产商品的，免予填报；无实际进出境的货物，免予填报。

B.航次具体填报要求如下：直接在进出境地或采用全国通关一体化通关模式办理报关手续的报关单：水路运输：填报船舶的航次。公路运输：启用公路舱单前，填报运输车辆的8位进出境日期〔顺序为年（4位）、月（2位）、日（2位），下同〕；启用公路舱单后，填报货物运输批次号。铁路运输：填报列车的进出境日期。航空运输：免予填报。邮件运输：填报运输工具的进出境日期。其他运输方式：免予填报。

出口转关运输货物的报关单：水路运输：非中转货物免予填报。中转货物：境内水路运输填报驳船航次号；境内铁路、公路运输填报6位启运日期〔顺序为年（2位）、月（2位）、日（2位）〕。铁路拼车拼箱捆绑出口：免予填报。航空运输：免予填报。其他运输方式：免予填报。免税品经营单位经营出口退税国产商品的，免予填报。无实际进出境的货物，免予填报。

⑪提运单号。填报进出口货物提单或运单的编号。一份报关单只允许填报一个提单或运单号，一票货物对应多个提单或运单时，应分单填报。

具体填报要求如下：

A.直接在进出境地或采用全国通关一体化通关模式办理报关手续的：水路运输：填报进出口提单号。如有分提单的，填报进出口提单号+"*"+分提单号。公路运输：启用公路舱单前，免予填报；启用公路舱单后，填报进出口总运单号。铁路运输：填报运单号。航空运输：填报总运单号+"_"+分运单号，无分运单的填报总运单号。邮件运输：填报邮运包裹单号。

B.出口转关运输货物的报关单：水路运输：中转货物填报提单号；非中转货物免予填报；广东省内汽车运输提前报关的转关货物，填报承运车辆的车牌号。其他运输方式免予填报。广东省内汽车运输提前报关的转关货物，填报承运车辆的车牌号；采用"集中申报"通关方式办理报关手续的，报关单填报归并的集中申报清单的进出口起止日期〔按年（4位）月（2位）日（2位）年（4位）月（2位）日（2位）〕；无实际进出境的货物，免予填报。

⑫生产销售单位。生产销售单位填报出口货物在境内的生产或销售单位的名称，包括：自行出口货物的单位；委托进出口企业出口货物的单位；免税品经营单位经营出口退税国产商品的，填报该免税品经营单位统一管理的免税店。

减免税货物报关单的生产销售单位应与"中华人民共和国海关进出口货物征免税证明"（以下简称"征免税证明"）的"减免税申请人"一致；保税监管场所与境外之间的进出境货物，生产销售单位填报保税监管场所的名称（保税物流中心（B型）填报中心内企业名称）。

海关特殊监管区域的生产销售单位填报区域内经营企业（"加工单位"或"仓库"），编码填报要求：填报18位法人和其他组织统一社会信用代码；无18位统一社会信用代码的，填报"NO"。出口货物在境内的且生产或销售的对象为自然人的，填报身份证号、护照号、台胞证号等有效证件号码及姓名。

⑬监管方式。监管方式是以国际贸易中进出口货物的交易方式为基础，结合海关对进出口货物的征税、统计及监管条件综合设定的海关对进出口货物的管理方式。其代码由4位数字构成，前两位是按照海关监管要求和计算机管理需要划分的分类代码，后两位是参照国际标准编制的贸易方式代码。

根据实际对外贸易情况按海关规定的《监管方式代码表》选择填报相应的监管方式简称及代码。一份报关单只允许填报一种监管方式。

特殊情况下加工贸易货物监管方式填报要求如下：A.进口少量低值辅料（即5 000美元以下、78种以内的低值辅料）按规定不使用《加工贸易手册》的，填报"低值辅料"。使用《加工贸易手册》的，按《加工贸易手册》上的监管方式填报。B.加工贸易料件转内销货物以及按料件办理进口手续的转内销制成品、残次品、未完成品，填制进口报关单，填报"来料料件内销"或"进料料件内销"；加工贸易成品凭《征免税证明》转为减免税进口货物的，分别填制进、出口报关单，出口报关单填报"来料成品减免"或"进料成品减免"，进口报关单按照实际监管方式填报。C.加工贸易出口成品因故退运进口及复运出口的，填报"来料成品退换"或"进料成品退换"；加工贸易进口料件因换料退运出口及复运进口的，填报"来料料件退换"或"进料料件退换"；加工贸易过程中产生的剩余料件、边角料退运出口，以及进口料件因品质、规格等原因退运出口且不再更换同类货物进口的，分别填报"来料料件复出""来料边角料复出""进料料件复出""进料边角料复出"。D.加工贸易边角料内销和副产品内销，填制进口报关单，填报"来料边角料内销"或"进料边角料内销"。E.企业销毁处置加工贸易货物未获得收入，销毁处置货物为料件、残次品的，填报"料件销毁"；销毁处置货物为边角料、副产品的，填报"边角料销毁"。企业销毁处置加工贸易货物获得收入的，填报"进料边角料内销"或"来料边角料内销"。F.免税品经营单位经营出口退税国产商品的，填报"其他"。

⑭征免性质。根据实际情况按海关规定的《征免性质代码表》选择填报相应的征免性质简称及代码，持有海关核发的《征免税证明》的，按照《征免税证明》中批注的征免性质填报。一份报关单只允许填报一种征免性质。

加工贸易货物报关单按照海关核发的《加工贸易手册》中批注的征免性质简称及代码填报。特殊情况填报要求如下：加工贸易转内销货物，按实际情况填报（如一般征税、科教用品、其他法定等）；料件退运出口、成品退运进口货物填报"其他法定"；加工贸易结转货物，免予填报；免税品经营单位经营出口退税国产商品的，填报"其他法定"。

⑮许可证号。填报出口许可证、两用物项和技术出口许可证、两用物项和技术出口许可证（定向）、纺织品临时出口许可证、出口许可证（加工贸易）、出口许可证（边境小额贸易）的编号。

免税品经营单位经营出口退税国产商品的，免予填报。一份报关单只允许填报一个许可证号。

⑯合同协议号。填报进出口货物合同（包括协议或订单）编号。未发生商业性交易的免予填报，免税品经营单位经营出口退税国产商品的免予填报。

⑰贸易国（地区）。发生商业性交易的出口填报售予国（地区），未发生商业性交易的填报货物所有权拥有者所属的国家（地区）。按海关规定的《国别（地区）代码表》选择填报相应的贸易国（地区）中文名称及代码。

⑱运抵国（地区）。运抵国（地区）填报出口货物离开我国关境直接运抵或者在运输中转国（地区）未发生任何商业性交易的情况下最后运抵的国家（地区）。

不经过第三国（地区）转运的直接运输的出口货物，以出口货物的指运港所在国（地区）为运抵国（地区）。

经过第三国（地区）转运的出口货物，如在中转国（地区）发生商业性交易，则以中转国（地区）作为启运/运抵国（地区）。

按海关规定的《国别（地区）代码表》选择填报相应的启运国（地区）或运抵国（地区）中文名称及代码。

无实际进出境的货物，填报"中国"及代码。

⑲指运港。指运港填报出口货物运往境外的最终目的港；最终目的港不可预知的，按尽可能预知的目的港填报。

根据实际情况，按海关规定的《港口代码表》选择填报相应的港口名称及代码。经停港/指运港在《港口代码表》中无港口名称及代码的，可选择填报相应的国家名称及代码。

无实际进出境的货物，填报"中国境内"及代码。

⑳离境口岸。离境口岸填报装运出境货物的跨境运输工具离境的第一个境内口岸的中文名称及代码；采取多式联运跨境运输的，填报多式联运货物最初离境的境内口岸中文名称及代码；过境货物，填报货物离境的第一个境内口岸的中文名称及代码；从海关特殊监管区域或保税监管场所离境的，填报海关特殊监管区域或保税监管场所的中文名称及代码；其他无实际出境的货物，填报货物所在地的城市名称及代码。

㉑包装种类。填报进出口货物的所有包装材料，包括运输包装和其他包装，按海关规定的《包装种类代码表》选择填报相应的包装种类名称及代码。运输包装指提运单所列货物件数单位对应的包装，其他包装包括货物的各类包装，以及植物性铺垫材料等。

㉒件数。填报进出口货物运输包装的件数（按运输包装计）。特殊情况填报要求如下：A.舱单件数为集装箱的，填报集装箱个数；B.舱单件数为托盘的，填报托盘数。不得填报为零，裸装货物填报为"1"。

㉓毛重。填报进出口货物及其包装材料的重量之和，计量单位为千克，不足1千克的填报为"1"。

㉔净重。填报进出口货物的毛重减去外包装材料后的重量，即货物本身的实际重量，计量单位为千克，不足1千克的填报为"1"。

㉕成交方式。根据进出口货物实际成交价格条款，按海关规定的《成交方式代码表》选择填报相应的成交方式代码。无实际进出境的货物，出口填报FOB。

㉖运费。运费是指出口货物运至我国境内输出地点装载后的运输费用。运费可按运费单价、总价或运费率三种方式之一填报，注明运费标记（运费标记"1"表示运费率，"2"表示每吨货物的运费单价，"3"表示运费总价），并按海关规定的

《货币代码表》选择填报相应的币种代码。

免税品经营单位经营出口退税国产商品的，免予填报。

㉗保费。保费是指出口货物运至我国境内输出地点装载后的保险费用。

保费可按保险费总价或保险费率两种方式之一填报，注明保险费标记（保险费标记"1"表示保险费率，"3"表示保险费总价），并按海关规定的《货币代码表》选择填报相应的币种代码。

免税品经营单位经营出口退税国产商品的，免予填报。

㉘杂费。填报成交价格以外的、按照《中华人民共和国进出口关税条例》相关规定应计入完税价格或应从完税价格中扣除的费用。可按杂费总价或杂费率两种方式之一填报，注明杂费标记（杂费标记"1"表示杂费率，"3"表示杂费总价），并按海关规定的《货币代码表》选择填报相应的币种代码。

免税品经营单位经营出口退税国产商品的，免予填报。

㉙随附单证及编号。根据海关规定的《监管证件代码表》和《随附单据代码表》选择填报除《中国海关进出口货物报关单填制规范》第十六条规定的许可证件以外的其他进出口许可证件或监管证件、随附单据代码及编号。本栏目分为随附单证代码和随附单证编号两栏，其中代码栏按海关规定的《监管证件代码表》和《随附单据代码表》选择填报相应证件代码；随附单证编号栏填报证件编号。

加工贸易内销征税报关单（使用金关二期加贸管理系统的除外），随附单证代码栏填报"C"，随附单证编号栏填报海关审核通过的内销征税联系单号。一般贸易进出口货物，只能使用原产地证书申请享受协定税率或者特惠税率（以下统称优惠税率）的（无原产地声明模式），"随附单证代码"栏填报原产地证书代码"Y"，在"随附单证编号"栏填报"优惠贸易协定代码"和"原产地证书编号"。可以使用原产地证书或者原产地声明申请享受优惠税率的（有原产地声明模式），"随附单证代码"栏填写"Y"，"随附单证编号"栏填报"优惠贸易协定代码"、"C"（凭原产地证书申报）或"D"（凭原产地声明申报），以及"原产地证书编号（或者原产地声明序列号）"。一份报关单对应一份原产地证书或原产地声明。各优惠贸易协定代码如下："01"为"亚太贸易协定"；"02"为"中国—东盟自贸协定"；"03"为"内地与香港紧密经贸关系安排"（香港 CEPA）；"04"为"内地与澳门紧密经贸关系安排"（澳门 CEPA）；"06"为"中国台湾农产品零关税措施"；"07"为"中国—巴基斯坦自贸协定"；"08"为"中国—智利自贸协定"；"10"为"中国—新西兰自贸协定"；"11"为"中国—新加坡自贸协定"；"12"为"中国—秘鲁自贸协定"；"13"为"最不发达国家特别优惠关税待遇"；"14"为"海峡两岸经济合作框架协议（ECFA）"；"15"为"中国—哥斯达黎加自贸协定"；"16"为"中国—冰岛自贸协定"；"17"为"中国—瑞士自贸协定"；"18"为"中国—澳大利亚自贸协定"；"19"为"中国—韩国自贸协定"；"20"为"中国—格鲁吉亚自贸协定"。

海关特殊监管区域和保税监管场所内销货物申请适用优惠税率的，有关货物进出海关特殊监管区域和保税监管场所以及内销时，已通过原产地电子信息交换系统实现电子联网的优惠贸易协定项下货物报关单，按照上述一般贸易要求填报；未实现电子联网的优惠贸易协定项下货物报关单，"随附单证代码"栏填报"Y"，"随附单证编号"栏填报"优惠贸易协定代码"和"原产地证据文件备案号"。"原产地证据文件备案号"为进出口货物的收发货物人或者其代理人录入原产地证据文件电子信息后，系统自动生成的号码。

向香港特别行政区或者澳门特别行政区出口用于生产香港 CEPA 或者澳门 CEPA 项下货物的原材料时，按照上述一般贸易填报要求填制报关单，香港或澳门生产厂商在香港工贸署或者澳门经济局登记备案的有关备案号填报在"关联备案"栏。

"单证对应关系表"中填报报关单上的申报商品项与原产地证书（原产地声明）上的商品项之间的对应关系。报关单上的商品序号与原产地证书（原产地声明）上的项目编号应一一对应，不要求顺序对应。同一批次进口货物可以在同一报关单中申报，不享受优惠税率的货物序号不填报在"单证对应关系表"中。

各优惠贸易协定项下，免提交原产地证据文件的小金额进口货物"随附单证代码"栏填报"Y"，"随附单证编号"栏填报"<优惠贸易协定代码>XJE00000"，"单证对应关系表"享惠报关单项号按实际填报，对应单证项号与享惠报关单项号相同。

㉚标记唛码及备注。标记唛码中除图形以外的文字、数字，无标记唛码的填报 N/M。受外商投资企业委托代理其进口投资设备、物品的进出口企业名称。与本报关单有关联关系的，同时在业务管理规范方面又要求填报的备案号，填报在电子数据报关单中"关联备案"栏。保税间流转货物、加工贸易结转货物及凭《征免税证明》转内销货物，其对应的备案号填报在"关联备案"栏。减免税货物结转进口（转入），"关联备案"栏填报本次减免税货物结转所申请的《中华人民共和国海关进口减免税货物结转联系函》的编号。减免税货物结转出口（转出），"关联备案"栏填报与其相对应的进口（转入）报关单"备案号"栏中《征免税证明》的编号。

与本报关单有关联关系的，同时在业务管理规范方面又要求填报的报关单号，填报在电子数据报关单中"关联报关单"栏。保税间流转、加工贸易结转类的报关单，应先办理进口报关，并将进口报关单号填入出口报关单的"关联报关单"栏。办理进口货物直接退运手续的，除另有规定外，应先填制出口报关单，再填制进口报关单，并将出口报关单号填报在进口报关单的"关联报关单"栏。减免税货物结转出口（转出），应先办理进口报关，并将进口（转入）报关单号填入出口（转出）报关单的"关联报关单"栏。

办理进口货物直接退运手续的，填报"<ZT"+"海关审核联系单号或者《海关责令进口货物直接退运通知书》编号"+">"。办理固体废物直接退运手续的，填报"固体废物，直接退运表××号/责令直接退运通知书××号"。

保税监管场所进出货物，在"保税/监管场所"栏填报本保税监管场所编码（保税物流中心（B型）填报本中心的国内地区代码），其中涉及货物在保税监管场所间流转的，在本栏填报对方保税监管场所代码。

涉及加工贸易货物销毁处置的，填报海关加工贸易货物销毁处置申报表编号。

当监管方式为"暂时进出货物"（代码2600）和"展览品"（代码2700）时，填报要求如下：A.根据《中华人民共和国海关暂时进出境货物管理办法》（海关总署令第233号，以下简称《管理办法》）第三条第一款所列项目，填报暂时进出境货物类别，如暂进六，暂出九；B.根据《管理办法》第十条规定，填报复运出境或者复运进境日期，期限应在货物进出境之日起6个月内，如：20180815前复运进境，20181020前复运出境；C.根据《管理办法》第七条，向海关申请对有关货物是否属于暂时进出境货物进行审核确认的，填报《中华人民共和国XX海关暂时进出境货物审核确认书》编号，如：<ZS海关审核确认书编号>其中英文为大写字母，无此项目的，无需填报；D.收发货人或其代理人申报货物复运进境或者复运出境的：货物办理过延期的，根据《管理办法》填报《货物暂时进/出境延期办理单》的海关回执编号，如：<ZS海关回执编号>其中英文为大写字母；无此项目的，无需填报。

跨境电子商务进出口货物，填报"跨境电子商务"。

加工贸易副产品内销，填报"加工贸易副产品内销"。

服务外包货物进口，填报"国际服务外包进口货物"。

公式定价进口货物填报公式定价备案号，格式为："公式定价"+备案编号+"@"。对于同一报关单下有多项商品的，如某项或某几项商品为公式定价备案的，则备注栏内填报为："公式定价"+备案编号+"#"+商品序号+"@"。

进出口与《预裁定决定书》列明情形相同的货物时，按照《预裁定决定书》填报，格式为："预裁定+《预裁定决定书》编号"（例如：某份预裁定决定书编号为R-2-0100-2018-0001，则填报为"预裁定R-2-0100-2018-0001"）。

含归类行政裁定报关单，填报归类行政裁定编号，格式为："c"+四位数字编号，例如c0001。

已经在进入特殊监管区时完成检验的货物，在出区入境申报时，填报"预检验"字样，同时在"关联报检单"栏填报实施预检验的报关单号。

进口直接退运的货物，填报"直接退运"字样。

企业提供ATA单证册的货物，填报"ATA单证册"字样。

不含动物源性低风险生物制品，填报"不含动物源性"字样。

货物自境外进入境内特殊监管区或者保税仓库的，填报"保税入库"或者"境外入区"字样。

海关特殊监管区域与境内区外之间采用分送集报方式进出的货物，填报"分送集报"字样。

军事装备出入境的，填报"军品"或"军事装备"字样。

申报HS为3821000000、3002300000的，属于下列情况的，填报要求为：属于培养基的，填报"培养基"字样；属于化学试剂的，填报"化学试剂"字样；不含动物源性成分的，填报"不含动物源性"字样。

属于修理物品的，填报"修理物品"字样。

属于下列情况的，填报"压力容器""成套设备""食品添加剂""成品退换""旧机电产品"等字样。

申报 HS 为 2903890020（入境六溴环十二烷），用途为"其他（99）"的，填报具体用途。

集装箱体信息填报集装箱号（在集装箱箱体上标示的全球唯一编号）、集装箱规格、集装箱商品项号关系（单个集装箱对应的商品项号，半角逗号分隔）、集装箱货重（集装箱箱体自重+装载货物重量，千克）。

申报 HS 为 3006300000、3504009000、3507909010、3507909090、3822001000、3822009000，不属于"特殊物品"的，填报"非特殊物品"字样。（"特殊物品"定义见《出入境特殊物品卫生检疫管理规定》）

进出口列入目录的进出口商品及法律、行政法规规定须经出入境检验检疫机构检验的其他进出口商品实施检验的，填报"应检商品"字样。

申报时其他必须说明的事项。

㉛项号。分两行填报：第一行填报报关单中的商品顺序编号；第二行填报备案序号，专用于加工贸易及保税、减免税等已备案、审批的货物，填报该项货物在《加工贸易手册》或《征免税证明》等备案、审批单证中的顺序编号。有关优惠贸易协定项下报关单填制要求按照海关总署相关规定执行。

㉜商品编号。填报由 10 位数字组成的商品编号。前 8 位为《中华人民共和国进出口税则》和《中华人民共和国海关统计商品目录》确定的编码；9、10 位为监管附加编号。

㉝商品名称及规格型号。分两行填报：第一行填报进出口货物规范的中文商品名称，第二行填报规格型号。具体填报要求如下：A.商品名称及规格型号应据实填报，并与进出口货物收发货人或受委托的报关企业所提交的合同、发票等相关单证相符。B.商品名称应当规范，规格型号应当足够详细，以能满足海关归类、审价及许可证件管理要求为准，可参照《中华人民共和国海关进出口商品规范申报目录》中对商品名称、规格型号的要求进行填报。C.已备案的加工贸易及保税货物，填报的内容必须与备案登记中同项号下货物的商品名称一致。D.加工贸易边角料和副产品内销，边角料复出口，填报其报验状态的名称和规格型号。E.出口享惠情况。出口享惠情况为出口报关单必填项目。可选择"出口货物在最终目的国（地区）不享受优惠关税""出口货物在最终目的国（地区）享受优惠关税""出口货物不能确定在最终目的国（地区）享受优惠关税"如实填报。

㉞数量及单位。分三行填报：第一行按进出口货物的法定第一计量单位填报数量及单位，法定计量单位以《中华人民共和国海关统计商品目录》中的计量单位为准。凡列明有法定第二计量单位的，在第二行按照法定第二计量单位填报数量及单位。无法定第二计量单位的，第二行为空。成交计量单位及数量填报在第三行。

法定计量单位为"千克"的数量填报，特殊情况下填报要求如下：装入可重复使用的包装容器的货物，按货物扣除包装容器后的重量填报，如罐装同位素、罐装氧气及类似品等；使用不可分割包装材料和包装容器的货物，按货物的净重填报（即包括内层直接包装的净重重量），如采用供零售包装的罐头、药品及类似品等；按照商业惯例以公量重计价的商品，按公量重填报，如未脱脂羊毛、羊毛条等；采用以毛重作为净重计价的货物，可按毛重填报，如粮食、饲料等大宗散装货物；采用零售包装的酒类、饮料、化妆品，按照液体/乳状/膏状/粉状部分的重量填报。

成套设备、减免税货物如需分批进口，货物实际进口时，按照实际报验状态确定数量。具有完整品或制成品基本特征的不完整品、未制成品，根据《商品名称及编码协调制度》归类规则按完整品归类的，按照构成完整品的实际数量填报。已备案的加工贸易及保税货物，成交计量单位必须与《加工贸易手册》中同项号下货物的计量单位一致，加工贸易边角料和副产品内销、边角料复出口，填报其报验状态的计量单位。优惠贸易协定项下进出口商品的成交计量单位必须与原产地证书上对应商品的计量单位一致。法定计量单位为立方米的气体货物，折算成标准状况（即摄氏零度及1个标准大气压）下的体积进行填报。

㉟单价/总价/币制。单价填报同一项号下进出口货物实际成交的商品单位价格。无实际成交价格的，填报单位货值。

总价填报同一项号下进出口货物实际成交的商品总价格。无实际成交价格的，填报货值。

币制按海关规定的《货币代码表》选择相应的货币名称及代码填报，如《货币代码表》中无实际成交币种，需将实际成交货币按申报日外汇折算率折算成《货币代码表》列明的货币填报。

㊱原产国（地区）。原产国（地区）依据《中华人民共和国进出口货物原产地条例》、《中华人民共和国海关关于执行〈非优惠原产地规则中实质性改变标准〉的规定》以及海关总署关于各项优惠贸易协定原产地管理规章规定的原产地确定标准填报。同一批出口货物的原产地不同的，分别填报原产国（地区）。出口货物原产国（地区）无法确定的，填报"国别不详"。

按海关规定的《国别（地区）代码表》选择填报相应的国家（地区）名称及代码。

㊲最终目的国（地区）。最终目的国（地区）填报已知的出口货物的最终实际消费、使用或进一步加工制造国家（地区）。不经过第三国（地区）转运的直接运输货物，以运抵国（地区）为最终目的国（地区）；经过第三国（地区）转运的货物，以最后运往国（地区）为最终目的国（地区）。同一批出口货物的最终目的国（地区）不同的，分别填报最终目的国（地区）。出口货物不能确定最终目的国（地区）时，以尽可能预知的最后运往国（地区）为最终目的国（地区）。

按海关规定的《国别（地区）代码表》选择填报相应的国家（地区）名称及

代码。

㊳境内货源地。境内货源地填报出口货物在国内的产地或原始发货地。出口货物产地难以确定的，填报最早发运该出口货物的单位所在地。

海关特殊监管区域、保税物流中心（B型）与境外之间的进出境货物，境内目的地／境内货源地填报本海关特殊监管区域、保税物流中心（B型）所对应的国内地区。

按海关规定的《国内地区代码表》选择填报相应的国内地区名称及代码。境内目的地还需根据《中华人民共和国行政区划代码表》选择填报其对应的县级行政区名称及代码。无下属区县级行政区的，可选择填报地市级行政区。

㊴征免。按照海关核发的《征免税证明》或有关政策规定，对报关单所列每项商品选择海关规定的《征减免税方式代码表》中相应的征减免税方式填报。

加工贸易货物报关单根据《加工贸易手册》中备案的征免规定填报；《加工贸易手册》中备案的征免规定为"保金"或"保函"的，填报"全免"。

㊵特殊关系确认。出口货物免予填报，加工贸易及保税监管货物（内销保税货物除外）免予填报。

㊶价格影响确认。出口货物免予填报，加工贸易及保税监管货物（内销保税货物除外）免予填报。

㊷支付特许权使用费确认。出口货物免予填报，加工贸易及保税监管货物（内销保税货物除外）免予填报。

㊸自报自缴。出口企业、单位采用"自主申报、自行缴税"（自报自缴）模式向海关申报时，填报"是"；反之则填报"否"。

㊹申报单位。自理报关的，填报进出口企业的名称及编码；委托代理报关的，填报报关企业名称及编码。编码填报18位法人和其他组织统一社会信用代码。

报关人员填报在海关备案的姓名、编码、电话，并加盖申报单位印章。

㊺海关批注及签章。出口货物报关合格时，由海关签注。

3.实训材料

卖方：SHANGHAI SINCERITY IMPORT & EXPORT TRADE CO., LTD.

ADDRESS：3A HECHUAN MANSION, YISHAN ROAD SHANGHAI

TELEX/FAX：021-6210 3075

买方：PROWELD TRADING AND SERVICES

ADDRESS：87PERSIARAN BATU GAJAH PERDANA 1, TAMAN BATU GAJAH PERDANA 31550 PUSING PERAK MALAYSIA

TELEX/FAX：0060-3-21688888

合同号：13E10POH001

信用证号：HJY08069

商业发票号：CX5689

货物相关信息：见表8-5

表 8-5 货物相关信息

货物名称及规格 Name of Commodity & Specifications	单价 Unit Price	数量 Quantity	总金额及术语 Amount & Price Terms （CIF HAMBURG）
1.CHJ-NXB Internal Suction Arm	USD320	1 000	USD320 000
2.CHJ-YCB Internal Suction Arm	USD420	1 000	USD420 000

GOODS DESCRIPTION & PACKING	CTNS.	G.W.（KGS）	N.W.（KGS）	MEAS.（m³）
1.CHJ-NXB Internal Suction Arm	1 000pcs	500	450	15
2.CHJ-YCB Internal Suction Arm	1 000pcs	500	450	15
PACKING： 1pcs packed in one carton				

货运代理：上海金诚货运代理公司（负责人王尚）

船名：新星号 V.088

唛头：ABC

10I10PDC00801

2000PCS

 KELANG OF MALAYSIA

NO.n/2000

提单号码：6AHUB8A1316

货运委托书编号：JC565656

外币结算账号：CHA80554263

人民币结算账号：HLK6388697

保险：按发票金额110%投保中国人民保险集团股份有限公司海洋货物运输险的一切险

保险单号：DLFG659866

支付方式：不可撤销跟单信用证

委托办理检验事宜：代理报检手续、代缴检验检疫费、负责与检验检疫部门联系和验货、获取检验检疫证书

报关委托书编号：2322456866

资料来源　作者根据相关资料整理。

4.实训操作

（1）根据上面的实训材料填写《报检委托书》（见表8-6）。

表8-6　　　　　　　　　　报检委托书

本委托书郑重声明，保证遵守出入境检验检疫法律、法规的规定。如有违法行为，自愿接受检验检疫机构的处罚并负法律责任。

本委托人委托受托人向检验检疫机构提交"报检申请单"和各种随附单据。具体委托情况如下：

本单位将于 2022 年 10 月间出口如下货物：

品　名	内关节吸气臂	H.S.编码	84219990　84219991
数（重）量	2 000件	合同号	13E10POH001
信用证号	HJY08069	审批文号	
其他特殊要求			

特委托　上海金诚货运代理公司　（单位/注册登记号），代表本公司办理下列出入境检验检疫事宜：

☑1.代理报检手续

☑2.代缴检验检疫费

☑3.负责与检验检疫机构联系和验货

☑4.领取检验检疫证单

☑5.其他与报检有关的事宜

请按有关法律、法规规定予以办理。

委托人（公章）　　　　　　　　　　受委托人（公章）

　　　王芳　　　　　　　　　　　　　　　王尚

2022年9月20日　　　　　　　　　　2022年9月20日

（2）填写"代理报关委托书""委托报关协议""出口货物报关单"（见表8-7、表8-8、表8-9）。

表8-7 代理报关委托书

编号：2322456866

上海金诚货运代理公司：

我单位现 A（A.逐票，B.长期）委托贵公司代办 ABC（A.填单申报，B.辅助查验，C.垫缴税款，D.海关证明联，E.审批手册，F.核销手册，G.减免税手续，H.其他）等通关事宜，详见《委托报关协议》。

我单位保证遵守《中华人民共和国海关法》和国家有关法规，保证所提供的情况真实、完整、单货相符；否则，愿承担相关法律责任。

本委托书有效期自签字之日起至 2022 年 12 月 30 日止。

委托方（盖章）：

法定代表人或其授权签署《代理报关委托书》的人（签字）：王芳

2022 年 9 月 24 日

表8-8 委托报关协议

为明确委托报关具体事项和各自责任，双方经平等协商签订协议如下：

委托方	上海诚信进出口有限公司	被委托方	上海金诚货运代理公司	
主要货物名称	内关节吸气臂	报关单编号		
H.S.编码	84219990　84219991	收到单证日期	2022 年 9 月 24 日	
货物总价	USD 740 000	收到单证情况	☑合同	☑发票
进出口日期	2022 年 10 月 20 日		☑装货清单	□提（运）单
提单号	6AHUB8A1316		□加工贸易手册	□许可证件
贸易方式	一般贸易		其他	
原产地/货源地	山东	报关收费	人民币：80.00 元	
其他要求：		承诺说明：		
背面所列通用条款是本协议不可分割的一部分，对本协议的签署构成了对背面通用条款的同意		背面所列通用条款是本协议不可分割的一部分，对本协议的签署构成了对背面通用条款的同意		
委托方业务签章： 经办人签章：王芳　2022 年 9 月 24 日 联系电话：021-6210 3075		被委托方业务签章： 经办报关员签章：王尚　2022 年 9 月 24 日 联系电话：021-6523　2323		

（白联：海关留存；黄联：被委托方留存；红联：委托方留存）　　中国报关协会监制

表 8-9

出口货物报关单

中华人民共和国海关出口货物报关单

海关编号：224420220E22222222

预录入编号：224420220E1111111

境内收发货人	出境关别（2244）	出口日期	申报日期	备案号
上海诚信进出口有限公司（913202050746580160）	上海	20221020	20221025	
境外收发货人	运输方式	运输工具名称及航次号	提运单号	
PROWELD TRADING AND SERVICES	海运	XINXING V.088	6AHUB8A1316	
生产销售单位	监管方式（3333）	征免性质（101）	许可证号	
上海诚信进出口有限公司	其他进出口免费	一般征税		
合同协议号	贸易国（地区）	运抵国（地区）	指运港	离境口岸
13E10POH001	马来西亚	马来西亚	KELANG	上海
包装种类	件数	毛重（千克）	净重（千克）	成交方式	运费	保费	杂费
纸箱	2 000	1 000	900	CIF			

随附单证及编号：发票；合同；保险单；海运提单；代理报关委托协议

随附单证及备注：

标记唛码及备注：ABC
1010PDC00801
2 000PCS
KELANG OF MALAYSIA
NO.n/2 000

项号	商品编号	商品名称、规格型号	数量及单位	单价/总价/币制	原产国（地区）	最终目的国（地区）	征免
1.	84219990	内关节吸气嘴 CHJ-NXB	1 000个 500千克	320 320 000 美元	中国（CHN）	马来西亚（MAS）	照章征税
2.	84219991	内关节吸气嘴 CHJ-YCB	1 000个 500千克	420 420 000 美元	中国（CHN）	马来西亚（MAS）	照章纳税

特殊关系确认：	价格影响确认：	支付特许权使用费确认：	自报自缴：
报关人员	申报人员证号 22106915	电话	兹申明对以上内容承担如实申报、依法纳税之法律责任	海关批注及签章
申报单位 上海诚信进出口有限公司		申报单位（签章）	

页码/页数：

案号：

页码/页数：

5.实训练习

请根据以下材料填制出口报检、报关所需单据。资料如下：

卖方：南京天意进出口公司

地址：南京黄河路102号

TEL：025-23121431 FAX：025-23121432

经营单位编码：4001628437

买方：LEARO IMPORT & EXPORT CORPORATION

地址：NO.266 HOLA STREET，SINGAPORE

TEL：+65 6516 7777 FAX：+65 6516 8888

货名：女士纯棉T恤（红色）

数量：6 000件

包装：每20件装一个纸箱，每箱毛重为25千克，净重为24.5千克，体积为0.2立方米，装入一个20英尺集装箱（集装箱号：TEXU2263664）

价格：每件8美元　　CIF SINGAPORE

支付方式：不可撤销跟单信用证

信用证号：NB7748

交货日期：2022年9月30日

合同号：XR040602

发票号码：SG012

日期：2022年10月1日

商品编号：6109100010

货运代理：南京诚宇货运代理公司

货运委托书编号：JF0312378

内装箱地址：南京市丰源路23号

电话：025-23790586

外币结算账号：THY4302188765

人民币结算账号：SZR80068753

提单号码：COCS0217548

运费：2 000美元

投保单编号：TB0612253

日期：2022年9月26日

保险：按发票金额110%投保中国人民保险集团股份有限公司海洋货物运输险的一切险和战争险

船名：东方号 V.035

保险单号：GXH020131

委托办理检验事宜：代理报检手续、代缴检验检疫费、负责与检验检疫部门联系和验货、获取检验检疫证书

报关委托书编号：14973715263

委托办理报关事宜：逐票，填单申报，辅助查验

代理报关委托书有效期：2022 年 10 月 15 日止

收到单证日期：2022 年 9 月 2 日

收到单证名称：合同、发票、装箱清单

6.实训讨论

在本实训环节完成后，组织学生就实训过程中遇到的问题进行集体讨论，由学生提出问题，然后按实训划分的小组进行分组讨论，讨论后每个小组提出本小组的意见，最后由教师进行讲解并总结。

7.提交实训报告

每个学生于下次课提交一份实训报告，报告中要求写出报告的目的，在国际贸易中出口报检、报关的办理程序，主要单据的填法及注意事项（后面附上所填制的单据），以及此次课的心得体会。

（二）实训二：进口报检、报关

1.实训前的准备

（1）对学生进行分组，6 人一组，分别模拟进出口公司的报关业务员和海关工作人员。

（2）各自持所需资料和单证，如贸易合同及其附件、发票、提货单和装箱单等。

2.实训指导

由教师组织学生观看屏幕上的单据样本并讲解填制的具体要求。

（1）进口报检委托书（见表 8-10）。

表 8-10　　　　　　　　　　**进口报检委托书**

本委托书郑重声明，保证遵守出入境检验检疫法律、法规的规定。如有违法行为，自愿接受检验检疫机构的处罚并负法律责任。

本委托人委托受托人向检验检疫机构提交《报检申请单》和各种随附单据，具体委托情况如下：

本单位将于＿＿＿＿年＿＿＿＿月出口如下货物：

品　名		H.S.编码	
数（重）量		合同号	
信用证号		审批文号	
其他特殊要求			

特委托＿＿＿＿＿＿＿＿＿＿（单位/注册登记号），代表本公司办理下列出入境检验检疫事宜：

□1.代理报检手续

□2.代缴检验检疫费

□3.负责与检验检疫机构联系和验货

□4.领取检验检疫证单

□5.其他与报检有关的事宜

请按有关法律、法规规定予以办理。

委托人（公章）　　　　　　　　　　受委托人（公章）

年　月　日　　　　　　　　　　年　月　日

（2）填写代理报关委托书、委托报关协议、进口货物报关单（见表8-11、表8-12、表8-13）。

表8-11 　　　　　　　　　　　代理报关委托书

编号：

南京诚宇货运代理公司：

　　我单位现 A（A.逐票，B.长期）委托贵公司代办 ABC（A.填单申报，B.辅助查验，C.垫缴税款，D.海关证明联，E.审批手册，F.核销手册，G.减免税手续，H.其他）等通关事宜，详见《委托报关协议》。

　　我单位保证遵守《中华人民共和国海关法》和国家有关法规，保证所提供的情况真实、完整、单货相符；否则，愿承担相应法律责任。

　　本委托书有效期自签字之日起至2022年12月30日止。

　　　　　　　　　委托方（盖章）：

　　　　　　　　　法定代表人或其授权签署《代理报关委托书》的人（签字）：

　　　　　　　　　　　　　　　　　　　　　　　年　月　日

表8-12 　　　　　　　　　　　委托报关协议

为明确委托报关具体事项和各自责任，双方经平等协商签订协议如下：

委托方		被委托方			
主要货物名称		报关单编号			
H.S.编码		收到单证日期			
货物总价				☑合同	☑发票
进出口日期		收到单证情况		☑装货清单	□提（运）单
提单号				□加工贸易手册	□许可证件
贸易方式				其他	
原产地/货源地		报关收费		人民币：80.00元	
其他要求：		承诺说明：			
背面所列通用条款是本协议不可分割的一部分，对本协议的签署构成了对背面通用条款的同意		背面所列通用条款是本协议不可分割的一部分，对本协议的签署构成了对背面通用条款的同意			
委托方业务签章： 经办人签章： 联系电话：		被委托方业务签章： 经办报关员签章： 联系电话：			
（白联：海关留存；黄联：被委托方留存；红联：委托方留存）			中国报关协会监制		

表8-13

进口货物报关单
中华人民共和国海关进口货物报关单

预录入编号：① 　海关编号：② 　页码/页数：

境内收发货人③	进境关别④	进口日期⑤	申报日期⑥	备案号⑦
境外收发货人⑧	运输方式⑨	运输工具名称及航次号⑩	提运单号⑪	货物存放地点⑫
消费使用单位⑬	监管方式⑭	征免性质⑮	许可证号⑯	启运港⑰
合同协议号⑱	贸易国（地区）⑲	启运国（地区）⑳	经停港㉑	入境口岸㉒
包装种类㉓	件数㉔ 毛重（千克）㉕ 净重（千克）㉖	成交方式㉗ 运费㉘ 保费㉙ 杂费㉚		
随附单证及编号㉛				
标记唛码及备注㉜				

项号㉝	商品编号㉞	商品名称、规格型号㉟	数量及单位㊱	单价/总价/币制㊲	原产国（地区）㊳	最终目的国（地区）㊴	境内目的地㊵	征免㊶

特殊关系确认㊷： 　价格影响确认㊸： 　支付特许权使用费确认㊹：

报关人员 申报人员证号 电话	兹申明对以上内容承担如实申报、依法纳税之法律责任	自报自缴㊺：
申报单位㊻	申报单位（签章）	海关批注及签章㊼

进口货物报关单填写说明：

①预录入编号。报关单预录入编号为18位，其中第1~4位为接受申报海关的代码（海关规定的《关区代码表》中相应海关代码），第5~8位为录入时的公历年份，第9位为进出口标志"1"为进口，集中申报清单"I"为进口），后9位为顺序编号。

②海关编号。报关单海关编号为18位，其中第1~4位为接受申报海关的代码（海关规定的《关区代码表》中相应海关代码），第5~8位为海关接受申报的公历年份，第9位为进出口标志（"1"为进口；集中申报清单"I"为进口），后9位为顺序编号。

③境内收发货人。填报进口商在海关备案的对外签订并执行进出口贸易合同的名称及编码。

④进境关别。根据货物实际进境的口岸海关，填报海关规定的《关区代码表》中相应口岸海关的名称及代码。

⑤进口日期。进口日期填报运载进口货物的运输工具申报进境的日期。

⑥申报日期。以电子数据报关单方式申报的，申报日期为海关计算机系统接受申报数据时记录的日期。申报日期为8位数字，顺序为年（4位）、月（2位）、日（2位）。

⑦备案号。填报进口货物收发货人、消费使用单位在海关办理加工贸易合同备案或征、减、免税审核确认等手续时，海关核发的《加工贸易手册》、海关特殊监管区域和保税监管场所保税账册、《征免税证明》或其他备案审批文件的编号。

⑧境外收发货人。填报境外收发货人的名称及编码。名称一般填报英文名称，检验检疫要求填报其他外文名称的，在英文名称后填报。

⑨运输方式。运输方式指货物实际进出境的运输方式，按进出境所使用的运输工具分类。进口转关运输货物，按载运货物抵达进境地的运输工具填报。

⑩运输工具名称及航次号。

A.运输工具名称具体填报要求：

直接在进出境地或采用全国通关一体化通关模式办理报关手续的报关单填报要求如下：水路运输：填报船舶编号（来往港澳小型船舶为监管簿编号）或者船舶英文名称；公路运输：启用公路舱单前，填报该跨境运输车辆的国内行驶车牌号，深圳提前报关模式的报关单填报国内行驶车牌号+"/"+"提前报关"。启用公路舱单后，免予填报；铁路运输：填报车厢编号或交接单号；航空运输：填报航班号；邮件运输：填报邮政包裹单号；其他运输：填报具体运输方式名称，例如管道、驮畜等。

转关进口运输货物的报关单填报要求如下：水路运输：直转、提前报关填报"@"+16位转关申报单预录入号（或13位载货清单号）；中转填报进境英文船名；铁路运输：直转、提前报关填报"@"+16位转关申报单预录入号；中转填报车厢编号；航空运输：直转、提前报关填报"@"+16位转关申报单预录入号（或13位载货清单号）；中转填报"@"；公路及其他运输：填报"@"+16位转关申报单预录入号（或13位载货清单号）；以上各种运输方式使用广东地区载货清单转关的提前报关货物填报"@"+13位载货清单号。

B.航次号具体填报要求：

直接在进出境地或采用全国通关一体化通关模式办理报关手续的报关单：水路运输：填报船舶的航次号；公路运输：启用公路舱单前，填报运输车辆的8位进出境日期（顺序为年（4位）、月（2位）、日（2位），下同），启用公路舱单后，填报货物运输批次号；铁路运输：填报列车的进出境日期；航空运输：免予填报；邮件运输：填报运输工具的进出境日期；其他运输方式：免予填报。

转关进口运输货物的报关单：水路运输：中转转关方式填报"@"+进境干线船舶航次，直转、提前报关免予填报；公路运输：免予填报；铁路运输："@"+8位进境日期；航空运输：免予填报；其他运输方式：免予填报。

⑪提运单号。

A.直接在进出境地或采用全国通关一体化通关模式办理报关手续的：水路运输：填报进出口提单号，如有分提单的，填报进出口提单号+"*"+分提单号；公路运输：启用公路舱单前，免予填报；启用公路舱单后，填报进出口总运单号；铁路运输：填报运单号；航空运输：填报总运单号+"_"+分运单号，无分运单的填报总运单号；邮件运输：填报邮运包裹单号。

B.转关进口运输货物的报关单：水路运输：直转、中转填报提单号，提前报关免予填报；铁路运输：直转、中转填报铁路运单号，提前报关免予填报；航空运输：直转、中转货物填报总运单号+"_"+分运单号，提前报关免予填报；其他运输方式：免予填报；以上运输方式进境货物，在广东省内用公路运输转关的，填报车牌号。

⑫货物存放地点。填报货物进境后存放的场所或地点，包括海关监管作业场所、分拨仓库、定点加工厂、隔离检疫场、企业自有仓库等。

⑬消费使用单位。填报自行进口货物的单位或委托进出口企业进口货物的单位。编码填报18位法人和其他组织统一社会信用代码。编码无18位统一社会信用代码的，填报"NO"。

⑭监管方式。根据实际对外贸易情况按海关规定的《监管方式代码表》选择填报相应的监管方式简称及代码。一份报关单只允许填报一种监管方式。

⑮征免性质。根据实际情况按海关规定的《征免性质代码表》选择填报相应的征免性质简称及代码，持有海关核发的《征免税证明》的，按照《征免税证明》中批注的征免性质填报。一份报关单只允许填报一种征免性质。

⑯许可证号。填报进口许可证的编号。

⑰启运港。填报进口货物在运抵我国关境前的第一个境外装运港。

根据实际情况，按海关规定的《港口代码表》填报相应的港口名称及代码，未在《港口代码表》列明的，填报相应的国家名称及代码。货物从海关特殊监管区域或保税监管场所运至境内区外的，填报《港口代码表》中相应海关特殊监管区域或保税监管场所的名称及代码，未在《港口代码表》中列明的，填报"未列出的特殊监管区"及代码。

其他无实际进境的货物，填报"中国境内"及代码。

⑱合同协议号。填报进口货物合同（包括协议或订单）编号。未发生商业性交易的免予填报。

⑲贸易国（地区）。发生商业性交易的进口货物填报购自国（地区），按海关规定的《国别（地区）代码表》选择填报相应的贸易国（地区）中文名称及代码。

⑳启运国（地区）。启运国（地区）填报进口货物启始发出直接运抵我国或者在运输中转国（地）未发生任何商业性交易的情况下运抵我国的国家（地区）。按海关规定的《国别（地区）代码表》选择填报相应的启运国（地区）中文名称及代码。

㉑经停港。填报进口货物在运抵我国关境前的最后一个境外装运港。

㉒入境口岸。入境口岸填报进境货物从跨境运输工具卸离的第一个境内口岸的中文名称及代码；采取多式联运跨境运输的，填报多式联运货物最终卸离的境内口岸中文名称及代码；过境货物填报货物进入境内的第一个口岸的中文名称及代码；从海关特殊监管区域或保税监管场所进境的，填报海关特殊监管区域或保税监管场所的中文名称及代码。其他无实际进境的货物，填报货物所在地的城市名称及代码。

㉓包装种类。填报进口货物的所有包装材料，包括运输包装和其他包装，按海关规定的《包装种类代码表》选择填报相应的包装种类名称及代码。

㉔件数。填报进口货物运输包装的件数（按运输包装计）。

㉕毛重。填报进口货物及其包装材料的重量之和，计量单位为千克，不足一千克的填报为"1"。

㉖净重。填报进口货物的毛重减去外包装材料后的重量，即货物本身的实际重量，计量单位为千克，不足1千克的填报为"1"。

㉗成交方式。根据进出口货物实际成交价格条款，按海关规定的《成交方式代码表》选择填报相应的成交方式代码。无实际进出境的货物，进口填报CIF。

㉘运费。填报进口货物运抵我国境内输入地点起卸前的运输费用。

㉙保费。填报进口货物运抵我国境内输入地点起卸前的保险费用。

㉚杂费。填报成交价格以外的应计入完税价格或应从完税价格中扣除的费用。可按杂费总价或杂费率方式填报，注明杂费标记（杂费标记"1"表示杂费率，"3"表示杂费总价），并按海关规定的《货币代码表》选择填报相应的币种代码。

㉛随附单证及编号。分为随附单证代码和随附单证编号两栏，其中代码栏按海关规定的《监管证件代码表》和《随附单据代码表》选择填报相应证件代码；随附单证编号栏填报证件编号。

㉜标记唛码及备注。标记唛码中除图形以外的文字、数字，无标记唛码的填报N/M。

㉝项号。分两行填报：第一行填报报关单中的商品顺序编号；第二行填报备案序号。

㉞商品编号。填报由10位数字组成的商品编号。前8位为《中华人民共和国进出口税则》和《中华人民共和国海关统计商品目录》确定的编码；9、10位为监管附加编号。

㉟商品名称、规格型号。分两行填报。第一行填报进口货物规范的中文商品名称，第二行填报规格型号。

㊱数量及单位。分三行填报：第一行按进口货物的法定第一计量单位填报数量及单位，法定计量单位以《中华人民共和国海关统计商品目录》中的计量单位为准。凡列明有法定第二计量单位的，在第二行按照法定第二计量单位填报数量及单位。无法定第二计量单位的，第二行为空。成交计量单位及数量填报在第三行。

㊲单价/总价/币制。单价填报同一项号下进出口货物实际成交的商品单位价格；无实际成交价格的，填报单位货值。

总价填报同一项号下进出口货物实际成交的商品总价格。无实际成交价格的，填报货值。

币制按海关规定的《货币代码表》选择相应的货币名称及代码填报，如《货币代码表》中无实际成交币种，需将实际成交货币按申报日外汇折算率折算成《货币代码表》列明的货币填报。

㊳原产国（地区）。原产国（地区）依据《中华人民共和国进出口货物原产地条例》、《中华人民共和国海关关于执行〈非优惠原产地规则中实质性改变标准〉的规定》以及海关总署关于各项优惠贸易协定项下原产地管理规章规定的原产地确定标准填报。同一批进口货物的原产地不同的，分别填报原产国（地区）。进口货物原产国（地区）无法确定的，填报"国别不详"。

按海关规定的《国别（地区）代码表》选择填报相应的国家（地区）名称及代码。

㊴最终目的国（地区）。填报已知的进口货物的最终实际消费、使用或进一步加工制造国家（地区）。

㊵境内目的地。填报已知的进口货物在国内的消费、使用地或最终运抵地，其中最终运抵地为最终使用单位所在的地区。最终使用单位难以确定的，填报货物进口时预知的最终收货单位所在地。

㊶征免。按照海关核发的《征免税证明》或有关政策规定，对报关单所列每项商品选择海关规定的《征减免税方式代码表》中相应的征减免税方式填报。

加工贸易货物报关单根据《加工贸易手册》中备案的征免规定填报；《加工贸易手册》中备案的征免规定为"保金"或"保函"的，填报"全免"。

㊷特殊关系确认。填报确认进出口行为中买卖双方是否存在特殊关系，有下列情形之一的，应当认为买卖双方存在特殊关系，应填报"是"，反之则填报"否"：

买卖双方为同一家族成员的；买卖双方互为商业上的高级职员或者董事的；一方直接或者间接地受另一方控制的；买卖双方都直接或者间接地受第三方控制的；买卖双方共同直接或者间接地控制第三方的；一方直接或者间接地拥有、控制或者持有对方5%以上（含5%）公开发行的有表决权的股票或者股份的；一方是另一方的雇员、高级职员或者董事的；买卖双方是同一合伙的成员的。

买卖双方在经营上相互有联系，一方是另一方的独家代理、独家经销或者独家受让人，如果符合前款的规定，也应当视为存在特殊关系。

㊸价格影响确认。根据《审价办法》第十七条，填报确认纳税义务人是否可以证明特殊关系未对进口货物的成交价格产生影响，纳税义务人能证明其成交价格与同时或者大约同时发生的下列任何一款价格相近的，应视为特殊关系未对成交价格产生影响，填报"否"，反之则填报"是"：向境内无特殊关系的买方出售的相同或者类似进口货物的成交价格；按照《审价办法》第二十二条的规定所确定的相同或者类似进口货物的完税价格；按照《审价办法》第二十四条的规定所确定的相同或者类似进口货物的完税价格。

㊹支付特许权使用费确认。填报确认买方是否存在向卖方或者有关方直接或者间接支付与进口货物有关的特许权使用费，且未包括在进口货物的实付、应付价格中。

买方存在需向卖方或者有关方直接或者间接支付特许权使用费，且未包含在进口货物实付、应付价格中，并且符合《审价办法》第十三条的，在"支付特许权使用费确认"栏目填报"是"。

买方存在需向卖方或者有关方直接或者间接支付特许权使用费，且未包含在进口货物实付、应付价格中，但纳税义务人无法确认是否符合《审价办法》第十三条的，填报"是"。

买方存在需向卖方或者有关方直接或者间接支付特许权使用费且未包含在实付、应付价格中，纳税义务人根据《审价办法》第十三条，可以确认需支付的特许权使用费与进口货物无关的，填报"否"。

买方不存在向卖方或者有关方直接或者间接支付特许权使用费的，或者特许权使用费已经包含在进口货物实付、应付价格中的，填报"否"。

㊺自报自缴。进出口企业、单位采用"自主申报、自行缴税"（自报自缴）模式向海关申报时，填报"是"；反之则填报"否"。

㊻申报单位。自理报关的，填报进出口企业的名称及编码；委托代理报关的，填报报关企业名称及编码。编码填报18位法人和其他组织统一社会信用代码。

㊼海关批注及签章。供海关作业时签注。

3.实训材料

上海贸易进出口公司与德国出口商"PITER IMPORT & EXPORT CORPORATION"签订贸易合同，进口彩色喷墨打印机。上海贸易进出口公司对来自出口商的全套议付单据进行了审核，核准无误、付款赎单之后，准备办理进口货物的报检、报关手续。

填写报关单的有关资料如下：

买方：无锡贸易进出口公司（WUXI TRADE IMPORT & EXPORT CORPORATION）

21 ZHONGSHAN ROAD，WUXI，CHINA

TEL：0510-56082266 FAX：0510-56082265

银行账号：WT013581

卖方：PITER IMPORT & EXPORT CORPORATION

NO.324 TOLI MACH HAMBURG，GERMANY

TEL：+49（030）88665555 FAX：+49（030）88665556

货名：彩色喷墨打印机（COLOR INKJET PRINTERS）

规格、单价：FOB HAMBURG RO123 USD 110.00/SET

支付方式：见票后30天付款不可撤销跟单信用证（IRREVOCABLE DOCUMENTARY CREDIT AT 30 DAYS AFTER SIGHT）

数量：RO123 2 000套（2 000 SETS）

包装：每套装一个出口纸箱

毛重：每箱10 KGS

净重：每箱8 KGS

体积：每箱0.8CBM

装运期：不迟于2022年11月8日前装运（LATEST DATE OF SHIPMENT：20221108）

装运港：德国汉堡（HAMBURG，GERMANY）

目的地港：中国上海（SHANGHAI，CHINA）

分批装运：允许（ALLOWED）

转运：允许（ALLOWED）

船名：HOGA.V.086

合同号：TX02378

提交单据：（1）已签字的商业发票一式三份，并显示合同号（THREE COPIES OF SIGNED COMMERCIAL INVOICE INDICATING CONTRACT NUMBER OF TX02378）；（2）装箱单一式三份（THREE COPIES OF PACKING LIST）；（3）品质证书一式两份，由厂商签发（TWO COPIES OF CERTIFICATE OF QUALITY / QUANTITY ISSUED BY MANUFACTURER）；（4）在装船后12小时内用传真向买方发出装运通知，其中包含合同号、货名、数量、毛重、提单号和装运日期等（WITHIN 12 HOURS AFTER THE GOODS ARE COMPLETELY LOADED，THE SELLER SHALL FAX TO NOTIFY THE BUYER OF THE CONTRACT NUMBER，NAME OF COMMODITY，QUANTITY，GROSS WEIGHT，B/L NO.AND THE DATE OF DELIVERY）

H.S.编码：9503100000

提单号码：TE01067E

提单日期：2022.11.5

运费：USD 2 500.00

保险费：USD 2 059.00

经营单位代码：913202050746580l6D

上海关区代码：2244

免征性质及代码：一般征税（101）

入境口岸代码：310301

境内目的地代码：32029

4.实训操作

根据上面的实训材料填下列单据。

填写进口货物报关单（见表8-14）。

5.实训练习

请根据以下材料填制进口报关所需单据。资料如下：

买方：上海贸易进出口公司（SHANGHAI TRADE IMPORT & EXPORT CORPORATION）

21 HUQIU ROAD SHANGHAI，CHINA

TEL：021-64046082 FAX：021-64046083

卖方：YAMA IMPORT & EXPORT CORPORATION

NO.324 SKURAMAJI OSAKA，JAPAN

TEL：+81 6 6646 0000 FAX：+81 6 6646 8888

货名：汽车模型玩具（AUTO MODEL TOY）

规格、单价：FOB OSAKA，Art.No.101 每只4.00美元

支付方式：见票后30天付款不可撤销跟单信用证（IRREVOCABLE DOCUMENTARY CREDIT AT 30 DAYS AFTER SIGHT）

数量：每种型号各20 000只

包装：每只玩具装一个纸箱

毛重：每箱12 KGS

净重：每箱10 KGS

体积：每箱1.6CBM

装运期：不迟于2022年10月7日前装运（LATEST DATE OF SHIPMENT：20221007）

装运港：日本大阪（OSAKA，JAPAN）

目的地港：中国上海（SHANGHAI，CHINA）

分批装运：允许（ALLOWED）

转运：允许（ALLOWED）

表 8-14

预录入编号：2244202210002293828

中华人民共和国海关进口货物报关单

海关编号：2244202210002293828

页码/页数：

境内收发货人　无锡贸易进出口公司（91320205074658016D）	进境关别（2244）上海	进口日期 20221120	申报日期 20221130	备案号
境外收发货人　PITER IMPORT & EXPORT CORPORATION	运输方式 海运	运输工具名称及航次号 HOGA.V.086	提运单号 TEO1067E	货物存放地点 上海
消费使用单位　无锡贸易进出口公司（91320205074658016D）	监管方式 其他进出口免费	征免性质 一般征税（101）	许可证号 TE01067E	启运港（DEU000）德国汉堡
合同协议号 TX02378	贸易国（地区）德国（DEU）	启运国（地区）德国（DEU）	经停港 启运港	入境口岸（310301）上海
包装种类 纸箱	件数 2 000	毛重（千克）20 000	净重（千克）16 000	成交方式 FOB	运费 USD 2 500.00	保费 USD 2 059.00	杂费

随附单证及编号：装运通知

标记唛码及备注

发票；装箱单；品质证书；装运通知

项号	商品编号	商品名称、规格型号	数量及单位	单价/总价/币制	原产国（地区）	最终目的国（地区）	境内目的地（地区）	征免
1.	9503100000	彩色喷墨打印机 RO123	2 000 套 20 000KGS	110 220 000 美元	德国（DEU）	中国（CHN）	无锡（32029）	照章征税（1）

特殊关系确认：否	价格影响确认：否	支付特许权使用费确认：否	自报自缴
报关人员	申报人员证号 22106915　电话	兹申明对以上内容承担如实申报、依法纳税之法律责任	海关批注及签章
申报单位 无锡贸易进出口公司		申报单位（签章）	

船名：东风 V.086

合同号：TX07825

提交单据：（1）已签字的商业发票一式三份，并显示合同号（THREE COPIES OF SIGNED COMMERCIAL INVOICE INDICATING CONTRACT NUMBER OF TX07825）；（2）装箱单一式三份（THREE COPIES OF PACKING LIST）；（3）品质证书一式两份，由厂商签发（TWO COPIES OF CERTIFICATE OF QUALITY / QUANTITY ISSUED BY MANUFACTURER）；（4）在装船后 12 小时内用传真向买方发出装运通知，其中包含合同号、货名、数量、毛重、提单号和装运日期等（WITHIN 12 HOURS AFTER THE GOODS ARE COMPLETELY LOADED, THE SELLER SHALL FAX TO NOTIFY THE BUYER OF THE CONTRACT NUMBER, NAME OF COMMODITY, QUANTITY, GROSS WEIGHT, B/L NO.AND THE DATE OF DELIVERY）

H.S.编码：9503.900011

提单号码：TE001427

提单日期：2022.10.4

运　费：USD 2 200.00

保 险 费：USD 2 015.00

经营单位代码：038712466612121212

上海关区代码：2244

免征性质及代码：一般征税（101）

入境口岸代码：310301

6.实训讨论

在本实训环节完成后，组织学生就实训过程中遇到的问题进行集体讨论，由学生提出问题，然后按实训划分的小组进行分组讨论，讨论后每个小组提出本小组的意见，最后由教师进行讲解并总结。

7.提交实训报告

学生于下次课提交一份实训报告，报告中要求写出报告的目的，在国际贸易中报检、报关的办理程序，主要单据的填法及注意事项（后面附上所填制的单据），以及此次课的心得体会。

六、实训考核方法

本模块的主要内容是各项业务的模拟操作，因此主要通过学生现场表现出来的职业性对其进行考核，以优秀、良好、中等、及格、不及格来评定其成绩。参考标准如下：

1.优秀：学生表现出的应变能力很强，操作熟练，能出色地完成实训任务，完全符合企业的要求。

2.良好：学生表现出一定的应变能力，操作虽有一些失误但不影响大局，能够完成实训任务，符合企业的要求。

3.中等：学生表现出基本的应变能力，操作基本符合要求，完成实训任务时稍有瑕疵但不影响整体效果，基本符合企业的要求。

4.及格：学生表现出的应变能力较差，勉强完成操作，完成实训任务失误较多，影响整体效果，勉强符合企业的要求。

5.不及格：学生不胜任实训任务或者对实训任务不参与、不配合。

七、实训拓展与提高

通过教师对理论知识的介绍和对实训环节的讲解，学生可以对进出口报检、报关业务有一定的了解。下面再介绍一个关于出口报关的案例。其基本资料如下：

出口方：南京明远服装有限公司（NANJING MINGYUAN GARMENT CO., LTD.）

HUARONG MANSION RM2901 NO.85 GUANJIAQIAO, NANJING, 210005, CHINA

TEL：0086-25-35784312　FAX：0086-25-35784513

进口方：FASHION FORCE CO., LTD.

P.O.BOX 8935 NEW TERMINAL, ALTA VISTA, OTTAWA, CANADA

TEL：001-613-4563508　FAX：001-613-4562421

交易商品：全棉运动上衣（COTTON BLAZER）

成交方式：CIF

付款方式：即期信用证（L/C AT SIGHT）

通知行：中国银行江苏省分行

受益人银行账号：0777103281054

出口口岸：上海港

分批装运及转船运输：不允许分批装运；允许转运，从中国运至加拿大蒙特利尔港

最后装船期：2018年6月18日

服装加工厂：无锡珂瑛制衣有限公司

货运代理公司：上海远通国际货运代理有限公司

承运船公司：中国远洋集装箱运输有限公司

资料来源　作者根据相关资料整理。

这是一个南京明远服装进出口有限公司和加拿大客户就全棉运动上衣交易的案例。南京明远服装进出口有限公司单证部门拿到输往加拿大的纺织品出口许可证后，于2018年6月10日，将上海远通国际货运代理有限公司报关所需的报关委托书、商业发票、装箱单、外销合同、加拿大纺织品出口许可证等单据用快件寄出。

6月12日，上海远通国际货运代理有限公司到上海出入境检验检疫局换取"出境货物通关单"。

6月13日，南京明远服装进出口有限公司根据上海远通国际货运代理有限公司的送货通知按时将货物送到上海远通国际货运代理有限公司指定的仓库。

新的海关报关规定货物的出口报关必须在货物进入港口仓库或集装箱整箱进入堆场后才能进行。由于6月14、15日是周六、周日，故6月13日下午，上海远通国际货运代理有限公司即向上海海关申请报关，以免耽误6月18日的船期。

上海远通国际货运代理有限公司持报关单录入权操作员卡的操作员进入"单一窗口"或"互联网+海关"的"报关单录入"界面，在备案数据下载协议的授权范围内下载本委托单位的征免税证明、加工贸易手册或加工区备案清单后，脱机录入报关单数据，录入并提交后将录入的报关单数据信息上传到数据中心，再由持报关单审核申报权操作员卡的操作员进入"单一窗口"或"互联网+海关"的"报关单审核申报"界面，对报关单的逻辑性、填报的规范性进行审核，确保报关单可以向海关进行申报。持报关单申报确认权操作员卡的操作员进入"单一窗口"或"互联网+海关"的"报关单申报确认"界面，对报关单进行确认申报操作，经"申报确认"后的报关单通过公共数据中心传海关内部网。海关签发电子回单后，报关单位确认关税金额，利用网上支付进行缴税，海关查验货物合格后电子放行，报关通过后，上海远通国际货运代理有限公司安排集装箱拖货至船公司指定的码头。

需要注意的是：

1.通过"单一窗口"或"互联网+海关"录入的电子数据要准确，注意电子报关单内容的逻辑性、填报的规范性。

2.要及时通过"单一窗口"或"互联网+海关"查询报关的情况。

3.纺织品出口许可证是政府机关批准配额纺织品出口的证明文件，出口商凭此证办理出口报关，进口商凭此证申领进口许可证并办理进口报关手续。因此，出口加拿大的纺织品在报关时必须附上输加拿大纺织品出口许可证，否则海关不予受理。

模块九　制单结汇

一、实训目的

本模块实训的主要目的是掌握制单结汇的过程和熟悉信用证项下全套单据的缮制要点，让学生能够独立缮制信用证项下的单据。

二、理论知识点

（一）相关单据制作

1.常用的出口单据

（1）汇票。

（2）商业发票。

（3）运输单据。

（4）保险单据。

（5）包装单据。

（6）产地证明书。

（7）检验证书。

（8）海关发票。

（9）其他单证。

2.对出口单据的要求

（1）正确：单证一致、单单一致。

（2）完整：种类、份数、项目。

（3）及时：时间。

（4）简明：标准，勿加列不必要的内容。

（5）整洁：字迹整洁，重要项目不宜更改。

（二）交单结汇

1.交单

在装运货物期间，受益人要签发包括汇票（若有）在内的单据，以取得货运单据，然后将与信用证相符的所有单据在信用证规定的期限内连同信用证及有关修改书（若有），提交给信用证指定的银行（如议付行）要求议付。

交单应注意三点：一是单据的种类和份数与信用证的规定相符；二是单据内容正确，包括所用文字与信用证一致；三是交单时间必须在信用证规定的交单期和有效期之内。

交单方式有两种：一种是两次交单或称预审交单，即在运输单据签发前，先将其他已备妥的单据交银行预审，发现问题及时更正，待货物装运后收到运输单据，可以当天议付并对外寄单。另一种是一次交单，即在全套单据收齐后一次性送交银行，此时货已发运。一次交单的缺点是银行审单后若发现不符点需要退单修改，耗费时日，容易逾期而影响收汇安全。因而出口企业宜与银行密切配合，采用两次交单方式，加速收汇。

2.审单

信用证项下的审单可以指议付行的审单，也可以指开证行的审单。前者称议付审单，后者称付款审单。

（1）审单的原则。审单的原则是单证相符，包括单证一致、单单一致两个方面。单证一致，即按信用证规定提交的各种单据必须与信用证严格一致；单单一致，即除单证要相符外，各种单据之间也要一致，不能相互矛盾，否则也视为单证不符。

（2）审单的依据。信用证条款是审单工作的唯一依据，其他诸如合同、往来函电、货物情况等只作为参考，不是审单的依据。

（3）审单的方法。审单要先"纵"后"横"。"纵"是指以信用证为核心，所有单据都与信用证相核对，做法是先阅读信用证的各项内容，再阅读单据的各项内容，从中发现单证之间各项目的内在联系，以及哪些单据未交、哪些内容不符合规定等。"横"是指以单据中的发票为中心，其他单据与之核对。

（4）单证不符的处理。

议付行对单证不符的处理：

①将单据退回受益人修改。若不符点由受益人在制单时的疏忽所致，通常由议付行退还其修改，再交银行议付。如果是打字、拼写方面的错误，有时为了争取时间，在受益人授权后，银行也可代劳。例如，商业发票上开航日期是9月10日，而提单上却是9月13日，只要在商业发票上加注"about"或类似字样即可（以信用证上有此字样为前提）。但若提交的单据不全，则必须由受益人补齐。

②担保议付。要求受益人提供一份保证书，然后进行议付。保证书上要注明单

据与信用证条款不相符的内容。为有不符点的单证议付后，银行一旦遭受损失，则付出的费用由受益人保证负担。

③致电开证行要求授权议付。议付行通过电传等将不符点告知开证行，征询可否议付，得到开证行的授权后再行议付或者承兑。这里有个前提，即受益人同意或要求这样做并承担有关费用。这就是通常所说的"电提"。

④托收。若不符点甚为严重，拒付的可能性较大，如货物装船过期、货物溢装、信用证超额等，应建议出口商改用托收方式办理，单寄开证行。这种做法已由银行信用改为商业信用，风险较大，进口商往往会乘机压价或争取大幅度折扣。

⑤照常议付。它是指尽管有不符点，从实践经验中得知这些不符点是微不足道的，可以照旧付款，只需向开证行说明一下。但这不是推荐的做法，在市场行情变化等情形下，这样做要冒很大的风险，会成为出口商和议付行的把柄。

⑥不予受理，将单据退回受益人。

开证行对单证不符的处理：

①如果寄单行在审单时发现了不符点，并以电提方式征询开证对单据的处理意见，这时应接洽申请人。若申请人同意，开证行会向议付行等寄单行发出接受所提及不符点的授权。

②开证行审单发现单据同信用证条款不符时，习惯的做法不是马上退单拒付，而是列举各项不符点，在给进口商的通知书中注明，问申请人是否接受。如申请人接受，而且客户的资信也没问题，则开证行不退回单据，按正常情况进行结算处理。

3.结汇

信用证项下的出口单据经银行审核无误后，银行按信用证规定的付汇条件，将外汇结付给出口企业。我国出口业务中大多使用议付信用证，主要结汇方式如下：

（1）出口押汇。它是指议付行收取单据作为质押，按汇票或发票面值，扣除从议付日起到估计收到开证行或偿付行票款之日的利息后，将货款先行垫付给出口商（信用证受益人）。议付是可以追索的，如开证行拒付，议付行可向出口商追还已垫付之货款。议付信用证中规定，开证行对议付行承担到期承兑和付款的责任。银行如仅仅审核单据而不支付价款，则不构成议付。

（2）收妥结汇。它是指议付行收到单据后不做押汇，而是将单据寄交开证行，待开证行将货款划给议付行后再向出口商结汇。

（3）定期结汇。它是指议付行收到单据后，在一定期限内向出口商结汇，此期限为估计索汇时间。

收妥结汇和定期结汇对议付行来说都是先收后付，银行不能算是严格意义上的议付行，只能算是代收行。

三、实训所需条件

（一）实训学时

4课时/30人。

（二）实训地点

多媒体教室。

（三）实训所需材料

空白的海运提单、汇票、商业发票、保险单、装箱单、原产地证（见附录，可以剪下，根据下面实训练习的材料来填写，随实训报告上交）。

四、实训内容与要求

要求参加实训的同学能熟练掌握出口常用单据（海运提单、商业发票、保险单、装箱单、原产地证等）的理论知识，能缮制信用证要求的全套单据。认真听老师讲解，运用所学知识，结合背景资料，积极完成实训任务。

五、实训步骤

（一）实训前的准备

1.对学生进行分组，6人一组。

2.各自持所需资料和空白单据。空白单据包括海运提单、汇票、商业发票、保险单、装箱单、原产地证。

（二）实训指导

在出口常用单据中，运输单据、保险单据、包装单据、产地证书、检验证书等在其他模块中已讲解过，这里说一下汇票和商业发票。

1.汇票

（1）汇票样本（见表9-1）。

表 9-1　　　　　　　　　　　　　　　　汇票

BILL OF EXCHANGE　①

Draft No.：<u>SHE 0705156</u>　②　　　　Date：<u>MAY.10，2022</u>　③

For <u>USD 26 400.00</u>　④

At_____　⑤　days after_____ sight of this first of exchange（second of the same tenor and date being unpaid）Pay to the order of <u>BANK OF CHINA，SHANGHAI BRANCH</u>　⑥　the sum of SAY TOTAL <u>U.S.DOLLARS TWENTY-SIX THOUSAND FOUR HUNDRED ONLY</u>　⑦ value received Drawn under ⑧ L/C No. <u>396-1502316</u> dated <u>MAR.30，2022</u> Issued by <u>MERITA BANK LTD.，FINLAND</u>　⑨

To SHANGHAI FOREIGN TRADE CORP.⑩

AUTHORIZED　SIGNATURE⑪

其中：①汇票字样；②汇票号码；③出票日期；④汇票小写金额和币制；⑤付款期限；⑥收款人；⑦汇票大写金额和币制；⑧出票条款；⑨开证行；⑩付款人（受票人）；⑪出票人签章。

（2）汇票的必备项目。

《中华人民共和国票据法》和《日内瓦统一法》规定的汇票的绝对必要项目基本相同，包括：

①汇票字样（Bill of Exchange；Draft）。

②书面的无条件支付命令（Unconditional Order）。

违背关于汇票的无条件支付命令的记载有两类：

A.一类记载表明该汇票受任何合约的制约或支配。

例：Payable only against delivery of shipping documents.

仅凭货运单据支付。

B.另一类记载表明该汇票的付款资金只能来自特定的基金或财源，即带有特别基金条款。

例：Pay ××× USD one thousand only from A/C No.54321.

从第 54321 号账户中支付×××1 000 美元。

③确定的金额（Amount）。金额包括两部分：一是货币名称，一般用缩写表示，与信用证中所用货币一致。二是金额，一般保留小数点后两位。

信用证项下的汇票，若信用证没有规定，其金额应与发票金额一致。若信用证规定汇票金额为发票的百分之几，则按规定填写。这一做法，通常用于以含佣价向中间商报价，发票按含佣价制作，开证行在付款时代扣佣金的情况。

④付款人（Payer）—受票人（Drawee）。信用证方式下，以信用证开证行或其指定的付款行为付款人。若信用证未加以说明，则以开证行为付款人。

⑤收款人（Payee）。汇票的收款人应是银行。信用证方式下，收款人通常为议付行。

⑥出票人签章（Drawer's Signature）。汇票经出票人或其授权代理人签名或盖章

方有效。

⑦出票日期（Date of Issue）。出票日期的作用：A.可确定出票人在签发汇票时有无行为能力；B.可用来计算汇票的到期日及利息的起算日；C.可确定有些汇票提示或追索的有效期限。

此外，汇票的出票条款不是汇票的绝对必备项目，但信用证名下的汇票，应填写出票条款。它包括开证行名称、信用证号码和开证日期。

2.商业发票

商业发票是进口商凭以收货、支付货款，进出口商凭以记账、报关纳税的凭据。在不用汇票的情况下（如付款信用证、即期付款交单），商业发票代替汇票作为付款的依据。

商业发票没有统一的格式，其内容应符合合同规定，在以信用证方式结算时，还要与信用证的规定严格相符。商业发票是全套货运单据的中心，其他单据均参照商业发票内容缮制，因此制作商业发票不仅要求正确无误，还应排列规范，整洁美观。商业发票样本见表9-2。

表9-2　　　　　　　　　　　　　　　　　商业发票

ISSUER ①	商业发票 ②　COMMERCIAL INVOICE		
TO ③	NO. ④		DATE ④
TRANSPORT DETAILS ⑤	S/C NO. ④		L/C NO. ④
	TERMS OF PAYMENT		
MARKS AND NUMBERS	NUMBER AND KIND OF PACKAGE/ DESCRIPTION OF GOODS	QUANTITY	UNIT PRICE	AMOUNT
⑥	⑦	⑦	⑧	⑧
TOTAL				
SAY TOTAL				
	⑨			

商业发票内容的填写：

①出口商名称（Issuer）。商业发票顶端必须有出口商名称、地址、传真和电话号码，其中出口商名称和地址应与信用证一致。

②商业发票名称。应注明"商业发票"（Commercial Invoice或Invoice）字样。

③商业发票抬头人（To）。其通常为国外进口商。在信用证方式下，除非另有规定，应为开证申请人。

④商业发票号码（No.）、开票日期（Date）、合同号码（S/C No.）、信用证号码（L/C No.）。商业发票号码由出口商自行按顺序编制。开票日期不应与运单日期相距太远，但必须在信用证交单期和有效期之内。合同号码和信用证号码应与信用证

所列一致，如信用证无此要求，亦应列明。

⑤运输细节（Transport Details）。应填写装运地和目的地。其应与信用证所列一致，目的地应明确具体，若有重名，应写明国别或地区。

⑥运输标志（唛头）（Marks and Numbers）。凡来证指定唛头的，按来证制作。如无规定，由托运人自行制定。以集装箱方式装运的，可以集装箱号和封印号码代替。运输单据和保险单上的唛头，应与商业发票一致。

⑦包装件数及包装种类/货物描述（Number and Kind of Package/Description of Goods）和数量（Quantity）。应填写货物名称、规格、包装、件数和种类。关于货物的描述应符合合同要求，还必须和信用证所用文字完全一致。如需列明重量，应列明总的毛重和净重。

⑧单价（Unit Price）和总值（Amount）。单价和总值必须准确计算，与数量之间不可有矛盾，应列明价格条件（贸易术语），总值不可超过信用证金额。

⑨出单人名称。商业发票由出口商出具，在信用证方式下，出单人必须是受益人。"UCP 600"规定，商业发票可以只标明出单人名称而不加签署。如需签字，来证中应明确规定，如"Signed Commercial Invoice"。

此外，有的商业发票上还加注附加证明，大致有以下几种：①加注费用清单，如运费、保险费和FOB价；②注明特定号码，如进口许可证号、布鲁塞尔税则号；③注明原料来源地的证明文句。

（三）实训材料

下面是一份信用证和有关资料，请认真阅读信用证并根据其要求缮制全套单据。

ISSUE OF A DOCUMENTARY CREDIT

ISSUING BANK　　　　 : ASAHI BANK LTD.TOKYO

SEQUENCE OF TOTAL : 1/1

FORM OF DOC.CREDIT : IRREVOCABLE

DOC.CREDIT NUMBER : ABL-AN107

DATE OF ISSUE　　　　 : 20220405

EXPIRY　　　　　　　 : 20220615 CHINA

APPLICANT　　　　　 : ABC CORPORATION, 123 RED FLOWER STREET OSAKA, JAPAN

BENEFICIARY　　　　 : SHANGHAI XINHUA TEXTILES IMP.AND EXP.COMPANY LTD. 1036 SOUTH SUZHOU ROAD, SHANGHAI, CHINA

AMOUNT　　　　　　 : USD 30 300.00 （SAY U.S.DOLLARS THIRTY THOUSAND THREE HUNDRED ONLY.）

AVAILABLE WITH/BY : ANY BANK BY NEGOTIATION

DRAFTS AT　　　　　 : DRAFTS AT SIGHT FOR FULL INVOICE VALUE

DRAWEE   : ASAHI BANK LTD.TOKYO
PARTIAL SHIPMENTS   : ALLOWED
TRANSSHIPMENT   : ALLOWED
LOADING IN CHARGE   : SHANGHAI PORT
FOR TRANSPORT TO   : OSAKA, JAPAN
LATEST DATE OF SHIPMENT: MAY. 30, 2022
DESCRIPT.OF GOODS   : LADIES GARMENTS AS PER S/C NO.SH107
PACKING: 10PCS/CTN.

ART.NO.	QUANTITY	UNIT PRICE
STYLE NO.AH-04B	1 000 PCS	USD5.50
STYLE NO.ROCOCO	1 000 PCS	USD5.10
STYLE NO.BORODAO	1 000 PCS	USD4.50
STYLE NO.FLORES	1 500 PCS	USD4.80
STYLE NO.PILAR	1 000 PCS	USD4.00
STYLE NO.ROMANTICO	500 PCS	USD8.00

PRICE TERM   : CIF OSAKA
DOCUMENTS REQUIRED: (1) 3/3 SET OF ORIGINAL CLEAN ON BOARD OCEAN BILLS OF LADING MADE OUT TO ORDER OF SHIPPER AND BLANK ENDORSED AND MARKED "FREIGHT PREPAID" AND NOTIFY APPLICANT (WITH FULL NAME AND ADDRESS).

(2) ORIGINAL SIGNED COMMERCIAL INVOICE IN 5 FOLD.

(3) INSURANCE POLICY OR CERTIFICATE IN 2 FOLD ENDORSED IN BLANK, FOR 110PCT. OF THE INVOICE VALUE COVERING THE INSTITUTE CARGO CLAUSES (A), THE INSTITUTE WAR CLAUSES, INSURANCE CLAIMS TO BE PAYABLE IN JAPAN IN THE CURRENCY OF THE DRAFTS.

(4) CERTIFICATE OF ORIGIN GSP FORM A IN 1 ORIGINAL AND 1 COPY.

(5) PACKING LIST IN 3 FOLD.

ADDITIONAL COND.   : (1) T.T.REIMBURSEMENT IS PROHIBITED.

(2) THE GOODS TO BE PACKED IN EXPORT STRONG COLORED CARTONS.

(3) SHIPPING MARKS: ITOCHU OSAKA NO.1-600

DETAILS OF CHARGES : ALL BANKING CHARGES OUTSIDE JAPAN INCLUD-
ING REIMBURSEMENT COMMISSION, ARE FOR
ACCOUNT OF BENEFICIARY.
PRESENTATION PERIOD: DOCUMENTS TO BE
PRESENTED WITHIN 10 DAYS AFTER THE DATE
OF SHIPMENT, BUT WITHIN THE VALIDITY OF
THE CREDIT.

CONFIRMATION 　　　: WITHOUT.

INSTRUCTIONS 　　　 : THE NEGOTIATION BANK MUST FORWARD THE
DRAFTS AND ALL DOCUMENTS BY REGISTERED
AIRMAIL DIRECT TO US IN TWO CONSECUTIVE
LOTS, UPON RECEIPT OF THE DRAFTS AND DOCU-
MENTS IN ORDER, WE WILL REMIT THE PRO-
CEEDS AS INSTRUCTED BY THE NEGOTIATING
BANK.

THIS CREDIT IS SUBJECT TO THE UNIFORM CUSTOMS AND PRACTICE FOR
DOCUMENTARY CREDITS (2007 REVISION), INTERNATIONAL CHAMBER OF
COMMERCE PUBLICATION NO.600.

相关资料[①]见表9-3。

表9-3 相关资料

发票号码	SH-25757	发票日期	2022年4月20日	FORM A号码	GZ8 / 27685 / 1007
单位毛重	15.40KGS / CTN	单位净重	13.00KGS / CTN	单位尺码	(60*40*50) cm³ / CTN
船名	DIEK335 V.007	商品原材料情况	完全自产品	集装箱号码	SOCUl285745 / 20' MAKU5879524 / 20'
提单号码	KFT2582588	提单日期	2022年5月15日	保险单号码	PIC201278141

（四）实训操作

根据上面的实训材料填制下列单据。

1.缮制海运提单（见表9-4）

表9-4 BILL OF LADING

Particulars Furnished by Merchants

Shipper SHANGHAI XINHUA TEXTILES IMP.AND EXP.COMPANY LTD. 1036 SOUTH SUZHOU ROAD, SHANGHAI, CHINA		B/L No. KFT2582588
Consignee TO ORDER OF SHIPPER		Combined Transport Bill of Lading
Notify Address ABC CORPORATION, 123 RED FLOWER STREET, OSAKA, JAPAN		For delivery of goods please apply to:
Pre-carriage by	Place of Receipt	
Ocean Vessel　Voy. No. 　DIEK335　V. 007	Port of Loading 　SHANGHAI PORT	

---

① 资料米源：余世明，彭月嫦.国际贸易实务练习题及分析解答[M].广州:暨南大学出版社，2004.

Port of Discharge OSAKA，JAPAN	Place of Delivery		Final Destination for the Merchant's Reference only	
Container No.，Seal No.& Marks & Nos. CONTAINER NO.: SOCU1285745 / 20' MAKU5879524 / 20' Marks & Nos.: TOCHU OOSAKA NNO.1~600	Number of Package & Description of Goods 600CTNS　LADIES GARMENTS TOTAL: SIX HUNDRED CARTONS ONLY FREIGHT PREPAID		Gross Weight （KGS） 9 240KGS	Measurement （m³） 72CBM
Freight & Charges	Revenue Tons	Rate Per	Prepaid	Collect
Ex.Rate	Prepaid at	Payable at	Place and Date of Issue SHANGHAI MAY.15，2022	
	Total Prepaid	Number of Original B （s）/L THREE （3）	Stamp & Signature	

Laden on Board the Vessel

Date

　　By

提单背书

SHANGHAI XINHUA TEXTILES IMP. AND EXP. COMPANY LTD. 1036 SOUTH

SUZHOU ROAD（签名）

　　2.缮制汇票（见表9-5）

　　表9-5　　　　　　　　　　　汇票

　　USD30 300.00

　　U.S.DOLLARS THIRTY THOUSAND THREE HUNDRED ONLY

BILL OF EXCHANGE		
凭证 Drawn Under	ASAHI BANK LTD.TOKYO　不可撤销信用证号 Irrevocable　L/C No. ABL-AN107	
日期 Date	APR.5，2022	支取按息付款 Payable With interest@　　　　　　　%
号码 No.	SH-25757　汇票金额 Exchange for	上海 SHANGHAI
见票 at　*** ***	日后（本汇票之副本未付）付交 sight of this first of exchange（second of exchange being unpaid）	

pay to the order of	BANK OF CHINA

金额
the sum of

此致
To ASAHI BANK LTD.TOKYO

SHANGHAI XINHUA TEXTILES IMP.AND EXP.
COMPANY LTD.
1036 SOUTH SUZHOU ROAD，SHANGHAI，CHINA
（签名）

3.缮制商业发票（见表9-6）

表9-6 商业发票

上海新华纺织品进出口有限公司

SHANGHAI XINHUA TEXTILES IMP.AND EXP.COMPANY LTD.

1036 SOUTH SUZHOU ROAD.SHANGHAI，CHINA

商业发票

COMMERCIAL INVOICE　　　ORIGINAL

INVOICE NO.： SH-25757

Messrs：

ABC CORPORATION，OSAKA，JAPAN

INVOICE DATE：APR.20，2022

S/C NO.： SH107

L/C NO.： ABL-AN107

L/C DATE：APR.5，2022

Exporter：

SHANGHAI XINHUA TEXTILES IMP.AND EXP.　COMPANY LTD.

1036 SOUTH SUZHOU ROAD，SHANGHAI，CHINA

Transport Details：　　　　　　　　　　Terms of Payment：

FROM SHANGHAI TO OSAKA　　　　BY L/C

BY VESSEL

续表

Marks & Nos.	Description of Goods	Quantity	Unit Price	Amount
ITOCHU OSAKA NO.1-600	LADIES GARMENTS STYLE NO.AH-04B STYLE NO.ROCOCO STYLE NO.BORODAO STYLE NO.FLORES STYLE NO.PILAR STYLE NO.ROMANTICO	1 000 PCS 1 000 PCS 1 000 PCS 1 500 PCS 1 000 PCS 500 PCS	USD5.50 USD5.10 USD4.50 USD4.80 USD4.00 USD8.00	USD5 500.00 USD5 100.00 USD4 500.00 USD7 200.00 USD4 000.00 USD4 000.00
			CIF OSAKA	USD30 300.00

TOTAL QUANTITY：6 000PCS PACKING：600CTNS

TOTAL WEIGHT：

NWT.：7 800.00KGS GWT.：9 240.00KGS

SAY TOTAL：U.S.DOLLARS THIRTY THOUSAND THREE HUNDRED ONLY.

SHANGHAI XINHUA TEXTILES IMP.AND EXP.COMPANY LTD.

1036 SOUTH SUZHOU ROAD，SHANGHAI，CHINA

（签名）

4.缮制保险单（见表9-7）

表9-7　　　　　　　海洋货物运输保险单

中国人民财产保险股份有限公司

PICC PROPERTY AND CASUALTY COMPANY LIMITED

发票号码：　　　　　　　　　　　　保险单号：

Invoice No.：SH-25757　　　　　　　Policy No.：PIC201278141

海 洋 货 物 运 输 保 险 单

MARINE CARGO TRANSPORTATION INSURANCE POLICY

被保险人：

Insured：SHANGHAI XINHUA TEXTILES IMP.AND EXP.COMPANY LTD.

中国人民财产保险股份有限公司（以下简称本公司）根据被保险人的要求，及其所缴付的约定的保险费，按照本保险单承保险别和背面所载条款与下列特别条款承保下列货物运输保险，特签发本保险单。

This policy of insurance witnesses that The PICC PROPERTY AND CASUALTY COMPANY LIMITED (hereinafter called 'The Company'), at the request of The Insured and in consideration of the agreed premium paid by The Insured，undertakes to insure the undermentioned goods in transportation subject to the conditions of this policy as per the clauses printed overleaf and other special clauses attached hereon.

续表

保险货物项目 Description of Goods	包装 单位 数量 Packing Unit Quantity	保险金额 Amount Insured
LADIES GARMENTS	600CTNS	USD33 330.00

承保险别:

Conditions:

COVERING THE INSTITUTE CARGO CLAUSES（A），ITOCHU

THE INSTITUTE WAR CLAUSES.OSAKA

　　NO.1-600

货物标记:

Marks of Goods:

总保险金额:

Total Amount Insured: U.S. DOLLARS THIRTY-THREE THOUSAND THREE HUNDRED AND THIRTY ONLY.

保费:　　　　　　　　费率:

Premium: As Arranged　　　Rate: As Arranged

装载运输工具:　　　　　　　开航日期:

Per Conveyance S.S.: DIEK335 V. 007　　Slg. on or abt.: MAY. 15，2022

起运港　　　　　　　　目的港

From SHANGHAI　　　　　To OSAKA

所保货物，如发生本保单项下可能引起索赔的损失或损坏，应立即通知本公司下述代理人查勘。如有索赔，应向保险公司提交保险单正本（本保险单共有 份正本）及有关文件。如一份正本已用于索赔，其余正本则自动失效。

In the event of loss or damage which may result in a claim under this policy， immediate notice must be given to the Company's agent as mentioned hereunder.Claims， if any， one of the original policy which has been issued in original (s) together with the relevant documents shall be surrendered to the Company. If one of the Original Policy has been accomplished， the others to be void.

中国人民财产保险股份有限公司 PICC Property and Casualty Company Limited

赔款偿付地点:

Claim Payable at: OSAKA IN THE CURRENCY OF THE DRAFTS

日期:　　　　　　　　在

Date: MAY. 15，2022　at SHANGHAI

地址:

Address:

保险单背书:

SHANGHAI XINHUA TEXTILES IMP.AND EXP.COMPANY LTD.1036 SOUTH SUZHOU ROAD, SHANGHAI， CHINA（签名）

5. 缮制原产地证书（见表9-8）

表9-8   原产地证书

1. Goods Consigned from（Exporter's Business Name, Address, Country） SHANGHAI XINHUA TEXTILES IMP. AND EXP. COMPANY LTD. 1036 SOUTH SUZHOU ROAD, SHANGHAI, CHINA	Certificate No. GZ8 / 27685 / 1007 **GENERALIZED SYSTEM OF PREFERENCES** **CERTIFICATE OF ORIGIN** （Combined Declaration and Certificate）			
2. Goods Consigned to（Consignee's Name, Address, Country） ABC CORPORATION, 123 RED FLOWER STREET OSAKA, JAPAN	FORM A Issued in THE PEOPLE'S REPUBLIC OF CHINA （COUNTRY） See Notes Overleaf			
3. Means of Transport and Route（As Far As Known） ON/AFTER MAY.15, 2022 FROM SHANGHAI PORT TO OSAKA, JAPAN BY VESSEL	4. For Official Use			
5. Item Number	6. Marks and Numbers of Packages	7. Number and Kind of Packages; Description of Goods	8. Origin Criterion（See Notes Overleaf）	9. Gross Weight or Other Quantity	10. Number and Date of Invoice
1	ITOCHU OSAKA NO.1-600	SIX HUNDRED（600）CARTONS OF LADIES GARMENTS * * * * * * * *	P	6 000PCS	SH-25757 APR. 20, 2022
11. Certification It is hereby certified, on the basis of control carried out, that the declaration by the exporter is correct. SHANGHAI APR. 20, 2022	12. Declaration by the Exporter The undersigned hereby declares that the above details and statements are correct; that all the goods were produced in CHINA （Exporting Country） and that they comply with the origin requirements specified for those goods in the Generalized System of Preferences for goods exported to JAPAN （Importing Country） SHANGHAI APR. 20, 2022			
Place and Date, Signature and Stamp of Authorized Signatory	Place and Date, Signature and Stamp of Certifying Authority			

6.缮制装箱单（见表9-9）

表9-9 　　　　　　　　　　　　装箱单

上海新华纺织品进出口有限公司
SHANGHAI XINHUA TEXTILES IMP.AND EXP.COMPANY LTD.
1036 SOUTH SUZHOU ROAD，SHANGHAI，CHINA
装箱单

<table>
<tr><td colspan="2">PACKING LIST</td><td>ORIGINAL</td></tr>
<tr><td colspan="2">Exporter：
SHANGHAI XINHUA TEXTILES IMP.AND EXP.
COMPANY LTD.
1036 SOUTH SUZHOU ROAD，SHANGHAI，CHINA</td><td>DATE：APR.20，2022
INVOICE NO.：SH-25757
B/L NO.：KFT2582588
S/C NO.：SH107
L/C NO.：ABL-AN107</td></tr>
</table>

Transport Details：

FROM SHANGHAI TO OSAKA BY VESSEL

SHIPPED PER：DIEK335 V. 007

标记 Marks & Nos.	货名 Description of Goods	件数 Quantity	净重 N.W.	毛重 G.W.	尺码 Measurement
	LADIES GARMENTS				
	STYLE NO.AH-04B	100CTNS.	@13.00KGS	@15.40KGS	@（40*50*60）CM
	STYLE NO.ROCOCO	100CTNS.	@13.00KGS	@15.40KGS	@（40*50*60）CM
ITOCHU	STYLE NO.BORODAO	100CTNS.	@13.00KGS	@15.40KGS	@（40*50*60）CM
OSAKA	STYLE NO.FLORES	150CTNS.	@13.00KGS	@15.40KGS	@（40*50*60）CM
NO.1-600	STYLE NO.PILAR	100CTNS.	@13.00KGS	@15.40KGS	@（40*50*60）CM
	STYLE NO. ROMANTICO	50CTNS.	@13.00KGS	@15.40KGS	@（40*50*60）CM
TOTAL： TOTAL QUANTITY：6 000PCS		600 CTNS.	7 800.00KGS	9 240.00KGS	72CBM
SAY TOTAL	SIX HUNDRED CARTONS ONLY.				

SHANGHAI XINHUA TEXTILES IMP.AND EXP.COMPANY LTD.

1036 SOUTH SUZHOU ROAD，SHANGHAI，CHINA（签名）

（五）实训练习

请认真阅读下面的信用证和有关资料，根据信用证的要求缮制汇票、商业发票、海运提单、原产地证、装箱单、保险单各一份。

ISSUE OF A DOCUMENTARY CREDIT

FROM 　　　　　：WELLS FARGO BANK N.A.J.CITY OF INDUSTRY, CA.

TO 　　　　　　：BANK OF CHINA，SHANGHAI BRANCH

SEQUENCE OF TOTAL：1/1

DOC.CREDIT NUMBER：DHC9527

DATE OF ISSUE   : 20220410

EXPIRY   : 20220617 CHINA

APPLICANT   : CPF CORPORATION，3723 FORDYCE AVE.CARSON. NK2512

BENEFICIARY   : SHANGHAI IMP. AND EXP. CO. LTD. 127， SIPING ROAD SHANGHAI，CHINA

AMOUNT   : USD 30 000.00（SAY U.S.DOLLARS THIRTY THOU-SAND ONLY）.

AVAILABLE WITH/BY   : ANY BANK BY NEGOTIATION AGAINST THE DOCU-MENTS DETAILED HEREIN AND BENEFICIARY'S DRAFTS AT 30 DAYS SIGHT DRAWN ON US UNDER L/C NO. DHC9527 FOR 100 PCT. OF THE INVOICE VALUE.

PARTIAL SHIPMENTS   : ALLOWED

TRANSSHIPMENT   : ALLOWED

LOADING IN CHARGE   : SHANGHAI PORT

FOR TRANSPORT TO   : NEW YORK

LATEST DATE OF SHIPMENT : 20220602

DESCRIPT.OF GOODS   : ENERGY SAVING LAMP 1 000 PCS. FCL−22 ELEC-TRIC ADAPTORS 22W/B22

                           USD 6.00 PER PCS 2 000 PCS. FCL−32 ELECTRIC ADAPTORS 32W/B22

                           USD 12.00 PER PCS ACCORDING TO SALES CON-TRACT NO.A97−2360

                           CIF NEW YORK （INCOTERMS 2010）

SHIPPING MARKS   : CPF/A08−2417/NEW YORK

DOCUMENTS REQUIRED   : （1）SIGNED COMMERCIAL INVOICE 3 FOLD.

                           （2）FULL SET OF CLEAN "ON BOARD" MARINE BILLS OF LADING， MADE OUT TO OUR ORDER MARKED "FREIGHT PREPAID" NOTIFY APPLICANT （AS INDICATED ABOVE）AND SHOWN L/C NO.

                           （3） CERTIFICATE OF ORIGIN， CERTIFYING GOODS OF ORIGIN IN CHINA，ISSUED BY COMPE-TENT AUTHORITIES.

                           （4）PACKING LIST 3 FOLD.

                           （5）INSURANCE POLICY/CERTIFICATE，COVER-ING RISKS AS PER "INSTITUTE CARGO CLAUSES

(A)", AND "INSTITUTE WAR CLAUSES (CARGO)", INCLUDING WAREHOUSE TO WAREHOUSE CLAUSE UP TO FINAL DESTINATION AT NEW YORK, FOR AT LEAST 110PCT. OF CIF-VALUE MARKED: "PREMIUM PAID".

ADDITIONAL COND. : IF AN AMENDMENT TO THAT CREDIT IS NOT ACCEPTED BY THE BENEFICIARY, THE BENEFICIARY'S SIGNED STATEMENT TO THAT EFFECT IS REQUIRED.

DETAILS OF CHARGES : ALL BANKING CHARGES OUTSIDE THE ISSUING BANK ARE FOR ACCOUNT OF BENEFICIARY.

PRESENTATION PERIOD : DOCUMENTS MUST BE PRESENTED WITHIN 15 DAYS AFTER SHIPPING DATE SHOWN ON B/L OF SHIPMENT, BUT WITHIN THE VALIDITY OF THE CREDIT.

CONFIRMATION : WITHOUT

INSTRUCTIONS : THE NEGOTIATION BANK MUST FORWARD THE DRAFTS AND ALL DOCUMENTS BY REGISTERED AIRMAIL DIRECT TO US IN TWO CONSECUTIVE LOTS, UPON RECEIPT OF THE DRAFTS AND DOCUMENTS IN ORDER, WE WILL REMIT THE PROCEEDS AS INSTRUCTED BY THE NEGOTIATING BANK.

THIS CREDIT IS SUBJECT TO THE UNIFORM CUSTOMS AND PRACTICE FOR DOCUMENTARY CREDIT (2007 REVISION), INTERNATIONAL CHAMBER OF COMMERCE PUBLICATION NO.600.

相关资料见表9-10。

表9-10　　　　　　　　　相关资料

发票号码	GD-88087	发票日期	2022年5月10日	原产地证号码	GZ6／2135／479463
单位毛重	18KGS／CTN	单位净重	15KGS／CTN	单位尺码	（20×20×30）cm³／CTN
船名	LIAN SHENG HU V026	装箱情况	10PCS/CTN	集装箱号码	CCLU2298834（20'）
提单号码	GFT145769	提单日期	2022年5月20日	保险单号码	FC08-3721

（六）实训讨论

在信用证要求的每项单据缮制完成后，组织学生就填写过程中遇到的问题进行讨论，学生提出问题，然后按实训前准备时划分的小组进行分组讨论，讨论后每个小组提出自己的意见，最后由教师进行讲解并总结。

（七）提交实训报告

每个学生于下次课提交一份实训报告，报告中要求写出报告的目的、结汇中通常要求的单据、单据缮制过程中需要注意的问题（后面附上根据实训的资料所填制的全套单据），以及此次课的心得体会。

六、实训考核方法

本模块的主要内容是制单结汇，因此主要通过学生对结汇全套单据缮制的掌握程度对其进行考核，以优秀、良好、中等、及格、不及格来评定成绩。参考标准如下：

1.优秀：实训前对制单结汇方面的知识熟练掌握，能完全看懂英文单证，在课堂提问等环节中积极主动，能够较好完成结汇的各项单据的缮制，出色地完成实训任务，完全符合实训要求。

2.良好：实训前对制单结汇方面的知识掌握较好，基本能看懂英文单证，在课堂提问等环节中比较积极主动，能够完成结汇的各项单据的缮制，错误较少，符合实训要求。

3.中等：实训前对制单结汇方面的知识的掌握程度一般，能独立看懂英文单证的大部分内容，在课堂提问等环节中不够积极主动，能够完成结汇的各项单据的缮制，错误较多，基本符合实训要求。

4.及格：实训前对制单结汇方面的知识的掌握程度较差，在教师指导下勉强看懂英文单证，在课堂提问等环节中不够积极主动，能够完成大部分结汇的单据的缮制，勉强符合实训要求。

5.不及格：学生不能完成实训任务或者对实训任务不参与、不配合。

七、实训拓展与提高

资料一　RCEP原产地证书

一、RCEP原产地证书与现有自贸区原产地证书的不同之处

2022年1月1日，《区域全面经济伙伴关系协定》（RCEP）正式生效，标志着

全球人口最多、经贸规模最大、最具发展潜力的自由贸易区正式落地，将成为中国乃至整个RCEP成员外贸增长的加速器和新引擎。根据海关总署公告2021年第106号（《关于〈区域全面经济伙伴关系协定〉实施相关事项的公告），全新的《区域全面经济伙伴关系协定》（RCEP）原产地证书自2022年1月1日起开始对外签发。RCEP在原产地规则、签证操作程序等方面都有一些新的变化。

1.证书填制要求有变化

RCEP原产地证书首次可以关联同一批次货物两份以上发票；原产国（地区）不再限于出口商所在国（地区），扩大到RCEP成员方；证书增加了第14栏备注栏，更好地满足了申请人的需求。

2.原产地证明形式更加丰富

增加了原产地声明和背对背原产地证明；RCEP生效时，经核准的出口商可以申请出具原产地声明，后期原产地声明会扩大到由出口商或生产商出具；背对背原产地证明是指原出口缔约方已经出具原产地证明后，相关货物在中间缔约方又进行了包装、装卸、仓储、拆分、贴标以及其他RCEP允许的操作，由中间缔约方再次出具的原产地证明。此项举措更加适应现代国际物流的需要，有利于货物在成员间运输、物流分拆，而不影响其原产资格。

3.累积规则的适用范围更广泛

相对于世界上多数自由贸易协定都是双边原产地规则，RCEP可以用协定内多个缔约方的中间品，来达到所要求的增值标准或生产要求，大大降低了商品享受关税减免的门槛。

4.区域价值成分计算方法增加

RCEP除了采用间接／扣减公式，还增加了直接／累加公式，计算方式更灵活，企业可根据实际情况选择适合自己的公式进行计算。

5.直接运输规则更便捷

RCEP直接运输规则规定：应进口成员方海关要求，应当提交中间成员方或非成员方的海关文件或其他适当文件，包括商业运输或货运单据，有关货物的原始商业发票副本、财务记录、未再加工证明或进口缔约方海关要求的其他相关证明文件，没有强制性要求货物中转时应当提交其他国家或地区海关出具的证明文件或者海关认可的其他证明文件。

6.更改证书办理形式更灵活

RCEP办理更改证书有了两种选择：申请人可以自原产地证书签发之日起1年内，凭原产地证书正本向原签证机构申请更正；签证机构可以选择在原证书上更改并在更正处签名和盖章，也可以选择签发新的原产地证书，并且作废原有原产地证书。

7.享惠程序更人性化

RCEP增加了不能拒绝给惠的情形，包括第三方发票和单证存在微小差错；进口缔约方不得仅因第三方发票不是由货物的出口商或生产商开具，而拒绝给予优惠关税待遇；在对货物原产资格无存疑的情况下，进口缔约方的海关应当忽略包括文件之间的轻微差异、信息遗漏、打字错误或者特定字段的突出显示在内的微小差错。

二、RCEP原产地证书的办理步骤

第一步，原产地企业备案：申领RCEP原产地证书前，应先在海关办理备案。（对于已向海关申请过其他种类原产地证书的企业，可直接进入第二步，申请RCEP原产地证书。）

（1）2019年10月15日起，"两证合一"，企业在办理对外贸易经营者备案的同时自动完成原产地企业备案。企业可登录"互联网+海关"一体化平台或中国国际贸易单一窗口凭统一社会信用代码查看原产地企业备案信息。

（2）对于不申请对外贸易经营者备案的生产型企业，企业可登录"互联网+海关"一体化平台或中国国际贸易单一窗口向海关申请原产地企业备案。

（3）企业申报员信息维护。企业申报员为企业授权在RCEP原产地证书上签字人员。企业需登录"互联网+海关"一体化平台或中国国际贸易单一窗口进行申报员信息维护。

（4）签证产品预审。为加快签证，生产型企业可提前申请签证产品预审。企业可在"互联网+海关"一体化平台或中国国际贸易单一窗口"产品预审"模块进行申请。

第二步，企业网上申请RCEP原产地证书：RCEP项下货物出运前，已备案企业可通过中国国际贸易单一窗口发送原产地电子数据，提交海关审核，点击"原产地"–"海关原产地证书申请"–"新建证书"。原产地证书各栏目填制要求请参考海关总署255号令、2021年第106公告附件3原产地证书格式。

点击"RCEP原产地证书"。证书申报需填写三个方面内容：

（1）基本信息：

根据货物清关资料内容依次填入。

注意事项：

①申请日期必须为证书申报当天的日期。

②如果发票由第三方公司开具，请在第三方发票/非缔约方公司前勾选，点击"新增"，在弹出的对话框里填入第三方公司信息。

（2）发票信息：

RCEP原产地证书允许同一批次多个发票的货物的申请。此栏可填写一个及以上发票号。点击"新增"即可。

注意事项：

①如果发票由第三方公司开具，此栏填写第三方发票号码和日期。

②涉及多个发票号的，货币单位和价格条款需要保持一致。

（3）货物信息：

点击"新增"，根据实际情况填写货物信息。

注意事项：

①涉及多个发票的货物，要一一对应发票信息。

②HS编码一栏应使用2012版税则，请与进口商确认产品所使用税号。

③"协定原产国（地区）"一栏申报需根据产品的实际情况填写原产国（地区）。

④"原产地标准"一栏填写的原产地标准包括："WO""PE""CTC""RVC""CR""PE ACU""CTC ACU""RVC ACU""CR ACU""CTC DMI""CTC ACU DMI"等，如对于仅使用成员方原产材料生产且采用累积规则的货物，应填写"PE ACU"，在原产地标准一栏选择"PE"，在原产地补充标准一栏选择"ACU"。

第三步，RCEP原产地证书现场签证或自助打印：

（1）企业网上申报的证书信息经海关审核通过后，企业可使用从签证地海关申领的RCEP空白原产地证书缮制证书，确认缮制的证书内容完整准确、格式规范，企业申报员在第15栏签字后可至签证地海关现场签证。

（2）对于审核结果为缓证的原产地证书，企业需携带RCEP空白原产地证书及相应材料（或经签证核查后）到签证地海关现场审核、打印、签证。

（3）对符合自助打印要求的证书，经海关审核通过后，企业可直接登录中国国际贸易单一窗口使用彩色打印机用A4纸打印证书，无须到海关现场签证。目前RCEP项下输新加坡、泰国、日本、新西兰和澳大利亚的原产地证书允许自助打印。

资料来源：以上资料根据"12360海关热线"和宁波商务相关内容整理。

资料二　自由贸易协定

截至2021年12月9日，中国先后与韩国、新加坡、新西兰、澳大利亚等26个国家或地区签订了19个自由贸易协定，使中国与这些国家或地区的贸易自由化蓬勃发展，各自贸协定项下的优惠原产地证书相继使用。以《中华人民共和国政府和新西兰政府自由贸易协定》项下的优惠原产地证书为例，来看看优惠原产地证书的内容及填制说明，见表9-11。

表9-11　　　　　优惠原产地证书内容及填制说明

Certificate of Origin ORIGINAL

1.Exporter's name, address, country:	Certificate No.: CERTIFICATE OF ORIGIN Form for the Free Trade Agreement between the Government ofthe People's Republic of China and the Government of New Zealand
2. Producer's name and address, if known:	Issued in_____
3.Consignee's name, address, country:	(see Instruction overleaf)
4.Means of transport and route (as far as known) Departure date Vessel /Flight/Train/Vehicle No. Port of loading Port of discharge	5. For official use only ☐　Preferential Tariff Treatment Given Under_____ ☐　Preferential Treatment Not Given (Please state reasons) ……………………………………………… Signature of Authorized Signatory of the Importing Country
	6. Remarks

7.Item number (Max 20)	8. Marks and numbers on packages	9. Number and kind of packages; description of goods	10. HS code (Six digit code)	11. Origin criterion	12. Gross weight, quantity (quantity unit) or other measures (litres,m^3, etc)	13. Number, date of invoice and invoiced value

14. Declaration by the exporter	15. Certification
The undersigned hereby declares that the above details and statement are correct, that all the goods were produced in （Country） and that they comply with the origin requirements specified in the FTA for the goods exported to （Importing country）	On the basis of control carried out, it is hereby certified that the information herein is correct and that the goods described comply with the origin requirements specified in the Free Trade Agreement between the Government of the People's Republic of China and the Government of New Zealand.
Place and date, signature of authorized signatory	Place and date, signature and stamp of authorized body

Overleaf Instruction

Box 1:State the full legal name, address (including country) of the exporter.

Box 2:State the full legal name, address (including country) of the producer. If more than one producer's good is included in the certificate, list the additional producers, including name, address (including country). If the exporter or the producer wishes the information to be confidential, it is acceptable to state "Available to the authorized body upon request". If the producer and the exporter are the same, please complete field with "SAME". If the producer is unknown, it is acceptable to state "UNKNOWN".

Box 3:State the full legal name, address (including country) of the consignee.

Box 4: Complete the means of transport and route and specify the departure date, transport vehicle No., port of loading and discharge.

Box 5:The customs administration of the importing country must indicate (√) in the relevant boxes whether or not preferential tariff treatment is accorded.

Box 6:Any additional information such as Customer's Order Number, Letter of Credit Number, etc. may be included.

Box 7:State the item number, and item number should not exceed 20.

Box 8:State the shipping marks and numbers on the packages.

Box 9:Number and kind of package shall be specified. Provide a full description of each good. The description should be sufficiently detailed to enable the products to be identified by the Customs Officers examining them and relate it to the invoice description and to the HS description of the good. If goods are not packed, state "in bulk". When the description of the goods is finished, add "***" (three stars) or " \ " (finishing slash).

Box 10:For each good described in Box 9, identify the HS tariff classification to six digits.

Box 11:If the goods qualify under the Rules of Origin, the exporter must indicate in Box 11 of this form the origin criteria on the basis of which he claims that his goods qualify for preferential tariff treatment, in the manner shown in the table9-12:

表9-12　　　　　　　　　　　　　第11栏填制说明

The origin criteria on the basis of which the exporter claims that his goods qualify for preferential tariff treatment	Insert in Box 11
The good is wholly obtained or produced in the territory of a Party as set out and defined in Article 20, including where required to be so under Annex 5	W O
The good is produced entirely in the territory of one or both Parties, exclusively from materials whose origin conforms to the provisions of Section 1 of Chapter 4	WP
The good is produced in the territory of one or both Parties, using non-originating materials that conform to a change in tariff classification, a regional value content, a process requirement or other requirements specified in Annex 5, and the good meets the other applicable provisions of Section 1 of Chapter 4	PSR

Box 12:Gross weight in kilograms should be shown here. Other units of measurement e.g. volume or number of items which would indicate exact quantities may be used when customary.

Box 13:Invoice number, date of invoices and invoiced value should be shown here.

Box 14:The field must be completed, signed and dated by the exporter for exports from China. It is not required for New Zealand exports to China. Insert the place, date of signature.

Box 15:The field must be completed, signed, dated and stamped by the authorized person of the authorized body.

表 9-13　　　　　　　　优惠原产地证书内容及填制说明（中文）

中文样本仅供参考

原产地证书

正本

1. 出口商的名称、地址、国家：	证书号：
	中华人民共和国政府和新西兰政府自由贸易协定
2. 生产商的名称、地址，在已知情况下：	**原产地证书**
	签发国＿＿＿＿＿＿
3. 收货人的名称、地址、国家：	（填制方法详见证书背页说明）
4. 运输方式及路线（就所知而言） 离港日期 船只/飞机/火车/货车编号 装货口岸 到货口岸	5. 供官方使用 □　　可以享受＿＿＿＿自由贸易协定优惠待遇 □　　不能享受＿＿＿＿自由贸易协定优惠待遇 理由： …………………………………………………… 进口国官方机构的授权人签字　·

6. 备注：					
7. 项目号 （最多20项）	8. 唛头及包装号	9. 包装数量及种类；商品名称	10. HS 编码 (以六位数编码为准)	11. 原产地标准	12. 毛重、数量（数量单位）或其它计量单位(升、立方米等)	13. 发票号、发票日期及发票价格

14. 出口商申明	15. 证明
下列签字人证明上述资料及申明正确无误，所有货物产自 　　　　　　（国家） 且符合自由贸易协定原产地规则的相关规定。该货物出口至 　　　　　　（进口国） 申报地点、日期及授权签字人的签字	根据所实施的监管，兹证明上述信息正确无误，且所述货物符合《中华人民共和国政府和新西兰政府自由贸易协定》原产地要求。 地点、日期、签字及授权机构印章

背页说明：

第1栏：填写出口商详细的依法登记的名称、地址（包括国家）。

第2栏：填写生产商详细的依法登记的名称、地址（包括国家）。如果证书包含一家以上生产商的商品，应列出其他生产商的详细名称、地址（包括国家）。如果出口商或生产商希望对信息予以保密，可以填写"应要求提供给授权机构"。如果生产商和出口商相同，应填写"同上"。如果不知道生产商，可填写"不知道"。

第3栏：填写收货人详细的依法登记的名称、地址（包括国家）。

第4栏：填写运输方式及路线，详细说明离港日期、运输工具的编号、装货口岸和卸货口岸。

第5栏：不论是否给予优惠待遇，进口国海关当局必须在相应栏目标注(√)。

第6栏：可以填写顾客订货单号、信用证号等其他信息。

第7栏：填写项目号，但不得超过20项。

第8栏：填写唛头及包装号。

第9栏：详细列明包装数量及种类。详列每种货物的货品名称，以便于海关关员查验时加以识别。货品名称应与发票上的描述及货物的协调制度编码相符。如果是散装货，应注明"散装"。当商品描述结束时，加上"***"（三颗星）或"＼"（结束斜线符号）。

第10栏：对应第9栏中的每种货物填写协调制度税则归类编码，以六位数编码为准。

第11栏：若货物符合原产地规则，出口商必须按照表9-14所示方式，在本证书第11栏中标明其货物申明享受优惠待遇所依据的原产地标准。

表9-14　　　　　　　　　第11栏填制说明（中文）

出口商申明其货物享受优惠待遇所根据的原产地标准	填入第11栏
该货物符合第二十条规定（包括附件五所列规定），在一方境内完全获得或生产；	WO
该货物是在一方或双方境内，完全由其原产地符合第四章第一节规定的材料生产	WP
该货物是在一方或双方境内生产，所使用的非原产材料满足附件五所规定的税则归类改变、区域价值成分、工序要求或其他要求，且该货物符合其所适用的第四章第一节的其他规定。	PSR

第12栏：毛重应填写"千克"。可依照惯例，采用其他计量单位（例如体积、件数等）来精确地反映数量。

第13栏：应填写发票号、发票日期及发票价格。

第14栏：填写签字的地点及日期。对于中国出口的货物，本栏必须由货物出口商填写、签字并填写日期，对于新西兰出口至中国的货物，不必填写此栏。

第15栏：本栏必须由授权机构的授权人员填写、签字、填写签证日期并盖章。

模块十　出口收汇和退税

一、实训目的

本模块实训的主要目的是让学生明确出口收汇所需要的单据和程序，并掌握出口退税的程序。

二、理论知识点

（一）出口收汇

为大力推进贸易便利化，进一步改进货物贸易外汇服务和管理，国家外汇管理局、海关总署、国家税务总局决定，自2012年8月1日起在全国实施货物贸易外汇管理制度改革，并相应调整出口报关流程，优化升级出口收汇与出口退税信息共享机制，取消出口收汇核销单（以下简称核销单），企业不再办理出口收汇核销手续。国家外汇管理局分支局（以下简称外汇局）对企业的贸易外汇管理方式由现场逐笔核销改为非现场总量核查。外汇局通过货物贸易外汇监测系统，全面采集企业货物进出口和贸易外汇收支逐笔数据，定期比对、评估企业货物流与资金流总体匹配情况，便利合规企业贸易外汇收支；对存在异常的企业进行重点监测，必要时实施现场核查。

外汇局根据企业贸易外汇收支的合规性及其与货物进出口的一致性，将企业分为A、B、C三类。A类企业进口付汇单证简化，可凭合同或发票等任何一种能够证明交易真实性的单证在银行直接办理付汇，出口收汇无需联网核查；银行办理收付汇审核手续相应简化。对B、C类企业在贸易外汇收支单证审核、业务类型、结算方式等方面实施严格监管，B类企业贸易外汇收支由银行实施电子数据核查，C类企业贸易外汇收支须经外汇局逐笔登记后办理。

为进一步深化海关通关作业无纸化改革，减少纸质单证流转，完善货物贸易外汇服务和管理，海关总署、国家外汇管理局决定，自2013年9月16日起，海关不再为外汇局核定的货物贸易外汇管理A类企业提供纸质报关单收、付汇证明联。2018年，海关总署决定全面取消打印出口货物报关单证明联（出口退税专用）。对2018年4月10日（含）以后实施启运港退税政策的出口货物，海关不再签发纸质出口货物报关单证明联（出口退税专用）。出口企业货物出口后，要备齐汇票、商业发票、运输单据、保险单等单据进行出口收汇，首先到银行填写出口收汇委托书（见表10-2），顺利收汇后，银行会出具外汇结汇收账通知（俗称"结汇水单"）（见表10-1），以证明该出口企业已经成功收汇。同时，银行会登录国家外汇管理局的网站，填报该出口企业已收汇的外汇金额及相关内容，以备外汇管理局核查。

表10-1　　　　　　　　　　　　外汇结汇收账通知

外汇结汇收账通知（人民币）　　　中国银行上海分行

□日期		
□户名		
□账号		
□外汇金额	□牌价	□人民币金额　¥
□摘要	□净额	

发票号码：
发票金额：
国外扣费：
国内扣费：　　　　　　备注
扣费合计：

□会计	□复核	□记账

（二）出口退税

出口退税是一国的出口企业在商品出口后，由国家税务机关将其在出口前的生产、流通环节已缴纳的中间税款退还给出口企业的一种税收制度。为了鼓励商品出口，为国家多创外汇，国家对出口企业的商品出口给予优惠的税收待遇，用以降低出口商品的成本，提高商品的国际竞争力。

随着不同商品在国际贸易中的竞争力的变化及我国贸易差额的变化，在不同的发展时期，国家在不断地调整不同商品的退税率，如财政部、国家税务总局2009年初发布了《关于提高纺织品、服装出口退税率的通知》，明确规定从2009年2月1日起将纺织品、服装出口退税率由14%提高到15%。出口退税有先征后退和免、抵、退两种，前一种适用于外贸企业，后一种适用于生产企业。适用不同退税率的货物或劳务，应分开报关、核算并申请退（免）税，未分开报关、核算或划分不清的，从低适用退税率。

出口退税的程序包括：

1. 出口退税登记

企业在取得进出口经营权后，持被允许经营出口产品业务的文件和市场监督管理部门核发的营业执照，在30天内到所在地的国税局办理退税登记，填写《出口退（免）税资格认定申请表》，提供《对外贸易经营者备案登记表》《中华人民共和国海关进出口货物收发货人报关注册登记证书》《银行开户许可证》等资料，经税务机关审查合格后，核发给出口企业《出口企业退税登记证》。

2. 出口退税申报

为加强出口退税工作，更好地支持外贸发展，服务出口企业，税务总局决定，出口企业或其他单位（以下简称出口企业）申报出口退（免）税及相关业务时，免予提供纸质《出口货物报关单》（出口退税专用及其他联次，以下统称纸质报关单）。2015年5月1日（含5月1日，以海关出口报关单电子信息注明的出口日期为准）以后出口的货物，出口企业申报出口退（免）税及相关业务时，免予提供纸质报关单，但申报适用启运港退税政策的货物除外。免予提供纸质报关单后，出口企业申报办理上述货物出口退（免）税及相关业务时，原规定根据纸质报关单项目填写的申报内容，改按海关出口报关单电子信息对应项目填写，其申报的内容，视同申报海关出口报关单对应电子信息。主管税务机关在审批免予提供纸质报关单的出口退（免）税申报时，必须在企业的申报数据与对应的海关《出口货物报关单》电子数据核对无误后，方可办理。

出口企业的出口退税全部实行了计算机管理，通过计算机申报、审核、审批。国家税务总局、海关总署从2003年起启用了"口岸电子执法系统"出口退税子系统，对企业申报退税的报关单等出口退税凭证，实行与签发单证的政府机关信息对审的办法，确保了申报单据的真实性和准确性。出口企业通过该系统核对报关单的信息是否正确，然后进入出口收汇系统进行交单。为降低出口企业在向主管税务机关进行出口退税申报时的报关单数据录入工作量，同时保证出口退税申报数据的准确率，保证不会出现遗漏报关单未申报、退税申请录入错误等情况，2010年7月，国家税务总局与中国电子口岸就为企业提供出口退税报关单下载功能进行协商，双方达成共识，通过企业下载中国电子口岸的出口退税报关单数据，直接用于办理出口退税申请，为企业出口退税申报工作服务。出口企业通过中国电子口岸的出口退税子系统对出口退税报关单电子数据进行查询并确认后，将确认过的企业自身出口报关单数据下载至本机，再通过国家税务总局的出口退税申报系统读入下载的出口退税报关单数据，由国税申报系统对读入的报关单数据进行处理，并补充录入其他申报内容。完成出口货物退税申报数据和出口明细申报数据录入和审核，再通过系统中"数据处理"生成相应的申报数据。2016年12月31日"中国国际贸易单一窗口"正式上线运行。统一门户网站是全国"单一窗口"的统一入口和口岸综合资讯服务平台，由国家口岸管理办公室主办，中国电子口岸数据中心负责运行维护，出口退税申报企业可以登录中国国际贸易单一窗口官方网站，点击"我要办事"，选择出口退税企业的省份并进入，点击出口退税（根据企业是生产型企业还是贸易型企业来选择出口退税生产版或外贸版），然后进入登录界面，登录后点击"出口退税管理"，进入后点击出口退（免）税申报，进行在线申报。

取消纸质报关单后的企业端出口退税相关申报操作步骤如下：

（1）查询操作步骤：

A.登录中国国际贸易单一窗口。

B.进入"数据下载／出口结关报关单"模块，录入查询条件"出口日期"起始时间，点击"查询"。

C.点击"报关单号""表体"，即可查看报关单内容。

D.计量单位为数字代码，可查询海关的《计量单位代码表》，查看对应的中文计量单位名称。

（2）报关单信息导入出口退（免）税申报系统操作步骤：

A.登录中国国际贸易单一窗口。

B.进入"数据下载/出口结关报关单"模块，录入查询条件"出口日期"起始时间，点击"查询""下载"，导出报关单信息。

C.登录单一窗口的出口退（免）税子系统进行申报。

D.进入"系统维护/系统参数设置与修改/功能配置"模块，录入卡介质信息。

E.进入"基础数据采集/外部数据采集/出口报关单数据查询与读入"，点击"数据读入"，选择从中国国际贸易单一窗口导出的报关单信息文件，导入申报系统。

F.进入"基础数据采集/外部数据采集/出口报关单数据修改与确认"，选择需要申报的报关单，点击"数据确认"，录入申报年月及批次，形成所需的出口明细申报数据。

确定报送成功后，备齐申报退税的各种资料，出口企业申报除不提供纸质报关单外，其他申报资料按照原来规定执行，包括"免、抵、退税申报汇总表""免、抵、退税申报资料情况表""生产企业出口货物免、抵、退税申报明细表"、出口货物正式申报电子数据、出口商业发票。

3.审批并退税

退税机关审核批准后，税务局将数据上传至系统，系统会自动发送电子邮件给出口退税企业，企业查看开户行和账号是否正确，确定无误后打印相关表单、盖章，交退税机关，由退税机关安排退税资金，办理退库，将退回的税款划转到出口企业的账户上。

三、实训所需条件

（一）实训学时

2课时/30人。

（二）实训地点

多媒体教室。

（三）实训所需材料

空白的出口收汇委托书、外汇结汇收账通知（见附录，可以剪下，根据下面实训练习的材料来填写，随实训报告上交）。

四、实训内容与要求

要求学生能够读懂出口收汇委托书的内容，掌握单据的填写注意事项，能够依据报关单、商业发票、销售合同、信用证等单证的内容填制出口收汇委托书。

五、实训步骤

（一）实训前的准备

1.对学生进行分组，6人一组，模拟上海诚信进出口有限公司业务员。

2.每个学生持所需资料和空白单据，如出口收汇委托书。

（二）实训指导

教师组织学生观看屏幕上的出口收汇委托书样本，并讲解填制的具体要求。

1.出口收汇委托书（见表10-2）

表 10-2　　　　　　　　　　　**出口收汇委托书**

出口收汇委托书

致：中国银行股份有限公司　　　　　　　分/支行

兹将我司下列出口单据呈交贵行，请贵行办理出口收汇事宜为荷。

信用证业务请按国际商会现行《跟单信用证统一惯例》办理，跟单托收业务请按国际商会现行《托收统一规则》办理。对单据存在不符点及开证行/进口商拒绝付款或拒绝承兑的情况，我司承诺愿意承担由此产生的一切责任。

信用证	开证行：①	托收	代收行：请标注于左下角或另附页说明①
	信用证号：②		☐付款交单 D/P　　　③ ☐承兑交单 D/A　　　DAYS AFTER

发票编号：＿＿＿＿④　　　　发票金额：＿＿④

出口货物品名：＿＿＿⑥　　　贸易方式：＿＿⑦

单据种类	汇票	发票	装箱单/重量单	提单	空运单	货物收据	保险单	原产地证	FORM A	质量证/数量证	检验证/分析证	出口许可证	受益人证明信	船公司证明信	装船通知	电抄
份数																

入账指示：⑧

请将出口收汇款原币（　　）人民币（　　）划入我司下列账户：⑨

账号：＿＿＿＿⑨＿＿＿＿　　开户行：＿＿＿＿⑨＿＿＿＿

如选择人民币入账，请填写结汇用途：＿＿＿＿⑨＿＿＿＿

特别指示：

1.贵行办理出口收汇事宜所产生的所有费用由我司承担（信用证另有规定除外），并请从我司出口收汇款中扣除，如因故未能收取，贵行也可从我司结算账户中直接扣收。

2.其他：

我司联系人：　　　⑩　　联系电话：　　　⑩　　传真：　　　⑩

代收行信息（名称、详址、SWIFT号等）：⑪

＿＿＿＿＿＿＿＿＿＿＿＿＿＿

＿＿＿＿＿＿＿＿＿＿＿＿＿＿

＿＿＿＿＿＿＿＿＿＿＿＿＿＿

委托公司（公章）

年　月　日

资料来源：作者根据相关资料整理。

2.填制出口收汇委托书的具体要求

①开证行。填写开立信用证的开证行的全称。若是托收，则此栏不需填写，在托收—代收行—一栏填写该银行的全称。

②信用证号。若是以信用证为结算方式，则填写开证行所开立的信用证的号码。

③若是以托收为结算方式，在此栏选择托收的种类，是付款交单还是承兑交单。如果是远期付款交单和承兑交单，还要注明是多少日后。

④发票编号。填商业发票的编号，要与信用证、合同上的发票编号一致。

⑤发票金额。与商业发票和信用证上填写的交易金额一致。

⑥出口货物品名。填发票上的商品名称，与信用证和合同的商品名称一致。

⑦贸易方式。按合同填写，与报关单上的贸易方式要一致。

⑧入账指示。按出口商所取得的各种单据来具体填写这些单据的份数。

⑨选择划入出口公司账户的是出口收汇的外币还是人民币，同时，填写出口公司账户的账号和开户行。如选择人民币入账，要填写结汇用途。

⑩填写出口企业的联系人的姓名，公司地址、电话、传真。

⑪填写出口收汇银行的全称、详细地址、电话、传真、SWIFT 号。

（三）实训材料

卖方：SHANGHAI SINCERITY IMPORT & EXPORT TRADE CO., LTD.

ADDRESS：3A HECHUAN MANSION，YISHAN ROAD，SHANGHAI

TELEX/FAX：021 6210 3075

信用证号：HJY08069

开证行：大众银行

商业发票号：CX5689

货物相关信息：见表 10-3

表 10-3　　　　　货物相关信息

货物名称及规格 Name of Commodity & Specifications	单价 Unit Price	数量 Quantity	总金额及术语 Amount & Price Terms （CIF HAMBURG）
1.CHJ-NXB Internal Suction Arm	USD320	1 000	USD320 000
2.CHJ-YCB Internal Suction Arm	USD420	1 000	USD420 000

外币结算账号：CHA80554263

人民币结算账号：HLK6388697

整套正本清洁提单

商业发票一式5份

汇票一式2份

装箱单或重量单一式4份

由出入境检验检疫部门签发的质量与数量证书一式2份

保险单一式3份

原产地证一式2份

（四）实训操作

请根据上面给出的实训材料来填写出口收汇委托书（见表10-4）。

表10-4　　　　　　　　　　　出口收汇委托书

致：中国银行股份有限公司 辽宁省　分/支行

兹将我司下列出口单据呈交贵行，请贵行办理出口收汇事宜为荷。

信用证业务请按国际商会现行《跟单信用证统一惯例》办理，跟单托收业务请按国际商会现行《托收统一规则》办理。

对单据存在不符点及开证行/进口商拒绝付款或拒绝承兑的情况，我司承诺愿意承担由此产生的一切责任。

信用证	开证行：大众银行	托收	代收行：请标注于左下角或另附页说明
	信用证号：HJY08069		□付款交单D/P □承兑交单D/A　　DAYS AFTER

发票编号：CX5689　　　　　　　　　　　发票金额：USD740 000

出口货物品名：Internal Suction Arm　　　贸易方式：一般贸易

入账指示：

单据种类	汇票	发票	装箱单/重量单	提单	空运单	货物收据	保险单	原产地证	FORM A	质量证/数量证	检验证/分析证	出口许可证	受益人证明信	船公司证明信	装船通知	电抄
份数	2	5	4	3	1		3	2	2		2		1	1		1

请将出口收汇款原币（√）人民币（　　　）划入我司下列账户：

账号：CHA80554263　　　　　　　　开户行：中国银行上海分行

如选择人民币入账，请填写结汇用途：

特别指示：

1.贵行办理出口收汇事宜所产生的所有费用由我司承担（信用证另有规定除外），并请从我公司出口收汇款中扣除，如因故未能收取，贵行也可从我司结算账户中直接扣收。

2.其他：

我司联系人：　王芳

联系电话：021-6210 3075　传真：021-6210 3075

上海诚信进出口公司

代收行信息（名称、详址、SWIFT号等）：

　中国银行上海分行

　上海市银城中路200号中银大厦

　　　　　　　　　　　　　　　　　　　　　委托公司（公章）

　　　　　　　　　　　　　　　　　　　　　2022年11月15日

（五）实训练习

请以大连进出口有限公司业务员刘丽的身份于2022年9月5日根据以下材料制作一份出口收汇委托书。材料如下：

卖方：DALIAN IMPORT & EXPORT CO., LTD.

18 ZHONGSHAN ROAD, DALIAN

TEL：0411-84738888

买方：TOKYO IMPORT & EXPORT CO., LTD.

21-358 OTOLI MACHI TOKYO, JAPAN

TEL：+81-03-5481-7455

商品名称：男式衬衫

发票号：GHT0008

发票金额：采用CIF价，USD42 000

保险金额：按110%发票金额（CIF价）

结汇方式：不可撤销即期信用证

开证行：BANK OF TOKYO

信用证号：AB556679

外币结算账号：CHA2356246

人民币结算账号：3568532288

整套正本清洁提单

商业发票一式5份

汇票一式2份

装箱单或重量单一式4份

由出入境检验检疫部门签发的质量与数量证书一式2份

保险单一式3份

原产地证一式2份

（六）实训讨论

教师在出口收汇委托书填制完成后，组织学生就填写过程中遇到的问题进行集体讨论，由学生提出问题，然后按实训前准备时划分的小组进行分组讨论，讨论后每个小组提出本小组的意见，最后由教师进行讲解并总结。

（七）提交实训报告

每个学生于下次课提交一份实训报告，报告中要求写出报告的目的，在国际贸易中货物出口收汇和退税的办理程序，出口收汇委托书的填法及注意事项（后面附上根据实训练习的资料填制的出口收汇委托书，以及此次课的心得体会）。

六、实训考核方法

本模块的主要内容是各项业务的模拟操作或者现场实习，因此，主要通过学生现场表现出来的职业性进行考核，成绩以优秀、良好、中等、及格、不及格来评定。参考标准如下：

1.优秀：学生表现出的应变能力很强，操作熟练，能出色地完成实训任务，课堂讨论积极。

2.良好：学生表现出一定的应变能力，操作虽有一些失误但不影响大局，能够完成实训任务，课堂讨论较积极。

3.中等：学生表现出基本的应变能力，操作基本符合要求，完成实训任务时稍有瑕疵但不影响整体效果，课堂讨论表现一般。

4.及格：学生表现出的应变能力较差，勉强完成操作，在完成实训任务中有一些失误，对整体效果有一定的影响，课堂讨论表现一般。

5.不及格：学生不胜任实训任务或者对实训任务不参与、不配合。

七、实训拓展与提高

国家税务总局关于进一步便利出口退税办理 促进外贸平稳发展有关事项的公告

为深入贯彻党中央、国务院决策部署，积极落实《税务总局等十部门关于进一步加大出口退税支持力度 促进外贸平稳发展的通知》（税总货劳发〔2022〕36号），进一步助力企业纾解困难，激发出口企业活力潜力，更优打造外贸营商环境，更好促进外贸平稳发展，现就有关事项公告如下：

一、完善出口退（免）税企业分类管理

出口企业管理类别年度评定工作应于企业纳税信用级别评价结果确定后1个月内完成。

纳税人发生纳税信用修复情形的，可以书面向税务机关提出重新评定管理类别。因纳税信用修复原因重新评定的纳税人，不受《出口退（免）税企业分类管理办法》（国家税务总局公告2016年第46号发布，2018年第31号修改）第十四条中"四类出口企业自评定之日起，12个月内不得评定为其他管理类别"规定限制。

二、优化出口退（免）税备案单证管理

1.纳税人应在申报出口退（免）税后15日内，将下列备案单证妥善留存，并按照申报退（免）税的时间顺序，制作出口退（免）税备案单证目录，注明单证存放方式，以备税务机关核查。

（1）出口企业的购销合同（包括出口合同、外贸综合服务合同、外贸企业购货合同、生产企业收购非自产货物出口的购货合同等）；

（2）出口货物的运输单据（包括海运提单、航空运单、铁路运单、货物承运单据、邮政收据等承运人出具的货物单据，出口企业承付运费的国内运输发票，出口企业承付费用的国际货物运输代理服务费发票等）；

（3）出口企业委托其他单位报关的单据（包括委托报关协议、受托报关单位为其开具的代理报关服务费发票等）。

纳税人无法取得上述单证的，可用具有相似内容或作用的其他资料进行单证备案。除另有规定外，备案单证由出口企业存放和保管，不得擅自损毁，保存期为5年。

纳税人发生零税率跨境应税行为不实行备案单证管理。

2.纳税人可以自行选择纸质化、影像化或者数字化方式，留存保管上述备案单证。选择纸质化方式的，还需在出口退（免）税备案单证目录中注明备案单证的存放地点。

3.税务机关按规定查验备案单证时，纳税人按要求将影像化或者数字化备案单证转换为纸质化备案单证以供查验的，应在纸质化单证上加盖企业印章并签字声明与原数据一致。

三、完善加工贸易出口退税政策

实行免抵退税办法的进料加工出口企业，在国家实行出口产品征退税率一致政策后，因前期征退税率不一致等原因，结转未能抵减的免抵退税"不得免征和抵扣税额抵减额"，企业进行核对确认后，可调转为相应数额的增值税进项税额。

四、精简出口退（免）税报送资料

1.纳税人办理委托出口货物退（免）税申报时，停止报送代理出口协议副本、复印件。

2.纳税人办理融资租赁货物出口退（免）税备案和申报时，停止报送融资租赁合同原件，改为报送融资租赁合同复印件（复印件上应注明"与原件一致"并加盖企业印章）。

3.纳税人办理来料加工委托加工出口货物的免税核销手续时，停止报送加工企业开具的加工费普通发票原件及复印件。

4.纳税人申请开具"代理出口货物证明"时，停止报送代理出口协议原件。

5.纳税人申请开具"代理进口货物证明"时，停止报送加工贸易手册原件、代理进口协议原件。

6.纳税人申请开具"来料加工免税证明"时，停止报送加工费普通发票原件、进口货物报关单原件。

7.纳税人申请开具"出口货物转内销证明"时，停止报送"出口货物已补税/未退税证明"原件及复印件。

对于本条所述停止报送的资料原件，纳税人应当妥善留存备查。

五、拓展出口退（免）税提醒服务

为便于纳税人及时了解出口退（免）税政策及管理要求的更新情况、出口退（免）税业务申报办理进度，税务机关为纳税人免费提供出口退（免）税政策更新、出口退税率文库升级、尚有未用于退（免）税申报的出口货物报关单、已办结出口退（免）税等提醒服务。纳税人可自行选择订阅提醒服务内容。

六、简化出口退（免）税办理流程

1.简化外贸综合服务企业代办退税备案流程

外贸综合服务企业在生产企业办理委托代办退税备案后，留存以下资料，即可为该生产企业申报代办退税，无需报送《代办退税情况备案表》（国家税务总局公告2017年第35号发布）和企业代办退税风险管控制度：

（1）与生产企业签订的外贸综合服务合同（协议）；

（2）每户委托代办退税生产企业的《代办退税情况备案表》；

（3）外贸综合服务企业代办退税风险管控制度、内部风险管控信息系统建设及应用情况。

生产企业办理委托代办退税备案变更后，外贸综合服务企业将变更后的《代办退税情况备案表》留存备查即可，无需重新报送该表。

2.推行出口退（免）税实地核查"容缺办理"

（1）对于纳税人按照现行规定需实地核查通过方可办理的首次申报的出口退（免）税以及变更退（免）税办法后首次申报的出口退（免）税，税务机关经审核未发现涉嫌骗税等疑点或者已排除涉嫌骗税等疑点的，应按照"容缺办理"的原则办理退（免）税：在该纳税人累计申报的应退（免）税额未超过限额前，可先行按规定审核办理退（免）税再进行实地核查；在该纳税人累计申报的应退（免）税额超过限额后，超过限额的部分需待实地核查通过后再行办理退（免）税。

上述需经实地核查通过方可审核办理的首次申报的出口退（免）税包括：外贸企业首次申报出口退税（含外贸综合服务企业首次申报自营出口业务退税），生产企业首次申报出口退（免）税（含生产企业首次委托外贸综合服务企业申报代办退税），外贸综合服务企业首次申报代办退税。

上述按照"容缺办理"的原则办理退（免）税，包括纳税人出口货物、视同出口货物、对外提供加工修理修配劳务、发生零税率跨境应税行为涉及的出口退（免）税。

上述累计申报应退（免）税额的限额标准为：外贸企业（含外贸综合服务企业自营出口业务）100万元；生产企业（含生产企业委托代办退税业务）200万元；

代办退税的外贸综合服务企业 100 万元。

（2）税务机关经实地核查发现纳税人已办理退（免）税的业务属于按规定不予办理退（免）税情形的，应追回已退（免）税款。因纳税人拒不配合而无法开展实地核查的，税务机关应按照实地核查不通过处理相关业务，并追回已退（免）税款，对于该纳税人申报的退（免）税业务，不适用"容缺办理"原则。

（3）纳税人申请变更退（免）税方法、变更出口退（免）税主管税务机关、撤回出口退（免）税备案时，存在已"容缺办理"但尚未实地核查的退（免）税业务的，税务机关应当先行开展实地核查。经实地核查通过的，按规定办理相关变更、撤回事项；经实地核查发现属于按规定不予办理退（免）税情形的，应追回已退（免）税款后，再行办理相关变更、撤回事项。

七、简便出口退（免）税办理方式

1.推广出口退（免）税证明电子化开具和使用

纳税人申请开具"代理出口货物证明""代理进口货物证明""委托出口货物证明""出口货物转内销证明""中标证明通知书""来料加工免税证明"的，税务机关为其开具电子证明，并通过电子税务局、国际贸易"单一窗口"等网上渠道（以下简称网上渠道）向纳税人反馈。纳税人申报办理出口退（免）税相关涉税事项时，仅需填报上述电子证明编号等信息，无需另行报送证明的纸质件和电子件。其中，纳税人申请开具"中标证明通知书"时，无需再报送中标企业所在地主管税务机关的名称、地址、邮政编码。

纳税人需要作废上述出口退（免）税电子证明的，应先行确认证明使用情况，已用于申报出口退（免）税相关事项的，不得作废证明；未用于申报出口退（免）税相关事项的，应向税务机关提出作废证明申请，税务机关核对无误后，予以作废。

2.推广出口退（免）税事项"非接触"办理

纳税人申请办理出口退（免）税备案、证明开具及退（免）税申报等事项时，按照现行规定需要现场报送的纸质表单资料，可选择通过网上渠道，以影像化或者数字化方式提交。纳税人通过网上渠道提交相关电子数据、影像化或者数字化表单资料后，即可完成相关出口退（免）税事项的申请。原需报送的纸质表单资料，以及通过网上渠道提交的影像化或者数字化表单资料，纳税人应妥善留存备查。

税务机关受理上述申请后，按照现行规定为纳税人办理相关事项，并通过网上渠道反馈办理结果。纳税人确需税务机关出具纸质文书的，税务机关应当为纳税人出具。

八、完善出口退（免）税收汇管理

纳税人适用出口退（免）税政策的出口货物，有关收汇事项应按照以下规定执行：

1.纳税人申报退（免）税的出口货物，应当在出口退（免）税申报期截止之日前收汇。未在规定期限内收汇，但符合《视同收汇原因及举证材料清单》（附件1）所列原因的，纳税人留存《出口货物收汇情况表》（附件2）及举证材料，即可视同收汇；因出口合同约定全部收汇最终日期在退（免）税申报期截止之日后的，应当在合同约定收汇日期前完成收汇。

2.出口退（免）税管理类别为四类的纳税人，在申报出口退（免）税时，应当向税务机关报送收汇材料。

纳税人在退（免）税申报期截止之日后申报出口货物退（免）税的，应当在申报退（免）税时报送收汇材料。

纳税人被税务机关发现收汇材料为虚假或冒用的，应自税务机关出具书面通知之日起24个月内，在申报出口退（免）税时报送收汇材料。

除上述情形外，纳税人申报出口退（免）税时，无须报送收汇材料，留存举证材料备查即可。税务机关按规定需要查验收汇情况的，纳税人应当按照税务机关要求报送收汇材料。

3.纳税人申报退（免）税的出口货物，具有下列情形之一，税务机关未办理出口退（免）税的，不得办理出口退（免）税；已办理出口退（免）税的，应在发生相关情形的次月用负数申报冲减原退（免）税申报数据，当期退（免）税额不足冲减的，应补缴差额部分的税款：

（1）因出口合同约定全部收汇最终日期在退（免）税申报期截止之日后的，未在合同约定收汇日期前完成收汇；

（2）未在规定期限内收汇，且不符合视同收汇规定；

（3）未按本条规定留存收汇材料。

纳税人在本公告施行前已发生上述情形但尚未处理的出口货物，应当按照本项规定进行处理；纳税人已按规定处理的出口货物，待收齐收汇材料、退（免）税凭证及相关电子信息后，即可申报办理出口退（免）税。

4.纳税人确实无法收汇且不符合视同收汇规定的出口货物，适用增值税免税政策。

5.税务机关发现纳税人申报退（免）税的出口货物收汇材料为虚假或者冒用的，应当按照《中华人民共和国税收征收管理法》有关规定进行处理，相应的出口货物适用增值税征税政策。

本条所述收汇材料是指《出口货物收汇情况表》及举证材料。对于已收汇的出口货物，举证材料为银行收汇凭证或者结汇水单等凭证；出口货物为跨境贸易人民币结算、委托出口并由受托方代为收汇，或者委托代办退税并由外贸综合服务企业代为收汇的，可提供收取人民币的收款凭证；对于视同收汇的出口货物，举证材料按照《视同收汇原因及举证材料清单》确定。

《国家税务总局关于出口货物劳务增值税和消费税政策的通知》（财税〔2012〕39号）第一条第二项（第2目除外）所列的视同出口货物，以及易货贸易出口货物、边境小额贸易出口货物。

九、施行时间

本公告第一条、第二条、第三条自 2022 年 5 月 1 日起施行，第四条、第五条自 2022 年 6 月 1 日起施行，第六条、第七条、第八条自 2022 年 6 月 21 日起施行。《废止的文件条款目录》（附件 3）中列明的条款相应停止施行。

特此公告。

国家税务总局

2022 年 4 月 29 日

模块十一　跨境电子商务

一、实训目的

本模块实训的主要目的是使学生掌握跨境电子商务的相关概念，熟悉目前主流出口的跨境电商业务模式及主要交易平台特征，了解进口跨境电商平台的几种主要形式，掌握出口跨境电商平台主要交易环节的业务要点和注意事项，能够完成出口跨境电商平台店铺注册流程及跨境电商运营计划书的撰写。

二、理论知识点

（一）跨境电子商务的定义

跨境电子商务简称"跨境电商"，是电子商务在外贸领域的应用，即以互联网为基础，以分属不同关境的交易双方为主体，以电子支付和结算为手段，以现代跨境物流为支撑的新型国际商务模式，其实质就是把传统国际贸易网络化、电子化，其概念有狭义和广义之分。

1. 狭义

狭义的跨境电子商务基本等同于跨境网络零售，指的是分属不同关境的交易主体，借助互联网平台达成交易，进行支付结算，并采用快件、小包等方式，通过跨境物流将商品直接送达消费者手中的交易过程。

2. 广义

广义的跨境电子商务基本等同于进出口贸易电商，指的是分属不同关境的交易主体，通过电子商务的手段将传统进出口贸易中的展示、洽谈和交易环节电子化，并通过跨境物流送达商品、完成交割的一种国际商业活动。

（二）跨境电子商务的特点

与传统的外贸方式相比，跨境电子商务能够将贸易资源进行整合和优化配置，为外贸主体参与国际贸易活动提供了更为方便和多元的途径，具有以下特点：

1. 全球性

互联网是开放的信息流动平台，具有全球性和非中心化的特征，基于互联网的发展而产生的跨境电子商务也因此具有了全球性和非中心化的特性。

2. 数字化

互联网技术的发展使数字化产品和服务的传输盛行。传统外贸以实物贸易为主，而随着网络技术的发展和应用，贸易对象逐渐趋向于数字化产品及数字化服务。

3. 多边性

互联网的全球性、开放性特征带来信息的最大限度共享。跨境电子商务基于互联网开展业务，是一种无边界交易，突破了传统交易的地理因素限制，交易多边特性凸显，最大程度地实现"全球买、全球卖"。

4. 直接性

跨境电子商务通过电子商务交易与服务平台开展业务，能够最大程度地免去传统交易中进出口环节多、耗时长、成本高、会导致效率降低的中间环节，实现多国企业之间、企业与最终消费者之间的直接交易。

5. 即时性

无论实际空间距离远近，通过互联网联系的卖家与买家的信息交互几乎是同时进行的，不存在时间差，沟通效率极高。对于一些数字化商品（如音像制品、数字图书、软件等）的交易，还可以即时结算，订货、付款、交货都可以在瞬间完成，时效性非常强。

（三）跨境电子商务的分类

跨境电商根据不同的分类维度，可以分成不同的类别。

1. 基于商品流向分类，可以分为出口跨境电商（EXP.E-Commerce）和进口跨境电商（IMP.E-Commerce）。

2. 基于交易对象，即根据交易参与的主体性质分类，可以分为B2B型、B2C型、C2C型。其中B是企业（Business），C是个人消费者（Consumer）或者个人客户（Customer），组合成B2B即企业对企业、B2C即企业对个人、C2C即个人对个人三种常见模式。

3. 基于销售经营模式分类，可以分为信息平台式、自营式（跨境电商独立站）、综合服务式。

（1）信息平台式指电商企业通过招揽卖家成为平台使用者，以信息中介和产品销售服务为主，收取会员费、管理费等，一般不涉及采购和配送等业务。

（2）自营式电商企业指电商企业搭建平台后，通过整合供应商资源，以较低的进价采购商品，然后以较高的售价出售商品，主要以赚取商品差价作为盈利模式，涉及跨境电商流程中的采购、支付、配送等领域。

（3）综合服务式指电商企业的功能不再局限于信息中介和产品销售功能，还在支付、通关、结汇退税、跨境物流、配送、产品质量控制以及客户管理等方面进行了扩展，可以为企业提供个性化解决方案，满足不同企业的需求。

（四）主流出口跨境电商平台

近年来，跨境电商出口业务已进入新一轮快速发展期，出口跨境电商平台大量涌现，需要熟悉各个典型跨境电商平台的基本情况，以选取适合自身情况及未来业务发展的平台。

1. B2B平台

B2B平台主要为境内外会员企业搭建网络营销平台，通过传递生产商/供应商、采购商及合作伙伴信息提供服务。这类平台通过较系统的附加服务（如搜索、广告）等形式帮助买卖双方完成交易，通过收取会员费、认证费、营销推广费等方式实现盈利。B2B平台的优点是网站流量大、信息充分、交易安全，缺点是特色不明显、可扩展性低、需要缴纳一定的费用。

B2B交易属于历史最悠久、成交额最大的交易平台，占据主体地位。这类模式的代表性平台有阿里巴巴国际站、环球资源网、中国制造网、敦煌网等。

（1）阿里巴巴国际站（http://www.alibaba.com）（见图11-1）

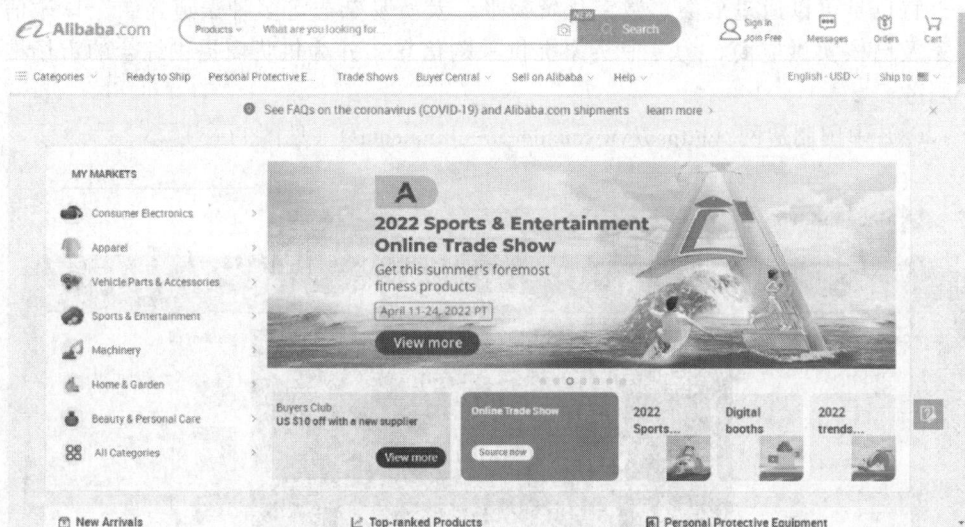

图11-1　阿里巴巴国际站页面

阿里巴巴国际站是典型的平台模式，是集合卖家与买家的信息展示平台，又称为"电子黄页"。作为阿里巴巴集团跨境业务的一部分，是中国最早出现的B2B跨境电商出口平台。阿里巴巴国际站包含一站式的店铺装修、产品展示、营销推广、生意洽谈及店铺管理服务，能最大限度地帮助企业降低成本、高效率地开拓国际市场，在助推电子商务服务业发展的同时提升综合竞争力，是外贸型企业拓展海外市场的首选外贸平台。

（2）环球资源网（http://www.globalsources.com/）（见图11-2）

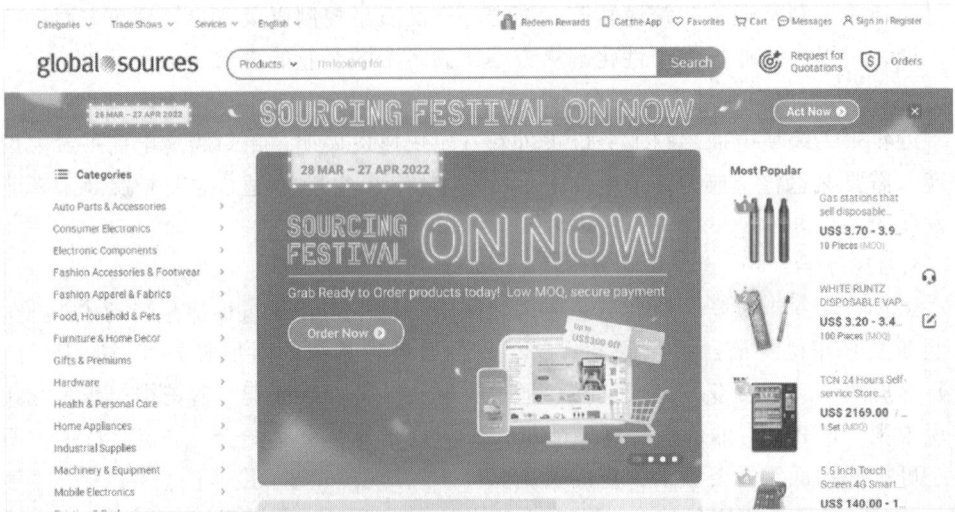

图11-2　环球资源网页面

环球资源网（Global Sources）是一个深度行业化、多渠道的专业 B2B 外贸平台，特色是可以通过展会、数字化贸易平台及贸易杂志等多种渠道连结全球诚信买家及已核实供应商，为专业买家提供采购信息，并为供货商提供综合的市场推广服务。

（3）中国制造网（https://www.made-in-china.com/）（见图11-3）

图11-3　中国制造网页面

中国制造网是由焦点科技于1998年开发和运营的电子商务网站，分为国际站和内贸站两个部分。其国际站是汇集中国企业产品，面向全球采购商，提供高效可靠的信息交流与贸易服务的平台，旨在利用互联网将中国企业和中国制造的产品介绍给全球采购商，为中国企业与全球采购商创造了无限商机，是国内中小企业通过互联网开展国际贸易的首选B2B网站之一，也是国际上有影响力的电子商务平台。

（4）敦煌网（https://www.dhgate.com/）（见图11-4）

图11-4 敦煌网页面

敦煌网是国内首个为中小企业提供B2B网上交易的网站。它采取佣金制，免注册费，只在买卖双方交易成功后收取费用。作为中小额B2B海外电子商务的创新者，敦煌网采用EDM（电子邮件营销）的营销模式低成本、高效率地拓展海外市场，其平台为海外用户提供高质量的商品信息，用户可以自由订阅英文EDM商品信息，第一时间了解市场最新供应情况。敦煌网"为成功付费"打破了以往的传统电子商务"会员收费"的经营模式，既降低了企业风险，又节省了企业不必要的开支。

2. B2C平台

B2C平台可以分为独立B2C平台和自营B2C平台（又称跨境电商独立站）两类。独立B2C平台作为独立运营的第三方，提供企业、产品、服务等多方面信息，并且可以通过平台在线上完成搜索、咨询、对比、下单、支付、物流、评价等全购物链环节。平台以收取佣金为主，收取会员费、广告费等为辅。其优点是平台流量大，市场影响力及服务体系等方面较为完备，网上商店搭建难度、成本、风险相对较低；其缺点是特色不明显，可扩展性不强。这类模式的代表有速卖通、亚马逊、WISH等。自营B2C平台通常由企业自建跨境B2C商城，自建物流、支付及客服体系，主要利润来源是销售收入。其优点是企业能够有效把控产品质量，可扩展性高，能够不断巩固细分领域的发展优势，以差异化的竞争手段获取海外市场；缺点是运转维护成本高，初期市场扩展难度较大。这类模式的代表有兰亭集势等。

（1）全球速卖通（https://www.aliexpress.com/）（见图11-5）

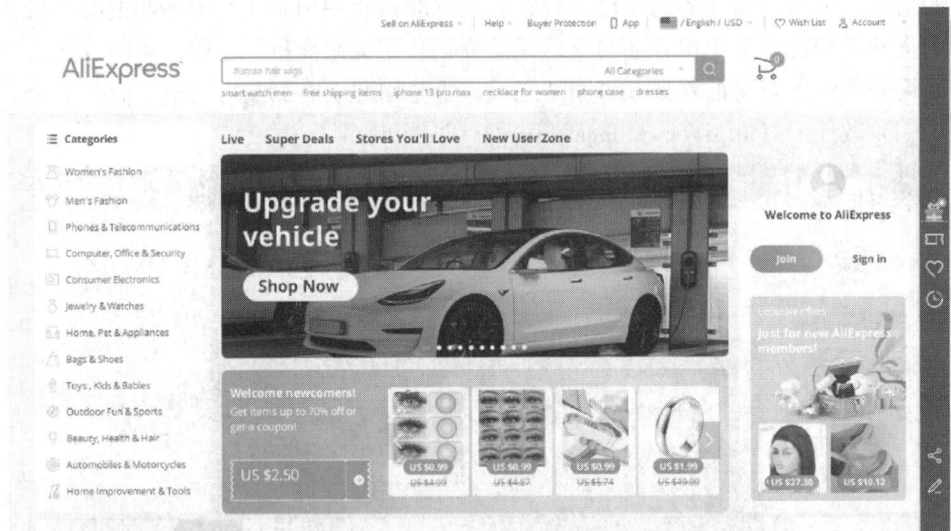

图11-5　全球速卖通网页

全球速卖通（英文名：Ali Express）即"国际版淘宝"，是阿里巴巴旗下面向全球市场融合订单、支付、物流于一体的在线交易平台，能够帮助中小企业直接接触终端批发零售商，小批量多批次快速销售，拓展利润空间。全球速卖通面向海外买家，通过支付宝国际账户进行担保交易，并使用国际快递发货，目前已经是全球第三大英文在线购物网站。

（2）亚马逊（https://www.amazon.com/）（见图11-6）

图11-6　亚马逊页面

　　亚马逊公司（Amazon，简称亚马逊），是美国最大的电子商务公司，总部位于华盛顿州的西雅图。亚马逊成立于1995年，是网络上最早开始经营电子商务的公司之一，目前旗下业务包含 Amazon Service、Amazon Fulfillment、Amazon Kindle、Amazon Payments 等，已成为全球商品品种最多的网上零售商和全球第二大互联网企业。经营范围已逐步扩展至影视、音乐、家居、珠宝、婴幼儿用品、体育及户外用品等。其商业理念是重推荐、轻广告，重展示、轻客服，重产品、轻店铺，重客户、轻卖家，其账号类型分为专业销售计划（Professional，即专业卖家）和个人销售计划（Individual，即个人卖家）两种。

　　（3）WISH（https://www.wish.com/）（见图11-7）

图11-7　WISH页面

　　Wish（其中国用户注册地址为 https://china-merchant.wish.com）是一家总部位于美国的移动端 B2C 跨境电商平台，平台核心品类包括服装、饰品、手机、礼品等。与传统 PC 端购物平台不同，Wish 专注于移动端的"算法推荐"购物，用户以年轻人为主，平台集社交与购物为一体，通过收集客户偏好，能够呈现给用户时尚化、个性化、娱乐感更强的商品信息，用户黏性较高，成交可能性也更高。Wish 开店审核速度快，入驻门槛低，不收取店铺费用，仅在交易成功后收取一定的佣金，是一个适合新手起步的跨境平台。

　　（4）兰亭集势（https://www.lightinthebox.com/）（见图11-8）

　　兰亭集势（Light in the box）是中国整合了供应链服务的在线 B2C（内部叫做 L2C，Light In The Box 2Customer）电商平台。兰亭集势作为交易品平台，其主要模式是"做货"，即作为产品供应商，自身采购货物进行外贸操作。该公司拥有一系列的供应商，并拥有自己的数据仓库和长期的物流合作伙伴。兰亭集势涵盖了服装、电子产品、玩具、饰品、家居用品、体育用品等14大类商品，公司供应商遍

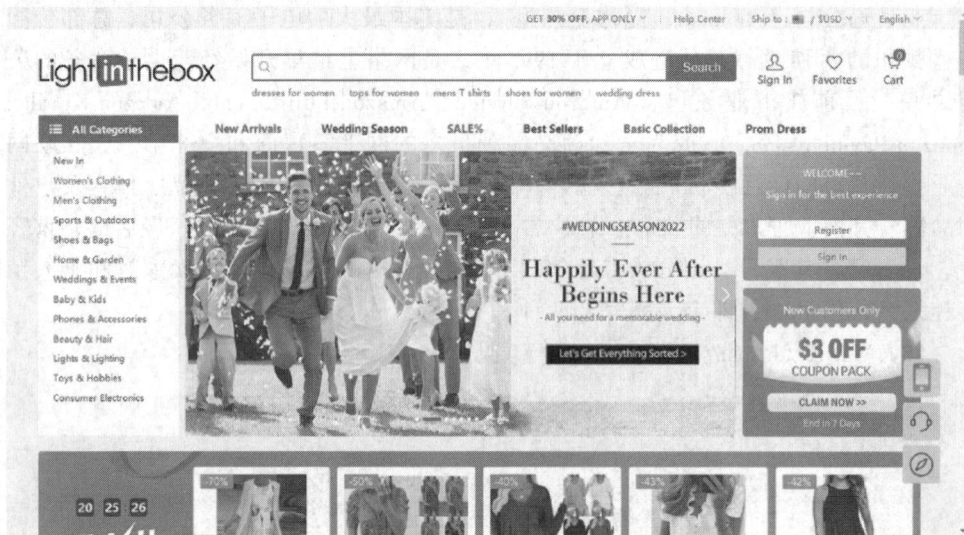

图11-8　兰亭集势页面

及中国各地，并积累了良好的声誉。纽曼、爱国者、方正科技、亚都、神舟电脑等在内的许多品牌也加入到兰亭集势销售平台，成为公司的合作伙伴或者供货商。

3. C2C平台

C2C平台面向所有个人开放注册，向卖家收取商品展示费和交易服务费，平台仅提供交易和支付保障，一般不参与洽谈与物流等交易环节。其特点是商品种类多、门槛低、利润较高，类似于我们熟知的淘宝。这类模式的跨境电商代表有eBay等。

eBay网站（https://www.ebay.com/）见图11-9。

图11-9　eBay页面

eBay（eBay，中文又称电子湾、亿贝、易贝）是全球最大的C2C电商平台，可供全球网民上网买卖物品的线上拍卖及购物。eBay利用其强大的平台优势和旗下全球市场占有率第一的支付工具PayPal为全球商家提供网上零售服务，平台费用主要是由刊登费（Insertion Fee）和成交费（Final Value Fee）组成的，目前已发展成为全球最大的网络零售市场。

4.各大跨境电商平台开店准备

整体来看，各大跨境电商平台开店所需要准备的资料差别不大，表11-1所示为几大主流跨境电商平台所需要准备的开店资料列表。

表11-1　　　　　　　　各大跨境电商平台开店准备资料

平　台	开 店 准 备 资 料
阿里巴巴国际站	1.公司营业执照 2.公司对公账户信息 3.公司经营地址 4.认证人信息
全球速卖通	1.电子邮箱 2.联系电话（移动电话） 3.公司支付宝账号 4.公司营业执照
亚马逊	1.公司营业执照 2.法定代表人身份证 3.双币种信用卡 4.公司水电煤气宽带账单之一 5.电子邮箱 6.联系电话（固定电话或移动电话） 7.公司收款账号
Wish	1.公司营业执照 2.公司税务登记证明 3.法定代表人身份证 4.电子邮箱 5.联系电话 6.公司收款账号
eBay	1.客户经理 2.公司营业执照 3.法定代表人身份证 4.公司地址证明 5.Paypal收款账号 6.开店申请表 7.电子邮箱

（五）主流进口跨境电商平台

跨境电商进口业务占跨境电商业务比例虽然较低，但随着国内对高质量进口产品需求的逐渐增加，其发展潜力及前景巨大。从平台业务模式来看，跨境电商进口目前主要包含以下五种形式：一是以天猫国际为代表的"支付+物流"的综合服务平台模式；二是以亚马逊海外购、苏宁海外购为代表的"自营+平台"模式；三是以小红书为代表的"社交导购转电商"模式；四是以55海淘为代表的"链接销售"（论坛+返利性质）模式；五是以上海"跨境通"、宁波"跨境购"等跨境贸易电子商务服务试点为主的"网购保税"进口模式。

（六）跨境电子商务市场调研

跨境电商的前期市场调研是卖家选择合适的平台入驻、了解客户群体及确定适销对路的商品的基础。在业务开展过程中，要及时通过市场调研，收集分析客户信息以便及时调整营销策略。跨境电商的市场调研主要包括前期海外市场调研、客户的选择与维护、选品与定位三部分内容。

1.海外市场调研

（1）海外市场大环境调研：

①经济环境：市场规模、人口数量、收入情况、消费习惯、经济基础设施、主要竞争对手等。

②政治法律环境：外贸政策稳定性、法律法规完备性、对进出口贸易保护程度等。

③社会文化环境：特殊文化习惯、宗教信仰等。

（2）海外市场买家调研：

生活习惯、营销偏好、购物特点、需求规模、季节性需求特点等。

2.客户的选择和维护

与传统贸易方式相比，跨境电商依托互联网平台开展业务，便于采集数据，卖家要充分利用这一点，采集和分析数据，通过大数据技术计算客户偏好，精准营销，有助于提升产品到用户的营销效率及成交率。而客户的维护是卖家持续稳定发展的重要因素，至关重要。

（1）利用搜索引擎寻找客户

①确定预期目标。开始搜索前要明确搜索的预期目标，分析目标用户关注点的变化和影响因素。

②搜索目标市场定位。做好寻找客户的区域与类型定位，使用最有效率的关键词。

③使用合适的搜索引擎。全文搜索引擎有 Google、Fast/All The Web、AltaVista、我国的百度等，目录索引搜索引擎有 Yahoo、DMOZ、Look Smart 等。

（2）利用数据分析用户的行为习惯

电商平台数据分析有两个层次：首先是围绕产品分析，得出产品的推广过程是否顺畅，功能展现是否完美；其次是围绕客户的访问焦点进行分析，挖掘客户潜在需求。整体来讲，客户的行为习惯分析可以总结为三个方面：

①分析购买时间、商品种类、数量、支付金额等行为数据，评价客户的价值。

②分析客户的性别、年龄、地域分布等数据，得出目标客户群体的人口统计属性。

③分析客户的浏览、收藏、购买信息，确定客户的消费习惯。

（3）维护客户

①确定客户流失原因。客户流失原因主要有内部因素和外部因素两种。内部因素主要是产品质量问题、服务、产品创新性等方面；外部因素主要是来自竞争对手的诱惑、客户消费习惯改变导致的自然流失等。

②维护客户常见方法。一是通过收集分析客户信息，为客户做好个性化服务；二是定期回访，了解客户偏好变化，及时调整营销策略；三是提高自身产品质量、服务质量，增加客户黏性。

3.选品与定位

选品，即从供应市场中选择适合目标市场需求的产品。卖家选择什么产品进行销售是业务成功的基础。我们要了解产品的生命周期，从其成长期早期介入，选择有发展前途的适销产品，明确产品的定位。选品是一个长期的、随着市场变化而不断调整的过程。

（1）选品思路

①广泛。初期选品要扩展思路，才能从众多类目中选到最适合自身的类目和产

品作为自己的发展方向。

②专业。对自己销售的产品要有专业的认识，不盲目跟风，才能选到适销对路的产品。

③精选。要在充分的市场调查基础上进行选品，反复筛选，挖掘能够带来高利润的产品。

④坚持。要坚持经常性地选品，不断推陈出新，在拥有爆款的同时开发潜力款，为明天做准备。

⑤分析数据。善用数据分析工具，多维度收集分析销售数据，确定客户需求，同时挖掘出受自身认知和偏见影响而未曾发现的信息和产品。

（2）选品方法

①基本方法主要有节假日分析法、季节分析法、生活习惯分析法等。

②进阶方法主要有评价数据分析法、产品组合分析法等。

（3）定位思路

一般来讲，核心产品的定位偏重小众化但利润高的产品；爆款产品应定位热门产品或者紧跟潮流热点，即将要流行的产品；基础产品应定位性价比比较高的产品。无论哪种产品，都要评估产品的毛利。简单毛利计算公式为：

单品毛利=销售单价-采购单价（产品价格+快递成本）-单品运费成本-平台费成本（包括平台年费、活动扣点）-引流成本-运营成本（包括退货、换货、破损率人工成本、跨境物流包装成本）

选品过程中要特别注意知识产权保护问题，了解平台限售商品，避免错误选品导致店铺被封等问题。

（七）跨境电子商务网络营销

网络营销是基于互联网及社会关系网连接企业、用户及公众，向用户及公众传递有价值的信息和服务，为实现顾客价值及企业营销目标所进行的规划、实施及运营管理活动。它是一种高效便捷的信息沟通手段，可以缩短卖家与国际市场的距离，减本增益，同时为消费者提供更大的选择空间，使竞争更公平。

1.网络营销的职能

网络营销主要职能是建立并推广品牌和平台、营销信息发布及销售促进、顾客关系管理以及网上调研及信息收集等。

2.网络营销的方法

网络营销职能的实现需要借助一种或多种网络营销手段，目前常见的网络营销方法主要有以下几类：

（1）搜索引擎营销。这是通过搜索引擎付费推广，利用用户对搜索引擎的依赖和使用习惯，在用户检索信息时将信息传递给目标用户。

（2）电子邮件营销。其又称EDM（E-mail direct marketing），是在用户事先许可的前提下，通过电子邮件的方式向目标用户群体传达有价值信息的一种网络营销手段，其关键是选择恰当的客户人群。

（3）数据库营销。这是在互联网与数据库技术发展基础上逐渐兴起和成熟起来的一种市场营销推广手段。收集和积累用户大量的信息，处理后预测用户有多大可能去购买某种产品，它以及利用这些信息给产品精确定位，有针对性地制作营销信息，达到说服消费者去购买产品的目的，其核心是数据挖掘，不仅能够精准测试，还能提供分析结果。

（4）IM营销。其又称即时通信营销（Instant Messaging），是在分析用户的注册信息数据基础上，使用即时工具、针对特定人群发送用户感兴趣的品牌、产品信息，帮助企业推广产品和品牌，以实现目标客户挖掘和转化的网络营销方式。

（5）社会化媒体营销。其又称社交媒体营销或社会化营销，是利用社会化网络、自媒体平台、在线社区、博客、百科或者其他互联网媒体平台来发布和传播资讯，从而形成营销、销售、处理公共关系和维护与开拓客户关系服务的一种方式。社会化媒体营销需要社交思维，而不是传统思维模式。

（6）新闻事件营销。这是企业通过策划、组织和利用具有名人效应、新闻价值及社会影响的人物或事件，引起媒体、社会团体和消费者的兴趣与关注，运用新闻报道进行宣传，多角度、多层面地诠释企业文化、品牌内涵、产品机理、利益承诺，传播行业资讯、引领消费时尚、指导购买决策，以求短时间内提高企业和产品的知名度，塑造品牌美誉度与公信力。这种模式非常有利于引导市场消费，在较短时间内快速提升产品的知名度，塑造品牌的美誉度和公信力。

（7）病毒式营销。其又称基因营销或核爆式营销，是由企业提供的有价值的信息源开始，利用公众的积极性和人际网络，让营销信息像病毒一样快速复制，迅速传播，将信息在短时间内传向更多的受众，达到"营销杠杆"的作用。病毒式营销已经成为网络营销最为独特的手段，其重点在于找到营销的引爆点，核心在于如何打动消费者，这是性价比比较高的网络营销方式，正在被越来越多的商家和网站成功运用。

（8）平台型营销。这是利用所入驻的电商平台活动直接进行宣传推广，销售产品或服务的网络营销方式。传统企业开展网络营销经常面临网站技术问题、市场营销问题以及人力问题，而各种电子商务平台操作简易、人气集中，在一定程度上解决了传统企业的这种担忧。对于初涉电子商务的传统企业而言，平台型营销是投入成本最低、运作最简单的网络营销方式。很多平台都是广受中小企业欢迎的宣传推广平台，例如阿里巴巴、亚马逊、京东等。

（9）店铺自主营销。这是指店铺经营者不通过任何代理、自己开展营销活动的方式，这种营销方式是店主根据自身经营的商品选择最适合的营销方式向顾客推送产品信息，特点是营销手段丰富、成本及风险可控、有利于增加客户黏性，具有相当高的针对性和转化率，是很多店家的首选。

（10）整合营销。这是一种将各种营销工具和手段系统化结合，同时根据环境进行即时性的动态修正，使信息交换双方在交互中实现价值增值的营销理念与方法。整合就是把各个独立的营销手段综合成一个整体，以消费者为核心重组企业行为和市场行为，以统一的目标和统一的传播形象，传递一致的产品信息，实现与消费者的双向沟通，迅速树立产品品牌在消费者心目中的形象，建立产品品牌与消费者长期密切的关系，有效达到传播和营销的目的。

（八）跨境电子商务支付

跨境电子商务支付也称为跨境互联网支付，是一种为不同国别的交易双方提供的在线支付服务。主要支付方式有第三方支付平台、跨境网银线上支付、跨境银行电汇等，其中跨境网银线上支付和跨境银行电汇也应用于传统外贸交易支付过程中，不再赘述，本节主要介绍第三方支付平台。

1. 第三方支付平台概念

第三方支付平台是指平台提供商通过通信、计算机和信息安全技术，在商家和银行之间建立连接，从而实现消费者、金融机构以及商家之间货币支付、现金流转、资金清算、查询统计的平台。第三方支付平台是在银行监管下保障交易双方利益的独立机构。在通过第三方支付平台的交易中，买方选购商品后，使用第三方平台提供的账户进行货款支付，由第三方通知卖家货款到达、进行发货；买方检验物品后，通知付款给卖家，第三方再将款项转至卖家账户。

2. 第三方支付特点

与以银行为支付媒介的传统支付方式相比，第三方支付的速度更快，方式更灵活，成本更低，支付机构所提供的增值服务业务更全面，在小额、高频的跨境电商交易中优势明显。

3. 主要第三方支付平台介绍

（1）国际支付宝（Escrow）

国际支付宝又称"支付宝国际账户"，是由阿里巴巴与支付宝联合开发，为保护国际在线交易中买卖双方的交易安全所提供的一种国际性第三方支付服务，主要是为从事跨境交易的国内用户建立的一个资金账户管理系统，目前只有速卖通和阿里巴巴国际站会员才能使用。如果卖家已经拥有了国内支付宝账号，直接登录电商平台后台管理账户绑定后即可使用。与国内支付宝账户的不同之处在于，这个资金账户是多币种账户，包括美元和人民币账户，该账户支持单笔订单金额在 10 000 美元以下（商品价格+运费+交易佣金的总额）的交易，同时只向卖家收取服务费。

（2）PayPal

PayPal 在中国被称为"贝宝"，是一个总部在美国加利福尼亚州圣荷塞市的在线支付服务商，是跨境电子商务收款中较为常见的支付工具，特点是只要有一个电子邮件地址，付款人就可以登录开设账户 PayPal，使用在线 PayPal 发送和接受付款。

PayPal 具有如下几个优点：一是用户群体大，满足多数消费者的付款请求，是账户与账户之间的交易模式；二是用户体验好，通过 PayPal 可以用银行卡或者信用卡在线付款；三是安全性较高，平台提供买家和卖家交易保障，集成的高级管理功能，能轻松掌控每一笔交易详情。但 PayPal 也有缺点：一是存在拒付风险，一旦发生拒付，维权困难；二是平台更倾向于保护买家利益，商户账户容易被冻结，且冻结的款项归还困难；三是 PayPal 难以覆盖没有信用卡的用户群体；四是使用费用较高，虽然不收取注册费和买家手续费，但对卖家收取支付交易费和提现手续等费用。它主要适用于跨境电商零售行业，几十到几百美元的小额交易使用 PayPal 更划算。

（3）Payssion（全球本地支付）

在全球有很多国家因为语言、文化、政策等种种因素的影响，导致支付习惯也会有所不同，例如我国最常用的"支付宝"和"微信支付"、俄罗斯最常用的电子钱包 WebMoney 和 Qiwi Wallet、德国的 Sofortbanking、荷兰的 iDEAL、巴西的 Boleto 账单支付、印度的 UPI 和 Paytm、韩国的 KakaoPay 等，这些当地常用的支付工具可以统称为"全球本地支付"。

Payssion 是一站式全球在线支付提供商，可以接入全球 300 多种本地支付，没有信用卡也能接入使用，支持包括网银转账、电子钱包、预付卡、运营商计费、现金支付等多种支付方式，是一种"简单、便捷、安全"的跨境收款解决方案。

Payssion 具有如下几个优点：一是支付方式多样化，覆盖当地更多的用户；二是费用相对较低，无年费、无通道费；三是用户体验较好，一般不支持拒付，能够保障商家利益；四是支持 Web、安卓、iOS 等多终端接入。但 Payssion 具有提现周期较长的缺点。国内一些比较大的电商平台如速卖通、敦煌网都已经接入这些本地支付。多样化的本地支付选择是未来电商发展的大趋势，这是因为这种支付方式一方面可以补充信用卡覆盖不到的人群，提升成交率；另一方面不支持拒付，对商家来说，安全性有所保障。

（4）国际信用卡收款

国际信用卡收款是指通过第三方信用卡支付公司集成 Visa、MasterCard、JCB、美国运通等国际信用卡支付通道来收款。国际信用卡收款相对于传统支付方式更加便捷，实时性较强，安全性也较高，迎合了国外买家惯于使用信用卡付款的消费习惯，用户群庞大，是欧美地区比较流行的支付方式。但这种支付方式一般需要预留 10% 保证金，接入方式复杂，收费高昂，付费额度偏小还存在拒付风险，商家利益容易受损失。通常情况下，它的适用范围是从事跨境电商零售的平台和独立 B2C。

4. 跨境电子商务支付的风险和应对措施

（1）跨境电商支付存在的风险主要包括：跨境支付欺诈风险、跨境支付交易风险和跨境支付资金风险。

（2）应对跨境电商支付风险的措施主要有：建立风险管控架构、开展数据监控，履行相关责任义务、保证交易真实，遵守知识产权规则、合法进行申诉。

（九）跨境电子商务物流

跨境物流（international logistics）是指利用国际化的物流网络、物流设施和技术，实现货物的国际运输和交换，从而促进区域经济发展和世界资源优化配置的一种运输方式。由于受地理、政策等因素影响，跨境物流涉及全球运转、运输时间、运输方式、快清关、仓储服务、最后一公里配送等核心问题，因此建立全球化的仓储管理、独立化的运输配送以及配套的供应链管理体系，成为跨境电子商务物流的发展趋势。

1. 跨境物流的特点

跨境物流涉及的范围更广泛，环节更多，运营环境差异性更大，除了具有国内物流的基本属性和特点之外，还具有以下特点：

（1）市场广阔，不同国家经营环境复杂；

（2）系统庞大，难度、复杂性和整体风险增大；

（3）使用国际化信息系统，支持资源共享；

（4）标准化程度要求更高，但各国标准很难统一；

（5）以远洋运输为主，多种运输方式组合，方式更加多样。

2. 跨境物流的方式

通常情况下，跨境物流可以分为国际平邮、商业快递、国际专线和海外仓四种方式。

（1）国际平邮。

国际平邮也称为国际小包裹平邮，适用于重量轻（低于2kg）、价低（无报价）的国际小包裹。国际小包裹到大部分国家只需7天左右，主要包括中国邮政小包、中国香港邮政小包、新加坡邮政小包。

以中国邮政小包为例，其优势主要体现在以下三个方面：一是资费低，直接按首重50克，续重1克计费，最低5元即可发到国外；二是全球化，中国邮政航空小包可寄达全球230多个国家和地区，只要有邮政网点的地方都可以送达客户手中，极大地扩展了外贸卖家的空间市场；三是适用范围广，eBay、敦煌网等平台都可以使用，一般无特别的邮寄限制，国际违禁品和危险品除外；四是安全性高，平邮小包加8元挂号费即可追踪包裹信息，丢件率较低。综合比较，如果产品体积较小，价格和利润空间较低，服务及时效性要求不高，国际平邮是一个很好的物流选择。

（2）商业快递。

商业快递包括国际EMS和国际快递公司两类，不同的国际快递公司有不同的渠道，在价格、服务、时效上都有所区别。

国际EMS是各国邮政开办的一项特殊邮政业务，提供传递国际紧急信函、文件、资料、金融票据、商品货样等各类文件资料和物品服务，同时提供邮件跟踪查询服务，其网络广泛，价格相对国际快递低，可邮寄食品、药品、私人物品等物件。

国际快递公司可以针对不同的顾客群体，如国家地区、商品种类、体积大小、商品重量等选取不同的渠道实现商品速递。知名的国际快递公司主要有TNT、UPS、FedEx、DHL，中国的顺丰、申通等本土快递公司也逐步涉入跨境物流业务。

国际快递具有时效性高、丢包率低等特点，但快递费用十分昂贵，尤其在偏远地区的附加费更高。

（3）国际专线。

国际专线是物流行业内用于区分国内专线及全球性的国际快递服务、传统的国际空运代理以及国际海运散货拼箱服务的一种称谓，其大多在出口区域中心城市（如我国的广州、深圳）设有出口仓库，在仓库完成国际寄送物品的整理、分拣、分配、包装，并根据货物去向统一订购航班舱位，通过统一分拣统一发货，能够大大降低成本，提高速度。货物运输到国外后，再通过合作公司进行目的地国的国内派送，是比较受欢迎的一种物流方式。

目前业内使用最普遍的国际专线包括美国专线、欧洲专线、澳洲专线、俄罗斯专线等，也有不少物流公司推出了中东专线、南美专线，EMS 的"国际 E 邮宝"、中环运的"俄邮宝"和"澳洲宝"、俄速通的 Ruston 中俄专线都属于跨境专线物流推出的特定产品。

国际专线的优点是：能够集中大批量货物发往目的地，通过规模效应降低成本，其物流起点、物流终点、运输工具、运输线路、运输时间基本固定，配送效率相对较高；整体物流时效性较国际小包强，物流成本较国际快递低，丢包率也比较低，且在其服务范围内的通关、衔接等业务中表现规范并高效。其缺点是：覆盖范围窄，国内的揽收范围相对有限，国外主要集中在传统欧美市场和新兴俄罗斯市场；许多专线物流企业只能控制国内物流线路，国外物流线路仍交给当地邮政企业，可能出现运送延迟；同时，专线物流大多不接受退货服务。

（4）海外仓。

在跨境电商业务中，海外仓是指国内企业在目标市场当地租赁或建设仓储设施，将产品通过大宗运输的形式运往目标市场国家并就地储存，然后根据当地销售订单直接在当地仓库进行分拣、包装和配送，完成订单履行。海外仓是电商时代跨境物流业发展的必然趋势。

海外仓由头程运输、仓储管理和本地配送三部分构成。其中头程运输是指卖家通过海运、空运、陆运或联合运输的方式将商品运到海外仓库，产生的费用为头程运费；仓储管理是指卖家通过物流信息系统，远程操作海外仓储货物，实时管理库存，产生的费用包括仓储费和出入库费；本地配送是指海外仓储中心根据订单信息，通过当地邮政或快递将商品送给买家，产生的费用为当地尾程派送费。

海外仓的物流模式优势为：一是降低物流成本。卖家批量发货，远程进行货物管理，大大降低了物流成本，运费只要跨境快递的 1/3 左右。二是物流时效快。货物从买家所在国发出，大大缩短了从本国发货物流所需的时间，提升客户满意度。三是提高店铺销量，有利于开拓市场。出于运输时效性、退换货便捷性等方面的考虑，一般买家倾向于优先购买当地发货的产品，海外仓让卖家竞争优势更明显，有利于销量的提升和市场的拓展。其缺点是海外库存管理困难、增加仓储费用

成本和受限于销售商品的性质

（十）跨境电子商务客户服务

随着跨境电子商务的蓬勃发展，其市场也日臻成熟，跨境电商业务的发展呈现出多元化、碎片化和在线化的特质，客户的需求层次和标准要求更加多样。在这样的背景下，客户服务成为跨境电商业务顺利开展的重要保障，客服人员也成为行业领域里不可或缺的中坚力量，推动着卖家店铺的发展。

1.跨境电商客户服务的相关概念

（1）客户服务（customer service）简称客服，是企业以客户为对象，以产品或服务为依托，以挖掘和开发客户的潜在价值为目标，为客户开展的各项服务活动并使之满意的一个过程。

（2）跨境电商客户服务是指通过跨境电商平台承接境外客户咨询、订单业务处理、解决客户投诉，并通过各种沟通方式了解客户需求，通过与客户的直接联系解决问题。其沟通方式是电子邮件、在线聊天工具以及电话等，职能范围包括售前客服和售后客服。跨境电商本质上是传统外贸的一个升级版，所以跨境电商平台的在线客户服务并不同于一般理解中的淘宝客服，而是更类似于传统外贸业务中的外贸销售员，除了会接触在线的C类客户，也经常会接触到包括小B类甚至是在线B类客户，所以跨境电商服务很多情况下本质上跟传统外贸是相通的。

2.跨境电商客户服务能力要求

（1）具备传统外贸从业人员的专业技能。例如外语能力、沟通能力、对外贸行业的理解能力、客户信息分析整理能力，要有丰富的外贸专业知识，熟悉支付、物流、报关、退税等业务流程。

（2）具备对产品供应链的理解能力。要对自身经营的产品、定位、交易对象、竞品有充分的理解，才能与客户有效沟通、引导客户成交。

（3）熟悉跨境电商平台和操作流程。要对所入驻的电商平台的相关规章制度熟悉运用，包括平台规则、促销手段、业务流程，同时还要熟悉交易对手国家的海关清关手续等。

（4）具备跨文化交流能力。跨文化交流能力不仅指外语沟通能力，而且需要客服人员熟悉交易对手所在国家的风土人情、文化特质、消费偏好，才能更好地与客户沟通并促进成交。

（5）具备销售能力。一是要善于分析客户的购买能力，及时判断客户需求，并进行差异化服务；二是要有促使客户下单的能力，跟进客户，持之以恒，确保成交；三是要具有引导客户重复下单的能力，"客户黏合度"是电商平台成功运营的关键，客服能够提供专业且耐心的服务是客户对订单满意的重要条件之一，首次订单满意才能带来后续业务。

（6）具备交易纠纷处理能力。跨境电商业务由于交易环节多、物流链条长、交易双方分属不同国家（地区），交易习惯差别巨大，出现交易纠纷交易不可避免。

如何熟练掌握电商平台交易纠纷处理流程、迅速确定纠纷关键点、高效解决纠纷是客服人员必须要掌握的一项重要技能。客服人员要在尽量降低自身损失的前提下努力提升客户服务体验，积极应对，尽量减少双方损失。

3. 跨境电商客服职责分类

按照跨境电商的服务流程，客服职责可以分为售前客服和售后客服两类。

（1）售前客服。这是指在订单成交前，为买家购物提供产品介绍、交易流程、物流方式、费用计算等相关指导的客户服务工作。有些售前客服还承担开发新客户及维护老客户的工作。

（2）售后客服。这是指在产品销售之后，为买家提供订单跟踪指导、对接产品售后服务、处理交易纠纷等工作的客户服务工作。

三、实训所需条件

（一）实训学时

4课时/30人

（二）实训地点

多媒体教室

（三）实训所需材料

教师提供背景材料；在开课之前，要求学生熟悉跨境电商模式及主要交易平台的特征，学生根据要求和背景在多媒体教室进行操作练习。

四、实训内容与要求

要求学生熟悉跨境电商运营专员职业素质要求、职业能力要求、专业知识要求和工作任务，熟悉速卖通、亚马逊等跨境第三方平台店铺注册的规定和要求，能把握跨境电商运营的整体流程环节，选择合适的跨境电商运营平台，能为注册跨境店铺准备相应材料和基本信息，能分组完成跨境店铺注册并获得平台认可通过。

五、实训步骤

（一）实训前的准备

对学生进行分组，每组6人，模拟大连池田商贸有限公司业务员，撰写跨境电商运营专员的岗位说明书，准备跨境店铺注册所需的资料，拟定跨境电商业务运营计划书。

（二）实训指导

教师组织学生观看屏幕上的跨境电商运营专员招聘信息、全球速卖通平台卖家基础规则（注册及店铺开通部分）、亚马逊卖家行为准则，示范速卖通平台店铺注册流程。

1.跨境电商运营专员招聘信息

（1）杭州钱塘区某公司招聘跨境电商平台运营专员

岗位职责：

①负责Shopee/Lazada/Tiki等平台的旗舰店搭建及运营；

②根据品牌全年规划，输出品牌在电商全渠道的营销规划，制定运营策略，完成年度电商平台业绩指标；

③负责平台的运营工作，包括但不限于平台活动的选品，活动整体策划，活动风格定位，营销推广，店铺优化等；

④针对平台品牌运营做出阶段性的工作规划，对接类目平台方负责人，争取活动资源；

⑤负责监控日、周、月及季度运营结果，发现问题及时处理，对销售和利润目标负责；

⑥了解平台网营销规则，熟悉会员的购物习惯和购物心理，对数据和用户心理敏感；

⑦及时关注竞品店铺情况，定期提交店铺运营报告，根据流量、咨询量、转化量、推广效果等数据做全方位的阶段性评估，根据推广效果提出合理的优化方案；

⑧协调设计、推广、客服、物流仓储、财务等店铺日常运营工作；

⑨确认和跟进客户平台合作合同条款。

任职要求：

①有跨境电商经验，熟悉Shopee/Lazada/Tiki等平台运营规则，有Amazon、eBay等平台运营经验；

②三年以上跨境电商运营管理相关经验，有从0到1搭建项目经验、电商团队

经验优先；

③熟悉Shopee /Lazada/Tiki站内及站外各种营销工具及引流工具；

④具备较强的数据分析和业务判断能力，能根据运营、推广效果及时调整运营方案；

⑤思路清晰、沟通协调能力强，工作积极，具有较强的执行力；

⑥本科及以上，良好的英文听说读写能力，会越南语、泰语、印尼语、葡语等小语种优先。

（2）上海市黄浦区某公司招聘跨境电商运营专员

岗位职责：

①负责亚马逊账户的运营工作，负责产品编辑、上传和优化；

②熟悉平台的各项政策与制度，安全操作账户，保持账号健康稳定；

③跟踪产品的销售情况，进行销售策略的调整，制作销售报表；

④学习了解Amazon最新政策，及时做出应对计划；

⑤研究和尝试各种Amazon营销手段以提高产品的排名和成交率；

⑥根据公司总体销售策略及销售目标，协助主管制定目标分解计划，完成账户销售任务；

⑦制定账户的促销活动，并对活动的实施进行调研、分析、预测、推广设计及效果评估；

⑧处理客户问题，包括售前咨询、售后维护以及妥善处理各种争议、投诉；

⑨提升账户的订单量及保证账户的安全与好评率。

任职要求：

①大专及以上学历，熟练掌握英语；

②有1～2年及以上亚马逊运营经验，有爆款经验优先，有熟悉3C类目优先；

③有团队精神和服务意识，为人诚实守信，做事脚踏实地，较强的学习能力、应变能力。

（3）广州市黄埔区某公司招聘跨境电商运营专员

岗位职责：

①负责阿里国际站店铺的日常运营、管理，能够独立熟练地完成操作；

②负责产品上传、下架、Listing的设置及优化，制订产品营销计划；

③管理平台账户、产品上传、制定价格等工作，及时跟踪订单信息，处理客户投诉，对客户的退换货进行妥善处理；

④确保店铺销售正常运作；

⑤控制产品风险，拟订合理的产品上架计划，将产品发布到各站点；

⑥完善店铺各项政策与制度，保持店铺的好评率和良好的信用度，及时做好售前售后服务；

⑦确保账户的安全，处理客户需求，提供售前咨询，及时挖掘客户需求，引导客户下单，结合多渠道推广宣传产品，发掘商机；

⑧站内外引流，策划线上推广方案、店铺促销活动、广告投放并实施执行。

2. 全球速卖通平台规则（卖家基础规则）

第一章 卖家基本义务

第一条 卖家在平台的任何行为应遵守中国及其他国家可适用的法律、法规、规章、政令、判决等规范性文件。对任何涉嫌违法的行为，平台有权依照本规则进行处罚或处理。同时，速卖通对卖家的处理不免除其应尽的任何法律责任。

第二条 作为交易市场的卖方，卖家应就双方达成买卖交易自主对买家负责，切实履行卖家的信息披露、质量保证、发货与服务、售后及质保等义务。同时，卖家有义务了解并熟悉交易过程中的平台对买家市场的规定，遵守并提供善意、合理的配合。

第三条 遵守平台各类目的商品发布规则；禁止发布禁限售的商品或信息，详见全球速卖通禁限售商品目录。

第四条 尊重他人的知识产权，严禁未经授权发布、销售侵犯第三方知识产权的商品，包括但不限于商标、著作权、专利等，详见全球速卖通知识产权规则。

第五条 卖家应恪守诚信经营原则，及时履行订单要求，兑现服务承诺等，不得出现虚假交易、虚假发货、货不对版等不诚信行为，详见交易类规则。

第六条 保障消费者知情权，履行信息披露的义务。发布商品应如实描述，包括但不限于在商品描述页面、店铺页面、站内信、速卖通通信系统等所有平台提供的渠道中，向买家就自己提供的商品和服务进行真实、完整的描述，包括但不限于对物流、售后、保险等服务的方式、价格，商品的基本属性、功能、包装、成色、价格等等，不应作虚假或误导性陈述。禁止进行包括但不限于如下行为：第一，发布误导性折扣。在促销开始前大幅度提高商品原价再打折出售，夸大折扣的价值以诱导买家消费。第二，发布不合理或虚假价格。包括但不限于为吸引关注，设置过高或过低的商品价格，实际并无此商品销售；在特殊时期哄抬物价，扰乱市场；设置多种参考价格，未明确各种价格的含义；在促销活动中虚构原价，标示的原价并不存在或者从未有过交易记录。第三，开展限时减价、折价等价格促销活动时虚构促销期限及商品价值，使用"最后一天""仅限今日"等不实语言或者其他带有欺骗性、误导性的语言、文字、图片等标价，诱导买家消费。第四，采取价外馈赠或捆绑方式销售商品、提供服务时，不如实标示馈赠物品的真实价格、品名、数量，或者馈赠物品为假劣商品。

FAQ：

1. 如何判定是否有虚假性折扣？

平台会结合历史价格变化与促销价（与折扣前原价相比）进行综合考虑，若价格变化明显超出合理幅度，则认定为有虚假性折扣。

2. 何为不合理价格？

产品价格应当位于同类型产品价格的合理范围内，过分高于或低于该合理范围即为不合理价格。

第七条 保证出售的商品在合理期限内可以正常使用，包括商品不存在危及人身财产安全的风险，具备商品应当具备的使用性能、符合商品或其包装上注明采用的标准等。

第八条 卖家不遵守本章约定，严重违反卖家基本义务，全球速卖通保留依照本规则进行市场管理的权利。基于维护市场良好秩序、保障买家权益的目的，全球速卖通有权进行商品品质抽检及真假鉴定（包括但不限于通过自购或从消费者处获取，通过独立第三方质检机构或品牌权利人进行鉴定，指令合作物流公司协助抽检等）；在速卖通不定时地检查卖家出售商品是否具有合法来源、是否真实，卖家有义务保留并出示相关商品合法进货来源的凭证。对于速卖通有理由认为检查结果不良，或卖家无法提供相关凭证的，速卖通有权对卖家或店铺采取限制措施，包括但不限于扣分、删除商品、关闭店铺、限制其他技术服务等。

第二章 交易

第一节 注册

第九条 卖家在速卖通所使用的邮箱不得包含违反国家法律法规、涉嫌侵犯他人权利或干扰全球速卖通运营秩序的相关信息，否则速卖通有权要求卖家更换相关信息。

第十条 卖家在速卖通注册使用的邮箱、联系信息等必须属于卖家授权代表本人，速卖通有权对该邮箱进行验证；否则速卖通有权拒绝提供服务。

第十一条 卖家有义务妥善保管账号的访问权限。账户下（包括但不限于卖家在账户下开设的子账户内的）所有的操作及经营活动均视为卖家的行为。

第十二条 全球速卖通有权终止、收回未通过身份认证或连续一年180天未登录速卖通或 Trade Manager 的账户。

第十三条 用户在全球速卖通的账户因严重违规被关闭，不得再重新注册账户；如被发现重新注册了账户，速卖通有权立即停止服务、关闭卖家账户。

第十四条 速卖通的会员 ID 在账户注册后由系统自动分配，不可修改。

第二节 认证、准入及开通店铺

第十五条 速卖通平台接受依法注册并正常存续的个体工商户或公司开店，并有权对卖家的主体状态进行核查、认证，包括但不限于委托支付宝进行实名认证。通过支付宝实名认证进行认证的卖家，在对速卖通账户与支付宝账户绑定过程中，应提供真实有效的法定代表人姓名身份信息、联系地址、注册地址、营业执照等信息。

第十六条 若已通过认证，根据系统流程完成类目招商准入，此后卖家方可发布商品，商品发布数量限制 3 000 内（只有店铺经营表现获得评估后的商家方可提升商品发布数量），行业对于发布数量有特殊规定的详见《商品发布数量的实施细则》。

第十七条 卖家（无论是个体工商户还是公司）还应依法设置收款账户。应按照卖家规则提供保证金，或按照第十七条之二向网商银行（见第十七条之二定义）

缴纳履约担保保证金；未完成上述任一资金缴纳的，卖家不得开始线上销售。

第十七条之一　卖家同意就每个开设的店铺，按入驻的类目（经营大类）在其指定的支付宝账户内缴存一笔资金，并由支付宝冻结作为平台规则的履约保证金（"保证金"）。为澄清，如卖家的店铺入驻多个类目（经营大类），如卖家规则无其他规定，则就该店铺卖家应缴纳多个类目（经营大类）中金额要求最高的保证金。

第十七条之二　对于平台及浙江网商银行股份有限公司（以下简称"网商银行"）审核通过的卖家，卖家将无需缴纳保证金，但卖家将接受由网商银行作为担保人，为其依照平台规则在速卖通开展经营行为，向速卖通提供的担保服务（"履约担保服务"），为此卖家同意向网商银行支付固定金额作为其履行上述义务的反担保（"履约担保保证金"）。

卖家同意就每个注册、开设的店铺，按入驻类目（经营大类）的规定金额在其指定的支付宝内缴存履约担保保证金，由支付宝划转至网商银行。为澄清，如卖家的店铺入驻多个类目（经营大类），如卖家规则无其他规定，则就该店铺卖家应缴纳多个类目（经营大类）中金额要求最高的履约担保保证金。

第十八条　商品发布后，卖家将在平台自动开通店铺，即基于速卖通技术服务、用于展示商品的虚拟空间（"店铺"）。除本规则或其他协议约定外，完成认证的卖家在速卖通可最多开设六个虚拟店铺。店铺不具独立性或可分性，是平台提供的技术服务，卖家不得就店铺进行转让或任何交易。

第十九条　卖家承诺并保证账户注册及认证为同一主体，认证主体即为速卖通账户的权责承担主体。如卖家使用阿里巴巴集团旗下其他平台账号（包括但不限于淘宝账号、天猫账号、1688账号等）申请开通类目服务，卖家承诺并保证在速卖通认证的主体与该账号在阿里巴巴集团旗下其他平台的认证主体一致，否则平台有权立即停止服务、关闭速卖通账号；同时，如卖家使用速卖通账号申请注册或开通阿里巴巴集团旗下其他平台账号，承诺并保证将使用同一主体在相关平台进行认证或相关登记，否则平台有权立即停止服务、关闭速卖通账户。

第二十条　完成认证的卖家不得在速卖通注册或使用买家账户，如速卖通有合理依据怀疑卖家以任何方式在速卖通注册买家账户，速卖通有权立即关闭买家会员账户，且对卖家依据本规则进行市场管理。情节严重的，速卖通有权立即停止对卖家的服务。

第二十一条　卖家不得以任何方式交易速卖通账户（或其他卖家的权利义务），包括但不限于转让、出租或出借账户。如有相关行为的，卖家应对该账户下的行为承担连带责任，且速卖通有权立即停止服务、关闭该等速卖通账户。

第二十二条　完成认证、入驻的卖家主动退出速卖通平台、不再经营的，平台将停止卖家账户下的类目服务权限（包括但不限于收回站内信、已完结订单留言功能及店铺首页功能等）、停止店铺访问支持。若卖家在平台停止经营超过一年的（无论账户是否使用），平台有权关闭该账户。

第二十三条　速卖通店铺名和二级域名需要遵守命名规范《速卖通二级域名申请及使用规范》，不得包含违反国家法律法规、涉嫌侵犯他人权利或干扰全球速卖通运营秩序等相关信息，否则速卖通有权拒绝卖家使用相关店铺名和二级域名，或经发现后取消店铺名和二级域名。

3.亚马逊卖家行为准则

政策要求卖家在亚马逊商城遵循公平、诚实的行事原则，以确保安全的购买和销售体验。所有卖家都必须遵循以下准则：

①始终向亚马逊和买家提供准确的信息；

②公平行事，且不得滥用亚马逊的功能或服务；

③不得试图损害其他卖家及其商品/评分或者加以滥用；

④不得试图影响买家评分、反馈和评论；

⑤不得发送未经请求或不恰当的沟通信息；

⑥只通过买家与卖家消息服务联系买家；

⑦不得试图绕过亚马逊销售流程；

⑧在没有合理业务需求的情况下，不得在亚马逊上经营多个卖家账户。

若违反行为准则或任何其他亚马逊政策，亚马逊可能会对您的账户采取相应措施，例如取消商品、暂停或没收付款以及撤销销售权限。下文提供了有关这些政策的更多详情。

（1）准确的信息

您需要了解亚马逊全球开店基本成本组成，以便更好地优化您的销售利润空间。

您必须向亚马逊和我们的买家提供准确的信息，并在信息发生变化时予以更新。

例如，这意味着您使用的企业名称必须能准确标识您的企业，并且您必须将商品发布到正确的分类中。

（2）公平行事

您必须遵循公平、合法的行事原则，且不得滥用亚马逊提供的任何服务。不公平的行为示例包括：

①向亚马逊或买家提供具有误导性或不恰当的信息，例如为同一商品创建多个详情页面或发布具有冒犯性的商品图片；

②篡改销售排名（如接受虚假订单或您已付款的订单），或在商品名称或描述中声明销售排名相关信息；

③试图在订单确认后提高商品价格；

④人为增加网络流量（例如，使用机器人或付费购买点击量）；

⑤试图损坏其他卖家、其商品或评分；

⑥允许他人以违反亚马逊政策或您与亚马逊达成的协议的方式代表您行事。

（3）评分、反馈和评论

您不得试图影响或夸大买家的评分、反馈和评论。您可以采用中立的态度请求买家提供反馈和评论，但不能：

①通过支付费用或提供奖励（如优惠券或免费商品）来请求买家提供或删除反馈或评论；

②要求买家只编写正面评论或要求他们删除或更改评论；

③仅向获得良好体验的买家征集评论；

④评论您自己的商品或竞争对手的商品。

（4）沟通

您不得发送未经请求的或不恰当的消息。您与买家的所有沟通信息必须通过买家与卖家消息服务发送，并且只能是处理订单或提供客户服务所必需的信息。禁止进行营销类沟通。

（5）绕过销售流程

不得试图绕过亚马逊销售流程或将亚马逊买家转移到其他网站。这意味着您不能提供提示用户访问任何外部网站或在别处完成交易的链接或消息。

（6）亚马逊上的多个销售账户

除非您有开设第二个账户的合理业务需要且您的所有账户均信誉良好，否则您只能为每个商品销售地区保留一个卖家平台账户。如果您有任何信誉不佳的账户，我们可能会停用您的所有销售账户，直至所有账户拥有良好的信誉。

合理的业务需要示例包括：

①您拥有多个品牌，并分别维护单独的业务；

②您为两个不同且独立的公司制造商品；

③您应聘参与需要单独账户的亚马逊计划。

（7）以代理商或品牌保护机构的身份提交侵权通知

亚马逊知悉，许多品牌可能选择让品牌保护机构或代理商代表他们举报知识产权侵权行为，并接受授权代理商提交的通知。但是，亚马逊不允许拥有活跃销售账户的个人作为品牌代理商提交侵权通知，因为这些侵权通知的提交可能对这些个人的销售账户有利（例如，通过移除竞争商品）。任何作为代理商提交通知以获取其卖家身份利益的卖家都可能会被终止其销售账户。

（8）买家信息

如果您收到用于配送订单的地址或电话号码等买家信息，您只能将该信息用于配送订单，且必须在处理订单后将其删除。您不得使用买家信息联系买家（除非通过买家与卖家消息服务联系），也不得将其分享给任何第三方。

4.速卖通平台店铺注册流程

①打开 www.aliexpress.com，将鼠标移到"Sell on Ali Express"，在下拉菜单中点击"中国卖家入驻"按钮，进入注册流程（见图11-10）。

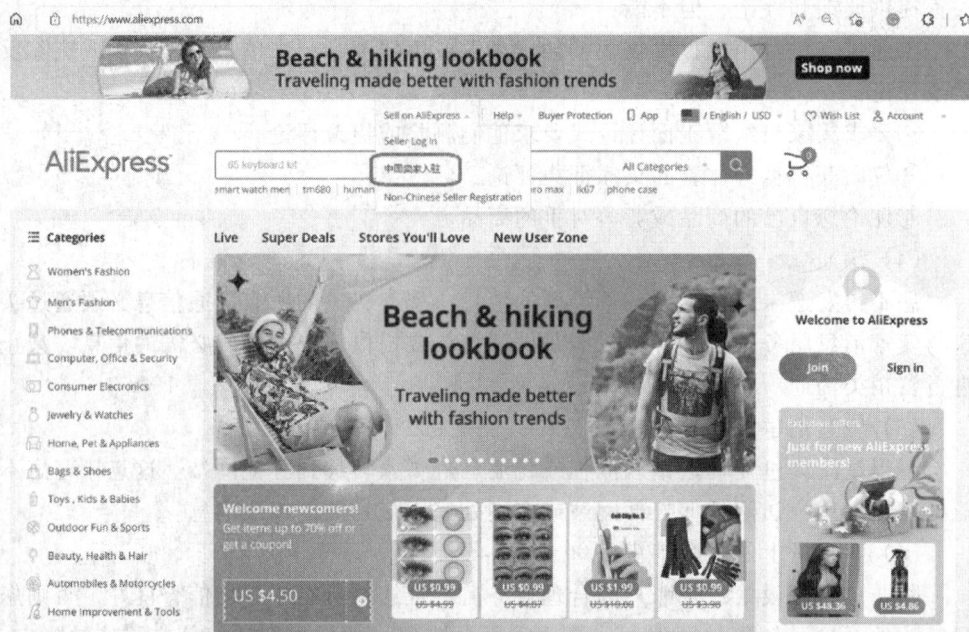

图 11-10　速卖通平台店铺注册页面

　　②在注册页面，确定公司注册地所在地国家（中国商家选中国大陆），点击下一步（见图 11-11）。

图 11-11　注册页面（1）

　　③提供注册用邮箱、密码和手机号码等基础信息，点击同意遵守会员协议，进入下一步。验证手机号码，验证邮箱（见图 11-12）。

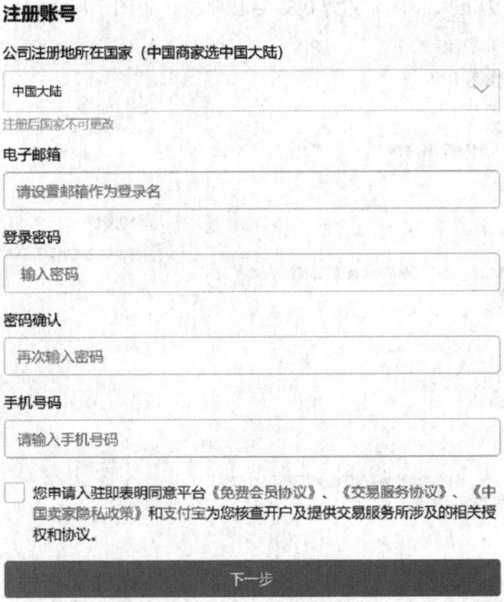

注册账号

公司注册地所在国家（中国商家选中国大陆）

中国大陆

注册后国家不可更改

电子邮箱

请设置邮箱作为登录名

登录密码

输入密码

密码确认

再次输入密码

手机号码

请输入手机号码

☐ 您申请入驻即表明同意平台《免费会员协议》、《交易服务协议》、《中国卖家隐私政策》和支付宝为您核查开户及提供交易服务所涉及的相关授权和协议。

下一步

图 11-12　注册页面（2）

④进行企业信息和个人信息认证，选择币种。企业用户和个体户用户均可以参加认证。需要一个已经完成认证的企业支付宝账户。速卖通提供两种认证方式供企业选择：企业支付宝授权认证和企业法人支付宝授权认证（见图11-13）。

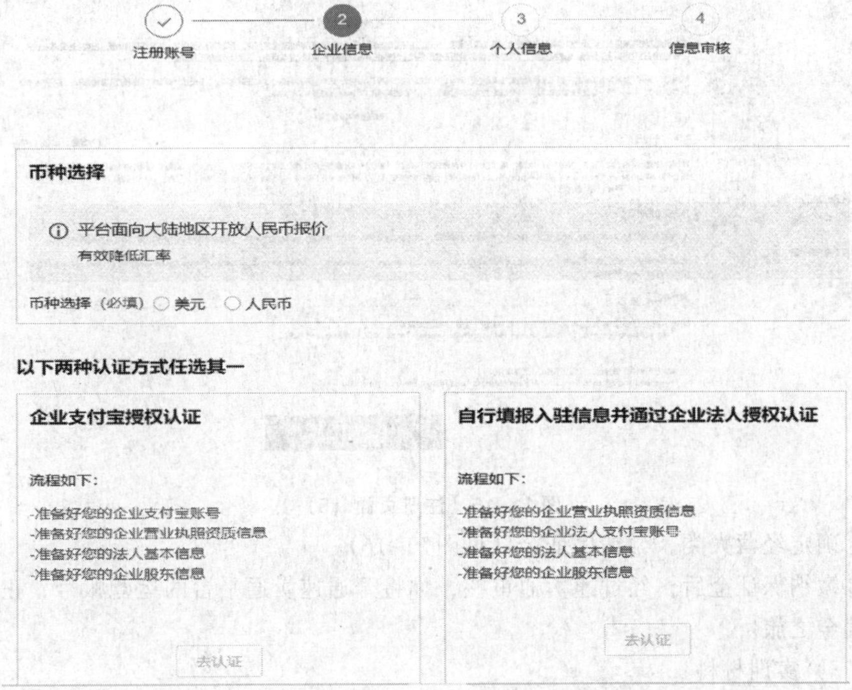

注册账号　　企业信息　　个人信息　　信息审核

币种选择

ⓘ 平台面向大陆地区开放人民币报价
有效降低汇率

币种选择（必填）○ 美元　○ 人民币

以下两种认证方式任选其一

企业支付宝授权认证

流程如下：

-准备好您的企业支付宝账号
-准备好您的企业营业执照资质信息
-准备好您的法人基本信息
-准备好您的企业股东信息

去认证

自行填报入驻信息并通过企业法人授权认证

流程如下：

-准备好您的企业营业执照资质信息
-准备好您的企业法人支付宝账号
-准备好您的法人基本信息
-准备好您的企业股东信息

去认证

图 11-13　注册页面（3）

⑤根据企业经营方向，申请经营大类权限（见图11-14）。

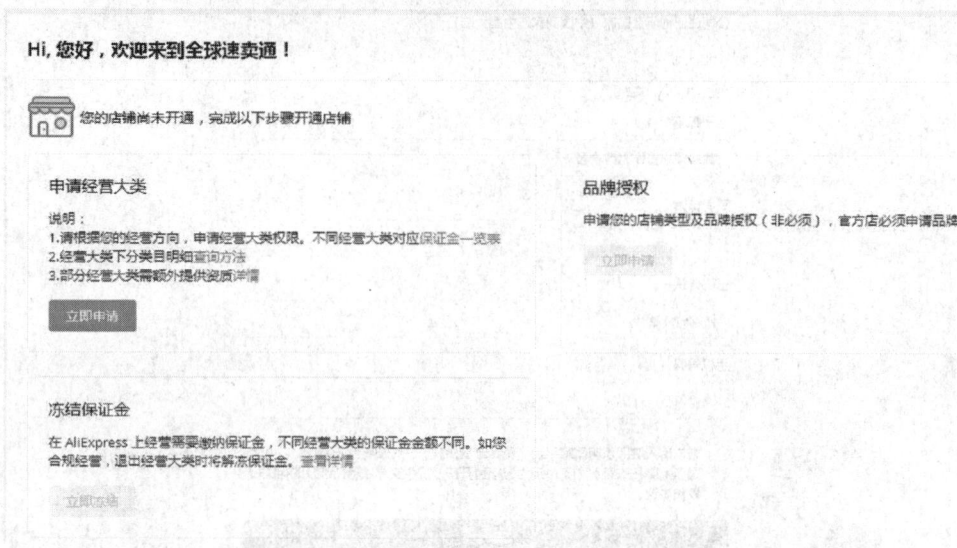

Hi, 您好，欢迎来到全球速卖通！

您的店铺尚未开通，完成以下步骤要开通店铺

申请经营大类

说明：
1. 请根据您的经营方向，申请经营大类权限。不同经营大类对应保证金一览表
2. 经营大类下分类目明细查询方法
3. 部分经营大类需额外提供资质详情

立即申请

品牌授权

申请您的店铺类型及品牌授权（非必须），官方店必须申请品牌

立即申请

冻结保证金

在 AliExpress 上经营需要缴纳保证金，不同经营大类的保证金金额不同。如您
合规经营，退出经营大类时将解冻保证金。查看详情

立即冻结

图 11-14　注册页面（4）

⑥认真阅读并同意速卖通商户服务协议，认真阅读并同意履行《阿里巴巴诚信体系服务协议》（见图11-15）。

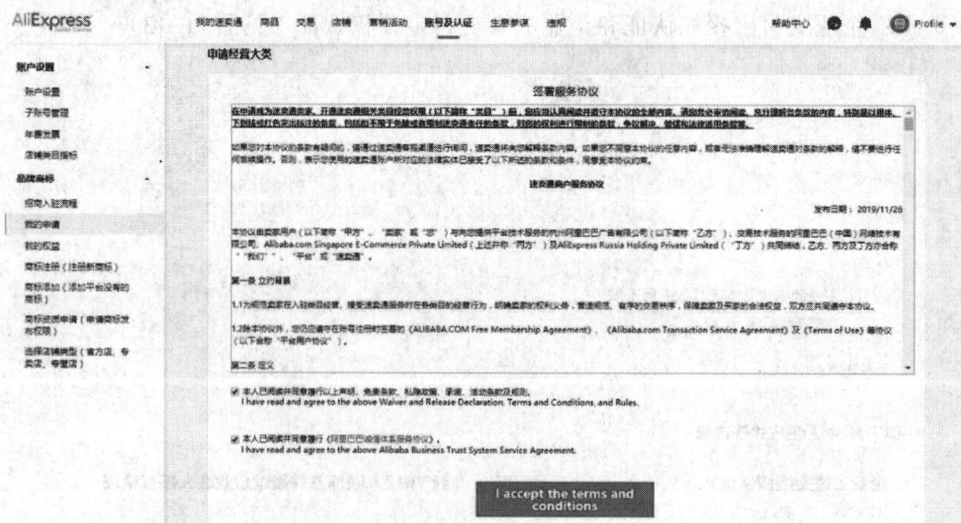

图 11-15　注册页面（5）

⑦确定经营大类，缴纳保证金（见图11-16）。

⑧缴纳保证金后，经过速卖通审核，你将开通速卖通平台的运营账号，正式开启赚美金之旅。

（三）实训材料

大连池田商贸有限公司成立于2007年，是一家集生产加工、贸易销售为一体

图11-16　注册页面（6）

的中日合资企业，主要经营食物保鲜膜、消毒湿纸巾、除尘纸、衣物去污纸等日用轻工业产品，销往日本以及东南亚、中东、澳洲、欧洲等国家和地区。公司成立十多年以来，通过全体员工的不懈努力，建立了良好的品控体系、管理体制和较为稳定的海外客源，外贸业务取得了快速发展。该公司目前拥有自建工厂3家，合作工厂40余家，涵盖百余种产品，年均出口额达1亿元以上。

新冠肺炎疫情暴发以来，受原材料成本上涨、国际物流费用提高、海外局势不稳定等因素影响，公司传统市场业务受到较大冲击，销售额和利润率较疫情之前均有所下滑。为进一步扩大市场，增加收入来源，提高利润水平，经调研分析，公司决定开拓线上B2B、B2C业务，开启跨境电商业务模式，以新的外贸业态模式作为传统线下业务的有益补充，以应对快速发展变化的国内外形势，维持公司良性发展。为此，公司需要招聘若干名跨境电商运营专员，拟订跨境电商业务运营计划书，有目的、有步骤地推进新模块业务顺利开展。

（四）实训操作

根据图11-17给出的运营计划书内容和结构，结合上面的实训材料完成实训任务。

（五）实训练习

1.根据实训材料内容，以大连池田商贸有限公司人事经理的身份，草拟一则跨境电商运营专员的招聘启示，涵盖岗位职责、任职条件等内容。

2.根据实训材料，结合实训操作内容，以大连池田商贸有限公司跨境电商运营专员的身份，草拟一份跨境电商业务运营计划书。

```
                                    ┌── 1.业务开展目的

                                    ├── 2.目标市场分析

                                    ├── 3.平台选择 ──┬── （1）主流平台及特点
                                    │                └── （2）拟选定平台及和选择理由

                                    ├── 4.选品与定位 ──┬── （1）现有产品情况
                                    │                  └── （2）平台定位与选品
  ┌─────────────────────┐
  │ 大连池田商留有限公司      ├── 5.营销方案
  │ 跨境电商业务运营计划书    │
  └─────────────────────┘     ┌── （1）人员配备
                                    ├── 6.相关资源需求 ──┼── （2）注册资料
                                    │                  └── （3）其他

                                    ├── 7.业务目标

                                    ├── 8.业务预算

                                    └── 9.实施时间表
```

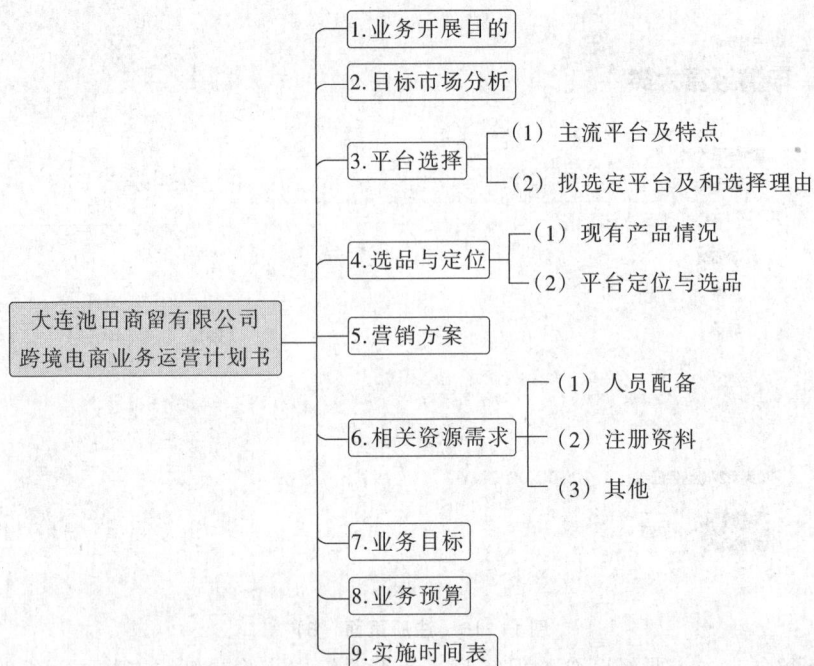

图 11-17　大连池田商贸有限公司跨境电商运营计划书

3.根据草拟的运营计划书内容，完成选定跨境电商平台注册任务。

（六）实训讨论

在完成跨境电商运营专员招聘启事和跨境电商业务运营计划书的撰写，并完成选定跨境电商平台注册任务后，组织学生就写作过程中遇到的问题进行集体讨论，由同学提出问题，然后按实训前准备时划分的小组进行分组讨论，讨论后每个小组提出自己的意见，最后由教师进行讲解并总结。

（七）提交实训报告

每个学生于下次课提交一份实训报告，要求写出报告的目的，跨境电商有哪些模式，主流的跨境电商平台有哪些、分别有什么特点，跨境电商营销主要有哪些方法，跨境电商物流和支付与传统国际贸易有什么区别，以及此次课的心得体会。实训练习中草拟的招聘启示和跨境电商业务运营计划书要作为附件，附在报告之后。

六、实训考核方法

本模块的主要内容是跨境电子商务的基础运营，因此主要通过学生现场表现出来的职业性对其进行考核，以优秀、良好、中等、及格、不及格来评定其成绩。参考标准如下：

1.优秀：学生表现出的应变能力很强，操作熟练，能出色地完成实训任务，课堂讨论积极。

2.良好：学生表现出一定的应变能力，操作虽有一些失误但不影响大局，能够完成实训任务，课堂讨论较积极。

3.中等：学生表现出基本的应变能力，操作基本符合要求，完成实训任务时稍有瑕疵但不影响整体效果，课堂讨论表现一般。

4.及格：学生表现出的应变能力较差，勉强完成操作，在完成实训任务中有一些失误，对整体效果有一定的影响，课堂讨论表现一般。

5.不及格：学生不胜任实训任务或者对实训任务不参与、不配合。

七、实训拓展与提高

（一）跨境电商独立站介绍

为了规避第三方跨境电商平台规则的影响，近年来越来越多的中国跨境卖家将眼光投向了跨境电商独立站。独立站是指自己拥有独立的域名、空间、页面，不属于任何第三方电商平台的独立网站，可以进行多个渠道、多个方式的网络市场曝光和推广，推广所带来的流量、品牌印象、知名度等完全属于独立站所有。

对比第三方平台，跨境电商独立站的自主性、成长性优势突出。海外市场普遍电商集中度较低，跨境行业格局分散，长尾平台、独立站等有一定的竞争空间。中国国内已经进入立体化渠道布局阶段，独立站成为了卖家向品牌化转型的一个重要手段。

1.独立站的四大基本模式

（1）铺货模式

通过平台大批量地上传商品，提高产品上传效率，可短时间内提高销售额，是在发展前期极受欢迎的一种模式。铺货模式不需要进行太多的宣传推广和运营优化，操作简单便捷，有利于建立稳定的销售网点。

（2）垂直品类

垂直品牌模式是指在某个行业或者细分市场深化运营的电子商务模式，一般从差异化定位和独特的品牌附加值入手，提供更加符合人群的特定类型产品，满足某个领域的需求。其优势在于专注和专业，更容易加深用户信任，利于品牌传播。

（3）Drop shipping

无资金压力、无库存压力、不用提前囤货，零售商将客户订单和装运细节提交给供应商，由供应商将货物直接发送给终端客户。这种模式既能降低零售商的成本，也能够让供应商的资源得到更加充分的利用，实现双赢。

（4）DTC

DTC 模式，即 Direct-to-Consumer，直接面对消费者的营销模式。卖家通过互联网和终端买家直接联系，去中心化、平台化和去中间商差价。DTC 模式以消费者为终端，整合线上线下生态系统中的营销、支付、物流和售后工具来管理并扩大业务。DTC 模式有利于塑造品牌，完成多渠道的营销和引流，以更低的成本获得稳定的用户流量。

随着全球电子商务进入移动电商时代，传统的货架式、中心化、搜索型电商场景被社交平台精准推送场景大量蚕食，而社交电商平台众多，流量碎片化程度高，跨境综合平台一家独大的局面难以持续，为跨境电商卖家建设独立站，自主经营社交流量，挖掘用户数据价值创造了良好的机遇。

2.主流自建独立站 SaaS 平台

SaaS 独立站平台是当下跨境独立站领域最热门的选择，由于简便易用，应用丰富，受到电商新人的喜爱。

（1）Shopify

Shopify 是当之无愧的王者，生态积极丰富，各种应用齐全，非常容易使用。Shopify 独立站商家敢与亚马逊店铺销售额争高下。价格上，最便宜的方案为 29 美元/月，平台佣金比例为 2%。

（2）店匠 Shoplazza

店匠 Shoplazza 是国产独立站建站平台龙头，相对于 Shopify 很多功能都要月付费，店匠提供二十几种免费功能和主题。店匠的免费功能有：弃单挽回、满减活动及满送优惠、限时促销、优惠码、弹窗公告、浮窗通知、表单工具、捆绑销售、尺码表、会员系统、商品置顶、商品自定义选项、多语言多货币、款式组合、博客及博客内推荐商品、评论抓取及一件代发工具等。

Shoplazza 细节做得也很到位，后台有十几个统计指标：销售漏斗、热卖商品、热卖国家、跳出率、支付方式占比、最多浏览商品等等，比谷歌统计更加直观。而且可以后台直接查看 PayPal 争议订单，能省去经常登录 PayPal 的麻烦。

（3）Shopyy

Shopyy 是国产独立站平台，最大的特点是不限产品，没有店铺佣金，而且有很多免费应用和主题，但要求按年付费，适合想长期经营独立站的卖家，比用开源商城成本更低。

（4）Bigcommerce

Bigcommerce 是国外主流的独立站平台，虽然应用没有 Shopify 多，但是各个类目也较齐全，关键的服务商都有。其缺点是使用起来没有 Shopify 直观。价格上，最便宜的方案为 29 美元/月，平台不抽佣金，但是有销售额限制，总体来说比 shopify 成本更低。

（5）Ecwid

Ecwid是一个零佣金独立站平台，也没有销售额限制。Business月租套餐只需35美元/月，就能构建一个SaaS模式的独立站。除了SaaS模式，它还能以插件的形式安装在WordPress、Wix和Squarespace这些软件上，想要自己完全掌控独立站，并且在功能整合上又不输SaaS平台的，可以用这个方案。

（二）主流跨境电商平台网站网址（见表11-2）

表11-2　　　　　　　　　主流跨境电商平台网站网址列表

平台类别	网站名称	网址
B2B	阿里巴巴国际站	http://www.alibaba.com
	环球资源网	http://www.globalsources.com/
	中国制造网	https://www.made-in-china.com/
	敦煌网	https://www.dhgate.com/
B2C	全球速卖通	https://www.aliexpress.com/
	亚马逊	https://www.amazon.com/
	WISH	https://www.wish.com/
	兰亭集势	https://www.lightinthebox.com/
C2C	eBay	https://www.ebay.com/
SaaS独立站	Shopify	https://www.shopify.com/
	Shoplazza	https://www.shoplazza.cn/
	Shopyy	https://www.shopyy.com/
	Bigcommerce	https://www.bigcommerce.com/
	Ecwid	https://www.ecwid.com/

附录　各模块实训用样表

模块二

出口成交核算表

编号：

日期：

商品名称及规格：_____

供货单位：_____ 出口国家/地区：_____

买　　方：_____ 出口报价：① _____

成交数量：_____ 当日汇率：_____

装卸口岸/地点：从_____ 至_____ 经由_____

收入栏	合同金额（外币）：② 汇率： 成交金额：③	
成本栏	收购价（含税进货价款） 含增值税税率：_____% 消费税税率：_____% 扣除出口退税收入：④ 退税率：_____% 实际采购成本（本币）：⑤	
费用栏	进货费用： 运保费：_____ 仓储费：_____ 其他：_____ 商品流通费： 国内运杂费：_____ 包装费：_____ 商品损耗费：_____ 仓储费：_____	
	认证费：_____ 商检报关费：_____ 港杂费：_____ 捐税：_____	

费用栏	请客费：_____ 经营管理费：_____ 购货利息：_____ 银行费用：_____ 其他：_____ 或：按商品流通费率：_____% 费用定额率：_____% 国内费用（本币）⑥
	出口总成本（FOB成本）（本币）： ⑦
	出口运费F：（外币/本币） 包装：_____ 毛重：_____ 尺码：_____ 计算标准和费率：⑧
	C&F成本（外币/本币）：（C+F）
	出口保费I（外币/本币）： 投保险别及相应保费率：_____ 总保费率：_____ 加_____成投保金额：_____
	CIF成本（外币/本币）：（=C+F+I）
	佣金C（外币/本币）： 佣金率：_____% 计佣基数：⑨_____
	CIFC成本（外币/本币）：（=C+I+F+C）
	其他按报价一定比例的费用计算： 如银行手续费率
利润栏	成交利润额：⑩ 成交利润率：
备注	（预期）盈利额或亏损额： 预期盈亏率：_____% 远期收汇天数：_____天
	对外报价（即期）： 银行放款利率：_____% 即期收汇天数：_____天 对外报价（远期）：
	换汇成本：

主管部门意见： 财务部门意见： 总经理批示： 复核：

模块三

销 售 合 同

SALES CONTRACT

正本	合同编号：①
Original：	Contract NO.：＿＿＿＿＿
卖方：②	签约日期：③＿＿＿＿＿＿签约地点：④
The Seller：	Signing Date：＿＿＿＿＿＿Signing Place：
地址：	电传/传真：
Address：＿＿＿＿＿＿＿＿＿＿＿	Telex/Fax：＿＿＿＿＿＿
买方：⑤	
The Buyer：＿＿＿＿＿＿＿＿＿＿	
地址：	电传/传真：
Address：＿＿＿＿＿＿＿＿＿＿＿	Telex/Fax：＿＿＿＿＿＿

双方同意按下列条款由卖方出售、买方购进下列货物：

The seller agrees to sell and the buyer agrees to buy the undermentioned goods on the terms and conditions stated below：⑥

（1）货物名称及规格 Name of Commodity & Specifications	（2）单价 Unit Price	（3）数量 Quantity	（4）总金额及术语 Amount&PriceTerms
⑦	⑧	⑨	⑩

卖方有权在＿＿＿＿＿＿% 以内多装或少装

Shipment＿＿＿＿＿＿% more or less at the seller's option.

（5）包装：

Packing：＿＿＿＿＿＿＿＿＿＿＿＿＿

（6）唛头：

Shipping Marks：

（7）装运期：

Time of Shipment：＿＿＿＿＿＿＿＿＿＿＿

（8）装运港和目的港：＿＿＿＿是否允许分批装运，是否允许分批转船：

Ports of Loading&Destination：From any Chinese Port to＿＿＿＿＿＿with partial shipments and

transshipment＿＿＿＿＿＿＿＿＿＿＿＿＿allowed.

（9）保险：按发票金额110%投保

Insurance：To be effected by＿＿＿＿＿for 110% of the invoice value against＿＿＿＿＿.

（10）付款条件：

Terms of Payment：＿＿＿＿＿＿＿＿＿＿＿

（11）商品检验：以中国＿＿＿＿＿所签发的品质/数量/重量/包装/卫生检验合格证书作为卖方的交货依据

Inspection：The inspection certificate of quality / quantity / weight / packing / sanitation issued by of China shall be regarded as evidence of the seller's delivery.

其他条款：

Other Terms：

（1）异议：对于品质异议，买方需自货到目的口岸之日起30天内提出索赔；对于数量异议，买方需自货到目的口岸之日起15天内提出索赔，但需提供经卖方同意的公证行的检验证明。如责任属于卖方，卖方于收到索赔后20天内答复买方并提出处理意见。

Discrepancy：In case of quality discrepancy， claims should be lodged by the buyer within 30 days after the arrival of the goods at the port of destination，while for quantity discrepancy，claims should be lodged by the buyer within 15 days after the arrival of the goods at the port of destination.In all cases，claims must be accompanied by Survey Reports of Recognized Public Surveyors agreed to by the seller.

Should the responsibility of the subject under claims be found to rest on the part of the seller， the seller shall， within 20 days after receipt of the claims， send their reply to the buyer together with suggestion for settlement.

（2）信用证内应明确规定卖方有权多装或少装所注明的百分数，并按实际装运数量议付（买方开立信用证，其金额按本销售合约金额增减相应的百分数）。

The covering Letter of Credit shall stipulate the seller's option of shipping the indicated percentage more or less than the quantity hereby contracted and be negotiated for the amount covering the value of quantity actually shipped（The buyer is requested to establish the L/C in amount with the indicated percentage over or below the total value of the order as per this Sales Contract）.

（3）信用证的内容需严格符合本销售合约的规定，否则修改信用证的费用由买方负担，卖方并不负因修改信用证而延误装运的责任，并保留因此而发生的一切损失的索赔权。

The contents of the covering Letter of Credit shall be in strict conformity with the stipulations of the Sales Contract.In case of any variation there of necessitating amendment of the L/C， the buyer shall bear the expenses for effecting the amendment.The seller shall not be held responsible for possible delay of shipment resulting from awaiting the amendment of the L/C and reserve the right to claim from the buyer for the losses resulting therefore.

（4）除经约定保险归买方投保外，由卖方向中国的保险公司投保。如买方需增加保险额或需要保其他险，可于装船前提出，经卖方同意后代为投保，其费用由买方负担。

Except in cases where the insurance is covered by the buyer as arranged，insurance is to be covered by the seller with a Chinese insurance company.If insurance for additional amount and / or for other insurance term is required by the buyer， prior notice to this effect must reach the seller before shipment and is subject to the seller's agreement， and the extra insurance premium shall be for the buyer's account.

（5）因人力不可抗拒事故使卖方不能在本销售合约规定期限内交货或不能交货，卖方不负责任，但是卖方必须立即以电报通知买方。如果买方提出要求，卖方应以挂号函向买方提供由中国国际贸易促进委员会或有关机构出具的证明，证明事故的存在。买方不能领到进口许可证，不能被认为系人力不可抗拒范围。

The seller shall not be held responsible if they fail, owing to force majeure cause or causes, to make delivery within the time stipulated in this Sales Contract or can not deliver the goods. However, the seller shall inform immediately the buyer by cable. The seller shall deliver to the buyer by registered letter, if it is requested by the buyer, a certificate issued by the China Council for the Promotion of International Trade or by any competent authorities, attesting the existence of the said cause or causes. The buyer's failure to obtain the relative Import Licence is not to be treated as force majeure.

（6）仲裁：凡因执行本销售合约或有关合约所发生的一切争执，双方应以友好方式协商解决；如果协商不能解决，应提交中国国际经济贸易仲裁委员会，根据该委员会的仲裁规则进行仲裁。仲裁裁决是终局的，对双方都有约束力。

Arbitration: All disputes arising in connection with this Sales Contract or the execution thereof shall be settled by way of amicable negotiation. In case no settlement can be reached, the case at issue shall then be submitted for arbitration to the China International Economic and Trade Arbitration Commission in accordance with the provisions of the said Commission. The award by the said Commission shall be deemed as final and binding upon both parties.

（7）附加条款（本合同其他条款与本附加条款有抵触时，以本附加条款为准）。

Supplementary Condition(s) (Should the articles stipulated in this Contract be in conflict with the following supplementary condition(s), the supplementary condition(s)should be taken as valid and binding).

卖方（The Seller）:　　　　　　买方（The Buyer）:

模块四

开证申请书

IRREVOCABLE DOCUMENTARY CREDIT APPLICATION	
TO：Bank of China	Date：Oct.4，2022
Beneficiary（full name and address） China National Cereals，Oils & Foodstuffs Imp.& Exp.Corporation	L/C NO. Ex-Card No. Contract No.NSWD52011
	Date and place of expiry of the credit Dec.15，2022 in China

Partial shipments ☒ allowed ☐not allowed	Transshipment ☒ allowed ☐not allowed	☐Issue by airmail ☐With brief advice by teletransmission ☐Issue by express delivery ☒ Issue by teletransmission（which shall be the operative instrument）
Loading on board/dispatch/taking in charge at/from China port Not later than Nov.30，2022 For transportation to Vancouver		Amount（both in figures and words） CAD 125 000（SAY CANADIAN DOLLAR ONE HUNDRED TWENTY FIVE THOUSAND ONLY）
Description of goods： Great Wall Brand Strawberry Jam CAD 2.50 per tin CFRC3% Vancouver Packing：340 grams each tin，in 50 000 tins		Credit available with ☒ by sight payment ☐by acceptance ☐by negotiation ☐by deferred payment at against the documents detailed herein ☒ and beneficiary's draft for 100% of the invoice value At____Sight drown on ☐ FOB ☒ CFR ☐CIF ☐ or other terms

Documents required：（marked with x）

1. （×）Signed Commercial Invoice in __4__ copies indicating invoice No.，contract No..

2. （×）Full Set of Clean on Board Ocean Bills of Lading made out to the order and blank endorsed，marked "freight（ ）to collect/（×）prepaid（ ）showing freight amount" notifying HongKong Food Company，Vancouver.

3. （ ）Air Waybills showing "freight（ ）to collect/（ ）prepaid（ ）indicating freight amount" and consigned to_____.

4. （ ）Memorandum issued by_____consigned to_____.

5. （×）Insurance Policy/Certificate in __2__ copies for__110__% of the invoice value showing claims payable in China in currency of the draft，blank endorsed，covering（（×）Ocean Marine Transportation/（ ）Air Transportation/（ ）Over Land Transportation）All Risks，War Risks.

6.（×） Packing List/Weight Memo in___3___copies indicating quantity/gross and net weights of each package and packing conditions as called for by the L/C.

7.（ ） Certificate of Quantity/Weight in_____copies issued by an independent surveyor at the loading port， indicating the actual surveyed quantity/weight of shipped goods as well as the packing condition.

8.（ ） Certificate of Quality in____copies issued by （ ） manufacturer/ （ ） public recognized surveyor/ （ ） .

9.（ ） Beneficiary's certified copy of fax dispatched to the accountee with____days after shipment advising （ ） name of vessel/ （ ） date，quantity，weight and value of shipment.

10.（ ） Beneficiary's Certificate certifying that extra copies of the documents have been dispatched according to the contract terms.

11.（ ） Shipping Company's Certificate attesting that the carrying vessel is chartered or booked by accountee or their shipping agents：

12.（ ） Other documents，if any：

A.Certificate of Origin in____copies issued by authorized institution.

B.Certificate of Health in____copies issued by authorized institution.

Additional instructions：

（1）（×） All banking charges outside the opening bank are for beneficiary's account.

（2）（×） Documents must be presented with___15___days after the date of issuance of the transport documents but within the validity of this credit.

（3）（×） Third party as shipper is not acceptable.Short Form/Blank Back B/L is not acceptable.

（4）（ ） Both quantity and amount_____% more or less are allowed.

（5）（ ） Prepaid freight drawn in excess of L/C amount is acceptable against presentation of original charges voucher issued by Shipping Company/Air line/or its agent.

（6）（×） All documents to be forwarded in one cover，unless otherwise stated above.

（7）（ ） Other terms，if any：

Advising bank：

Account No.： （name of bank）

Transacted by： Applicant： （name， signature of authorized person）

Telephone No.： （with seal）

开证申请人声明

中国银行：

我公司已办妥一切进口手续，现请贵行按我公司申请书内容开出不可撤销跟单信用证。我公司声明如下：

一、我公司同意贵行依照国际商会第600号出版物《跟单信用证统一惯例》办理该信用证项下一切事宜，并同意承担由此产生的一切责任。

二、我公司保证按时向贵行支付该证项下的货款、手续、利息及一切费用等所需的外汇和人民币资金。

三、我公司保证在贵行单据通知书中规定的期限之内通知贵行办理对外付款/承兑，否则贵行可以认为我公司已接受单据，同意付款/承兑。

四、我公司保证在与单证表面相符的条件下办理有关付款/承兑手续，如因单证有不符之处而拒绝付款/承兑，我公司保证在贵行单据通知书规定的日期之前将全套单据如数退还贵行并附书面拒绝理由，由贵行按国际惯例确定能否对外拒付。如贵行确定我公司所提拒付理由不成立，或虽然拒付理由成立，但我公司未能退还全套单据，贵行有权主动办理对外付款/承兑，并从我公司账户中扣款。

五、该信用证及其项下业务往来中，如因邮、电传递发生遗失、延误、错漏，贵行当不负责。

六、该信用证如需修改，由我公司向贵行提出书面申请，由贵行根据具体情况确定能否办理修改。我公司确认所有修改当由信用证受益人接受时才能生效。

七、我公司保证在收到贵行开出的信用证、修改副本后，及时与原申请书核对，如有不符之处，保证自接到副本之日起，两个工作日内通知贵行。如未通知，当视为正确无误。

八、如因申请书字迹不清或词意含混而引起的一切后果由我公司负责。

（签字盖章）

模块五
（1）国内购销合同

购销合同

ABC IMP.& EXP.Trading Co., Ltd.

（ABC进出口贸易有限公司）

购销合同

Fax No.：①   Date：②

Tel No.：③   No.：④

供货厂商：⑤

地址：⑥

电话：⑦

兹向贵公司订购下列产品，并按以下条款接受：

（1）品名：⑧

（2）规格：⑨

（3）数量：⑩

（4）单价：⑪

（5）总价：⑫

（6）包装：⑬

（7）唛头：⑭

◇ HRK ◇

Seattle   N.W.20kgs

No.1-up   G.W.22kgs

Made in China   28″×24″×23″

P.R.C

（8）交货期：⑮

（9）交货地：⑯

（10）检验检疫：⑰

（11）延期交货：⑱

（12）知识产权：⑲

（13）付款：⑳

供货厂商：XYZ股份有限公司   采购方：ABC IMP.& EXP.Trading Co., Ltd.

（ABC进出口贸易有限公司）

（2）出口商品整装备货通知单

整装备货通知单

出口国别/地区：

合同号：　　　　年　月　日　　　第　号

商品名称		规　格		数　量

整 装 要 求	包　装	唛头	注意事项	
			信用证号码	
			装运期	
			有效期	
			装运港	
			目的港	

整装结果	件　数	毛　重		净　重	体　积
		每件			
		总计			

备注	

（3）信用证分析单

信用证分析单

日期：　　　　　　　年　月　日

合同编号：	订单编号：
信用证号：	开证金额：
价格形式：	收汇方式：
装运港口：	目的港口：
可否分批：	可否转船：
合同险别：	信用证险别：
开证/收到日期：	装船/有效日期：
开证银行名称：	
提单抬头人名称：	
提单通知人名称：	
提单通知人地址：	
提单份数：	发票份数：
保险单份数：	装箱单份数：
产地证份数：	
特殊条款：	

主管业务员：　　　　　　储运审核员：　　　　　　财务审核员：

（4）货物出仓申请单

货物出仓申请单

制单日期：　　　　　　　　　　　　　　　　合同号：

交付方式及期限：　　　　　　　　　　　　　提单号：

证号及期限：　　　　　　　　　　　　　　　发票号：

承购商		电话	
地址			
代理商		交货条件	
地址			

提单	抬头人	装船期　年　月　日	国别	（中文）
		结汇期　年　月　日		（英文）
	通知人	可否分批	目的港	（中文）
		可否转船		（英文）

品名	规格	花色	件数	重量	尺码明细	计价数量	单价	总值	进仓单号

备注	货物存放地点

　科长　　　　　审核员　　　　　保管员　　　　　核算员　　　　　业务员

（5）大连华美进出口有限公司购销合同

大连华美进出口有限公司购销合同

供方单位：				合同编号：		
单位地址：				合同签订日期：		
邮编：				外销合同：		
联系人：						
电话：						
品名及代码	数量、单位	单价	税率	货价		总价
合　计						

付款方式：

到货地点：

交货日期：

其他要求：

合同条款

一、本合同内容未经买方同意不得修改，如自行修改未经双方签章确认仍属无效。

二、本合同具有法律效力，签约双方均须严格遵守，如有一方违约造成对方损失应负责赔偿。

三、本合同如遇国外特殊情况不能履行，买方提出终止本合同，卖方应予谅解。

四、本合同在执行过程中，如遇政府法令变化，随政府法令规定而协商变更。

五、卖方必须按照合同规定、外商方面认可的质量交货，如出口后外商提出质量不符合要求，双方要协商解决。

六、卖方必须按照合同规定的时间交货，如延期迟交造成买方损失，卖方应负赔偿的责任。

七、如果本产品为法定检验的出口产品，卖方交货时必须向买方提供有关商检部门签发的出口商品检验证书。

八、卖方在货物出运后，必须按买方要求开具与实际出口货物相符的增值税发票。

九、本合同的签约地为中国大连。

十、本合同正本共两页，一式两份，买卖双方各执一份。

买方签章	卖方签章
电话：	电话：
传真：	传真：
地址：	地址：
邮政编码：	邮政编码：
业务代表：	业务代表：

模块六

（1）装箱单

装箱单

单位名称（中文）_____

单位名称（英文）_____

单位地址（英文）_____

PACKING LIST

TEL.: _____   NO.: _____

FAX: _____   DATE: _____

INVOICE NO.:

S/C NO.: _____

TO: _____   MARKS & NO.: _____

NAME OF COMMODITY AND SPECIFICATIONS	QTY. (PCS)	UNIT	G.W. (KGS)	N.W. (KGS)	MEAS. (m³)
TOTAL					

SAY TOTAL

（2）出口货物明细单

出口货物明细单

出口货物明细单				银行编号			外运编号		
年 月 日				核销单号			许可证号		
经营单位 （装船人）				合同号					
				信用证号					
收货人				开证日期			收到日期		
				运输方式			目的港		
提单或 承运收据	抬头人			金 额			收汇方式		
				货物性质			贸易国别（地区）		
	通知人			出口口岸			目的港		
				可否转运			可否分批		
	运费			装运期限			有效期限		
标记、 唛头	商品描述（品名、规格及货号）	包装件数	数量	毛重（千克）		净重（千克）	价格（成交条件）		
							单价	总价	
合计									
总计 （大写）									
本公司的 注意事项						总体积			
					保险单	险别			
						保额			
						赔款地点			
外运外轮 注意事项						船名			
						海关编号			
						放行日期			
						制单员			

（3）货运委托书

货运委托书

××货运代理公司

经营单位 （托运人）			编号		
提 单（B/L） 项目要求	发货人： Shipper：				
	收货人： Consignee：				
	被通知人： Notify Party：				
海运费（√） Sea Freight	预付（　）或到付（　） Prepaid or Collect		提单 份数		提单寄送 地　址
起运港	目的港		可否转船		可否分批
集装箱预配数	20'× 40'×		装运期限		有效期限
标记、唛头	包装件数	商品描述 Description of Goods	毛重 （千克）	尺码 （立方米）	成交条件（总价）
内装箱 （CFS） 地址			特种货物 □冷藏货 □危险品	重件：每件重量	
				大件 （长×宽×高）	
门对门装箱 地址			特种集装箱：（　　）		
			物资备妥日期		
外币结算 账号			物资进栈：自送（　）或××货运公司派送（　）		
			人民币结算单位账号		
声明事项			托运人签章		
			电话		
			传真		
			联系人		
			地址		
			制单日期		

（4）集装箱货物托运单

集装箱货物托运单

Shipper（发货人）			委托号： Forwarding Agents：		第二联
Consignee（收货人）			B/L No.：		
Notify Party（被通知人）			中国对外贸易运输总公司集装箱货物托运单船		
Pre-carriage by（前程运输）　Place of Receipt （收货地点）			代留底		

Ocean Vessel（船名）　　Voy.No.（航次）　　Port of Loading（装货港）　　Date（日期）

Port of Discharge （卸货港）	Place of Delivery （交货地点）	Final Destination for the Merchant´s Reference （目的地）

Container No. （集装箱号）	Seal No. （封志号） Marks & Nos. （标记与号码）	No.of Containers or P'kgs （箱数或件数）	Kind of Packing； Description of Goods （包装种类与货名）	Gross Weight （毛重） (kgs)	Measurement （尺码）（m³）
Total Number of Containers or Packages （in words） 集装箱数或件数合计（大写）					

Container No.（箱号）　Seal No.（封志号）　P'kgs No.（件号）

Received（实收）	By Terminal Clerk/Tally Clerk（场站员/理货员签字）

Freight & Charges（运费与附加费）	Prepaid at （预付地点）	Payable at （到付地点）	Place of Issue （签发地点）	Booking Approved by （订舱确认）
	Total Prepaid （预付总额）	Number of Original B/L （正本提单的份数）	Total Value of the Goods（货值金额）	

Service Type on Receiving □CY　□CFS　□Door	Service Type on Delivery □CY　□CFS　□Door	Reefer Temperature Required（冷藏	℉	℃
Type of Goods （货物种类）	□Ordinary　□Reefer　□Dangerous　□Auto （普通）　（冷藏）　（危险）　（裸装车辆）	危险品	Class： Property：	
	□Liquid　　□Live Animal　　□Bulk （液体）　　（活动物）　　（散装）		IMDG Code Page： UN No.：	

发货人或代理地址：		联系人：	电话：	
可否转船	可否分批	装运期限	备注	集装箱场站名称
有效期		制单日期		
海运费由＿＿＿＿＿＿＿＿＿＿　支付 如预付运费托收承付，请填银行账户				

（5）海运提单

海运提单

托运人 Shipper		B/L NO.：　　　　　　　　　　ORIGINAL **中国对外贸易运输总公司** CHINA NATIONAL FOREIGN TRADE TRANSPORT CORPORATION **直运或转船提单** BILL OF LADING DIRECT OR WITH TRANSSHIPMENT
收货人或指示 Consignee or Order		
通知地址 Notify Address		
前程运输 Pre-carriage by	装货港 Port of Loading	Shipped on board the vessel named above in apparent good order and condition（unless otherwise indicated）the goods or packages specified herein and to be discharged at the above mentioned port of discharge or as near thereto as the vessel may safely get and be always afloat.
船名 Ocean Vessel	转运港 Port of Transshipment	The weight, measurement, marks and numbers, quality, contents and value, being particulars furnished by the shipper, are not checked by the Carrier on loading.
卸货港 Port of Discharge	目的地 Final Destination	The Shipper, Consignee and the Holder of this Bill of Lading hereby expressly accept and agree to all printed, written or stamped provisions, exceptions and conditions of this Bill of Lading, including those on the back hereof.
交货地点 Place of Delivery	收货地点 Place of Receipt	In witness whereof the number of original Bill of Lading stated below have been signed, one of which being accomplished, the other（s）to be void.

集装箱/封志号或标记与号码 Container/Seal No.or Marks and Nos.	包装件数和种类/货物描述 Number and Kind of Packages/Description of Goods	毛重 Gross Weight（kgs）	尺码 Measurement（m³）

以上细目由托运人提供 ABOVE PARTICULARS FURNISHED BY THE SHIPPER

运费和附加费 Freight and Charges	运费吨 Revenue Tons	运费率 Rate	每 Per	运费预付 Prepaid	运费到付 Collect

兑换率 Ex. Rate	运费预付地点 Freight Prepaid at	运费到付地点 Freight Payable at	签单地点和日期 Place and Date of Issue
	预付总额 Total Prepaid	正本提单份数 Number of Original B（s）/L	代表承运人签字 Signed for on Behalf of the Carrier 签名 as Agent

（6）进口订舱委托书

进口订舱委托书

编号：			日期：	
货 名 （英文）				
重 量		尺 码		
合同号		包 装		
装运港		交货期		
装货条款				
发货人 名称、地址				
发货人电话				
船 名		预抵港口		
备 注		委托单位		

注：1.危险品需注明性能，重大件注明每件重量及尺码。

2.装货条款需详细注明。

（7）租船订舱结果通知

租船订舱结果通知

DALIAN TOY IMPORT & EXPORT CORPORATION

SHIPPING ADVICE

To：＿＿＿＿＿＿＿＿＿＿＿ Date：

Re：Shipment of Contract No.＿＿＿＿＿

We wish to advise that the following stipulated vessel will arrive at ＿＿＿＿＿＿＿＿＿ Port， on/

about＿＿＿＿＿＿Vessel's name＿＿＿＿＿＿ Voy.No.＿＿＿＿：

We'll appreciate to see that the covering goods would be shipped on the above vessel on the date of L/C

called.

模块七

（1）进出口货物运输保险投保单

进出口货物运输保险投保单

中国人民财产保险股份有限公司

PICC PROPERTY AND CASUALTY COMPANY LIMITED

进出口货物运输保险投保单

Application for I/E Marine Cargo Transportation Insurance

被保险人

Insured

发票号码或合同号码 Invoice No.or Contract No.	包装数量 Packing Quantity	保险货物项目 Description of Goods	保险金额 Amount Insured

装载运输工具　　　航次号　　　　　　开航日期

Per Conveyance_____　Voy. No._____　Slg. Date

自　　　　　至　　　　　转运地　　　　　赔款地

From_____　To_____　W/T at_____　Claim Payable at

承保险别

Special Coverage

投保人签章及公司名称、地址、电话

Applicant's Signature and Company's Name， Address and Telephone Number

投保日期

Date

备注

Remarks

　保险公司填写　　　　　保单号：　　　　　费率：　　　　　核保人：

（2）海洋货物运输保险单

海洋货物运输保险单

中国人民财产保险股份有限公司

PICC PROPERTY AND CASUALTY COMPANY LIMITED

发票号码　　　　　　　　　　　　　　　　　　保险单号次

Invoice No.:　　　　　　　　　　　　　　　　Policy No.:

海洋货物运输保险单

MARINE CARGO TRANSPORTATION INSURANCE POLICY

被保险人：

Insured：

中国人民财产保险股份有限公司（以下简称本公司）根据被保险人的要求，及其所缴付的约定的保险费，按照本保险单承保险别和背面所载条款与下列特别条款承保下列货物运输保险，特签发本保险单。

This policy of insurance witnesses that The PICC PROPERTY AND CASUALTY COMPANY LIMITED（hereinafter called "The Company"），at the request of The Insured and in consideration of the agreed premium paid by The Insured，undertakes to insure the undermentioned goods in transportation subject to the conditions of this policy as per the clauses printed overleaf and other special clauses attached hereon.

保险货物项目 Description of Goods	包装、单位、数量 Packing，Unit，Quantity	保险金额 Amount Insured

承保险别

Conditions：＿＿＿＿＿＿＿＿＿＿

货物标记

Marks of Goods：

总保险金额

Total Amount Insured：

保费

Premium As Arranged

费率

Rate As Arranged

装载运输工具

Per Conveyance S.S.＿＿＿＿＿＿＿

开航日期

Slg. on or abt.＿＿＿＿＿

起运港

From＿＿＿＿＿＿＿＿＿＿＿＿

目的港

To ＿＿＿＿＿＿＿＿＿＿＿＿＿

所保货物，如发生本保单项下可能引起索赔的损失或损坏，应立即通知本公司下述代理人查勘。如有索赔，应向保险公司提交保险单正本（本保险单共有　份正本）及有关文件。如一份正本已用于索赔，其余正本则自动失效。

In the event of loss or damage which may result in a claim under this policy，immediate notice must be given to the Company's agent as mentioned hereunder.Claims，if any，one of the original policy which has been issued in original(s) together with the relevant documents shall be surrendered to the Company. If one of the Original Policy has been accomplished，the others to be void.

中国人民财产保险股份有限公司

PICC Property And Casualty Company Limited

地址：

Add：

电话/Tel：

传真/Fax：

赔款偿付地点

Claim Payable at＿＿＿＿＿＿＿＿＿＿＿＿＿＿＿

日期

Date：

地址

Address：

模块八

（1）报检委托书

报检委托书

　　本委托书郑重声明，保证遵守出入境检验检疫法律、法规的规定。如有违法行为，自愿接受出入境检验检疫机构的处罚并负法律责任。

　　本委托人委托受托人向出入境检验检疫机构提交《报检申请单》和各种随附单据，具体委托情况如下：

　　本单位将于＿＿＿年＿＿＿月间出口如下货物：

品　名		H.S.编码	
数（重）量		合同号	
信用证号		审批文号	
其他特殊要求			

特委托　　　　　　　（单位/注册登记号），代表本公司办理下列出入境检验检疫事宜：

□1.代理报检手续

□2.代缴检验检疫费

□3.负责与检验检疫机构联系和验货

□4.领取检验检疫证单

□5.其他与报检有关的事宜

请按有关法律、法规规定予以办理。

委托人（公章）　　　　　　　　受委托人（公章）

　　年　月　日　　　　　　　　　年　月　日

（2）代理报关委托书

代理报关委托书

编号：

＿＿＿＿＿＿＿：

　　我单位现＿＿＿＿（A.逐票，B.长期）委托贵公司代办＿＿＿＿（A.填单申报，B.辅助查验，C.垫缴税款，D.海关证明联，E.审批手册，F.核销手册，G.减免税手续，H.其他）等通关事宜，详见《委托报关协议》。

　　我单位保证遵守《中华人民共和国海关法》和国家有关法规，保证所提供的情况真实、完整、单货相符；否则，愿承担相关法律责任。

　　本委托书有效期自签字之日起至＿＿＿＿年＿＿＿＿月＿＿＿日止。

委托方（盖章）：

法定代表人或其授权签署《代理报关委托书》的人（签字）：

　　　　　　　　　　　　　　　　　　　　　　年　月　日

（3）委托报关协议

委托报关协议

委托报关协议

为明确委托报关具体事项和各自责任，双方经平等协商签订协议如下：

委托方		被委托方		
主要货物名称		报关单编号		
H.S.编码		收到单证日期	年 月 日	
货物总价			□合同	□发票
进出口日期		收到单证情况	□装货清单	□提（运）单
提单号			□加工贸易手册	□许可证件
贸易方式		其他		
原产地/货源地		报关收费		
其他要求：		承诺说明：		
背面所列通用条款是本协议不可分割的一部分，对本协议的签署构成了对背面通用条款的同意		背面所列通用条款是本协议不可分割的一部分，对本协议的签署构成了对背面通用条款的同意		
委托方业务签章： 经办人签章： 联系电话：		被委托方业务签章： 经办报关员签章： 联系电话：		

（白联：海关留存；黄联：被委托方留存；红联：委托方留存） 中国报关协会监制

（4）出口货物报关单

中华人民共和国海关出口货物报关单

预录入编号： 海关编号： 页码/页数：

境内收发货人	出境关别	出口日期	申报日期	备案号
境外收发货人	运输方式	运输工具名称及航次号	提运单号	
生产销售单位	监管方式	征免性质	许可证号	
合同协议号	贸易国（地区）	运抵国（地区）	指运港	离境口岸
包装种类	件数	毛重（千克）	净重（千克）	成交方式	运费	保费	杂费

随附单证及编号

标记唛码及备注

项号	商品编号	商品名称、规格型号	数量及单位	单价/总价/币制	原产国（地区）	最终目的国（地区）	征免

特殊关系确认：　　　　价格影响确认：　　　　支付特许权使用费确认：　　　　自报自缴：

报关人员　　申报人员证号　　电话
兹申明对以上内容承担如实申报、依法纳税之法律责任

申报单位
申报单位（签章）

海关批注及签章

（5）进口货物报关单

中华人民共和国海关进口货物报关单

预录入编号：　　　　　　　　海关编号：　　　　　　　　页码/页数：

境内收发货人	进境关别	进口日期	申报日期	备案号
境外收发货人	运输方式	运输工具名称及航次号	提运单号	货物存放地点
消费使用单位	监管方式	征免性质	许可证号	启运港
合同协议号	贸易国（地区）	启运国（地区）	经停港	入境口岸

包装种类	件数	毛重（千克）	净重（千克）	成交方式	运费	保费	杂费

随附单证及编号

标记唛码及备注

项号 商品编号 商品名称、规格型号 数量及单位 单价/总价/币制 原产国（地区）　最终目的国（地区）　境内目的地 征免

特殊关系确认：　　　价格影响确认：　　　支付特许权使用费确认：　　　自报

自缴：

报关人员　申报人员证号　电话 兹申明对以上内容承担如实申报、依法纳税之法律责任 申报单位 申报单位（签章）	海关批注及签章

模块九

（1）汇票

汇票

BILL OF EXCHANGE

凭
Drawn Under

不可撤销信用证号
Irrevocable   L/C No.

日期
Date

支取按息付款
Payable With interest   @   %

号码
No.

汇票金额
Exchange for

上海
Shanghai

见票 *** ***
at
pay to the order of

日后（本汇票之副本未付）付交
sight of this first of exchange (second of Exchange being unpaid)

金额
the sum of

此致
To

（签名）

（2）商业发票

商业发票

ISSUER	商业发票 COMMERCIAL INVOICE	
TO	INVOICE NO.:	INVOICE DATE :
	S/C NO.:	L/C NO.:
TRANSPORT DETAILS	TERMS OF PAYMENT	

MARKS AND NUMBERS	NUMBER AND KIND OF PACKAGE/ DESCRIPTION OF GOODS	QUANTITY	UNIT PRICE	AMOUNT

TOTAL:

SAY TOTAL:

（签名）

（3）原产地证书

原产地证书

1.Goods Consigned from（Exporter's Business Name，Address，Country）	Certificate No. GENERALIZED SYSTEM OF PREFERENCES CERTIFICATE OF ORIGIN （Combined Declaration and Certificate）			
2.Goods Consigned to（Consignee's Name，Address，Country）	FORM A Issued in （COUNTRY） See Notes Overleaf			
3.Means of Transport and Route（As Far As Known）	4.For Official Use			
5.Item Number	6.Marks and Numbers of Packages	7.Number and Kind of Packages；Description of Goods	8.Origin Criterion（See Notes Overleaf）	9.Gross Weight or Other Quantity	10.Number and Date of Invoice

11.Certification It is hereby certified，on the basis of control carried out，that the declaration by the exporter is correct.	12.Declaration by the Exporter The undersigned hereby declares that the above details and statements are correct；that all the goods were produced in 　（Exporting Country） and that they comply with the origin requirements of Preferences for goods exported to 　（Importing Country）
Place and Date，Signature and Stamp of Authorized Signatory	Place and Date，Signature and Stamp of Certifying Authority

（4）装箱单

装箱单

PACKING LIST   ORIGINAL

Exporter:

DATE:

INVOICE NO.:

B/L NO.: KFT2582588

S/C NO.:

L/C NO.:

Transport Details:

标记 Marks & Nos.	货名 Description of Goods	件数 Quantity	净重 N.W.	毛重 G.W.	尺码 Measurement
TOTAL: TOTAL QUANTITY:					
SAY TOTAL:					

（签名）

模块十

出口收汇委托书

出 口 收 汇 委 托 书

致：中国银行股份有限公司　　　　分/支行

兹将我司下列出口单据呈交贵行，请贵行办理出口收汇事宜为荷。

信用证业务请按国际商会现行《跟单信用证统一惯例》办理，跟单托收业务请按国际商会现行《托收统一规则》办理。

对单据存在不符点及开证行/进口商拒绝付款或拒绝承兑的情况，我司承诺愿意承担由此产生的一切责任。

信用证	开证行：	托收	代收行：请标注于左下角或另附页说明1
	信用证号：		□付款交单D/P □承兑交单D/A　　　　DAYS AFTER

发票编号：_____　　发票金额：_____

出口货物品名：_____　　贸易方式：_____

单据种类	汇票	发票	装箱单/重量单	提单	空运单	货物收据	保险单	原产地证	FORM A	质量证/数量证	检验证/分析证	出口许可证	受益人证明信	船公司证明信	装船通知	电抄
份数																

入账指示：

请将出口收汇款原币（　　）人民币（　　）划入我司下列账户：

账号：_____　开户行：_____

如选择人民币入账，请填写结汇用途：_____

特别指示：

1.贵行办理出口收汇事宜所产生的所有费用由我司承担（信用证另有规定除外），并请从我公司出口收汇款中扣除，如因故未能收取，贵行也可从我司结算账户中直接扣收。

2.其他：

我司联系人：　　　　联系电话：　　　　传真：

代收行信息（名称、详址、SWIFT号等）：　　　　　　委托公司（公章）

_____年___月___日

参考文献

[1] 吴百福，徐小薇，聂清．进出口贸易实务教程[M]．7版．上海：上海人民出版社，格致出版社，2003．

[2] 李勤昌．国际货物运输实务[M]．北京：清华大学出版社，2017．

[3] 霍红，刘莉．国际货物运输实务[M]．北京：中国物资出版社，2007．

[4] 杨占林．国际货物运输操作规程[M]．北京：中国对外经济贸易出版社，2002．

[5] 金海水．进出口商品检验实务[M]．北京：化学工业出版社，2007．

[6] 刘耀威．进出口商品的检验与检疫[M]．4版．北京：对外经济贸易大学出版社，2017．

[7] 崔鑫生，徐晨．进出口货物报关单填制指南[M]．北京：中国对外经济贸易出版社，2002．

[8] 张慧如．进出口货物报关单填制规范与练习[M]．北京：中国海关出版社，2005．

[9] 张兵．进出口报关实务[M]．3版．北京：清华大学出版社，2016．

[10] 余世明，彭月嫦．国际贸易实务练习题及分析解答[M]．2版．广州：暨南大学出版社，2009．

[11] 吴国新，李元旭．国际贸易单证实务学习指导书[M]．3版．北京：清华大学出版社，2012．

[12] 姜学军．国际结算[M]．4版．大连：东北财经大学出版社，2016．

[13] 姚新超．国际贸易实务[M]．3版．北京：对外经济贸易大学出版社，2014．

[14] 徐盛华，郑明贵．进出口贸易实务操作指南[M]．2版．北京：清华大学出版社，2012．

[15] 陈文培，陈培芳．国际贸易业务员考试辅导[M]．北京：中国海关出版社，2007．

[16] 博斌，袁晓娜．国际贸易实务与案例[M]．北京：清华大学出版社，2007．

[17] 张晓明．国际贸易实务与操作[M]．北京：高等教育出版社，2008．

[18] 侯海英，栾红．国际贸易业务实训[M]．北京：经济科学出版社，2007．

[19] 童宏祥，张蓓，胡娜．进出口贸易业务——模拟实训与操作指南[M]．

上海：上海财经大学出版社，2008．

　　［20］王斌义，顾永才．国际贸易实务实训［M］．2 版．北京：首都经济贸易大学出版社，2010．

　　［21］张雪梅．报关实务［M］．2 版．北京：对外经济贸易大学出版社，2012．

　　［22］曾颖铎．国际贸易实务模拟操作指南［M］．长沙：国防科技大学出版社，2006．

　　［23］刘静华．国际货物贸易实务［M］．2 版．北京：对外经济贸易大学出版社，2007．

　　［24］方少林．国际贸易单证实务实验教程［M］．北京：中国金融出版社，2008．

　　［25］詹玉宣，范红．进出口贸易实训［M］．北京：高等教育出版社，2007．

　　［26］胡丹婷，成蓉．国际贸易实务操作［M］．3 版．北京：机械工业出版社，2018．

　　［27］郭晓晶，广银芳，秦雷，等．国际贸易单证实务［M］．北京：清华大学出版社，2013．

　　［28］赵亚南，杨鹤，李爽，等．跨境电商操作实务［M］．北京：清华大学出版社，2020．

　　［29］肖旭．跨境电商实务［M］．3 版．北京：中国人民大学出版社，2020．

　　［30］姜红波，戴晓敏．跨境电子商务操作实务［M］．北京：清华大学出版社，2019．

　　［31］叶万军，隋东旭，邹益民．跨境电子商务概论［M］．北京：清华大学出版社，2021．

　　［32］易静，王兴，陈燕清．跨境电子商务实务［M］．北京：清华大学出版社，2020．